周利敏 著

趋同与趋异:
社会工作专业教育模式比较

*Convergence and Divergence:
a Comparative Study on
the Mode of Social Work Education*

社会科学文献出版社
SOCIAL SCIENCES ACADEMIC PRESS (CHINA)

国家社会科学基金教育学重点（青年）课题
项目批准号：CIA070204

摘　要

在中国大陆社会工作教育发展过程中，与香港、台湾的比较是不容回避的事实和热门话题，也是学界非常关注的研究领域。中国大陆、香港与台湾都是华人社会文化环境，但三地社会工作教育发展却呈现出截然不同的特点。本书基于对中国大陆社会工作教育问卷调查、田野调查和文献收集的基础上，沿着一个核心问题展开，即中国大陆、香港和台湾三地社会工作教育发展究竟有何异同之处，通过比较，探寻其对中国大陆的启示。

第一章是全书的导论，对国外与国内有关社会工作教育模式相关的理论、文献进行了检索，提出了研究问题的逻辑与依据及全书分析思路，对研究对象、研究方法和问卷调查等方面作了交代，为本书的写作做铺垫。

第二章主要探讨了中国大陆、香港、台湾，以及美国社会工作教育发展历程及特点。通过比较发现，香港和台湾社会工作教育起点具有以职业化与大学院校为依托的双重优势，中国大陆虽有高校背景，但缺乏职业土壤和实务的支持，这一"高起点"具有很大的局限性。在专业发展模式上，中国大陆正处于脱离社会学附属地位和追求专业自主性的阶段，至于独立成系之后还会不会像台湾那样再度分裂还难以预测。

第三章主要对中国大陆、香港和台湾社会工作教育培养模式、核心课程设置以及实习教学模式进行了比较。在社会工作核心课程设置上，中国大陆还处于"八门主干课程"规范化阶段，还谈不上像美国和中国台湾那样,在社会服务、人类行为和福利政策与服务三大类别下自主设置课程。在实习教学方面,内地可以学习和借鉴香港经验,设立专门联系实习机构的专职督导老师,将理论教学教师与实务督导教学教师区分开来,并建立对专职实习督导教师的科学评价体系,不失为克服目前实习困境的一种有效途径。

第四章首先对中国大陆、香港和台湾社会工作教育与政府部门的关系进行了比较,接着将三地政府在社会工作职业化、专业化方面的影响进行了比较。比较发现,中国大陆职业资格考试只不过是职业认定的初级阶段,中国香港的自愿登记制和强制性登记制、中国台湾营业执照制以及美国的授证制都值得中国大陆学习。目前,大陆仅以部门条例来规范社会工作职业的发展,而缺乏更高层次的社会工作专门立法,香港的《社会工作者注册条例》、台湾的《社会工作师法》及其相关法制都可以为内地社会工作法制化提供有益借鉴。

第五章首先探讨了中国大陆社会工作教育全球化与本土化的情形,然后比较了三地的异同。在全球化趋势下,社会工作课程规划和基本核心价值应保持不变,但要凸显出多元文化与多元主义,社会工作教育课程规划应以"议题"与"跨国比较"来设计学习内容。就本土化而言,这一直都是三地的热门议题,却一直没有具体的解决方案与策略。此外,在全球化与本土化双重趋势下,大陆社会工作教育是坚持趋同,还是趋异,抑或趋同与趋异并行不悖。

第六章是结论与讨论部分,在同香港与台湾比较的基础上,思索中国大陆社会工作教育如何发展的问题。当前大陆社会工作教育遇到的最大问题并非是"全球化"强势扩散所致,也并非是本土实务经验不足,而是全球化趋势中本土性反思不足,导致了社会工作教育主体性的失落。大陆社会工作教育发展的最大机遇就是在全球化与本土化双重压力下,下决心进行发展模式转变,

摘 要

为未来发展奠定新的基础。

本研究的主要创新点有：(1) 由于对中国大陆、香港和台湾的社会工作教育发展历程、因素、条件及优势等方面的比较研究尚未完全展开，本研究有望在这一方面取得一些突破；(2) 通过比较研究，可以呈现出三地社会工作专业教育发展历程、特色及模式，为以后有心人做跨地区比较研究提供参考资料；(3) 通过比较研究，可以了解学生及老师的看法和主观感受，有利于在实践中改进和提高教学质量，为教育界提供有益的参考。

关键词：社会工作教育　教育模式　核心课程　实习教学　全球化　本土化

ABSTRACT

During the developing process of social work education of mainland, it is inevitably for us to compare it with social work education in Hong Kong and Taiwan, which is also a heated research field the scholar circle is interested in. Mainland, Hong Kong and Taiwan all belongs to Chinese social culture, however, the development of social work is completely different. Based on the questionnaire, field investigation and document collecting on social work education in mainland, the paper develops around a key problem, namely, what are the similarities and differences of social work development in mainland, Hong Kong and Taiwan? And how does such comparison enlighten the social work education in mainland? The main body is divided into six chapters as following.

Chapter 1: It is the introduction dealing with the theories and documents relative to the modes of social work education at home and abroad, the logic and reasons for the research and its analyzed frame. Besides, the object of research, research methods, the value of research and the questionnaire are also defined in this charter, which lays the foundation for the following narration and discussion.

Chapter 2: It discusses the respective history and features of social work development in mainland, Hong Kong and Taiwan. By comparison, it discovers that the social work education in Hong Kong and

Taiwan starts with professionalization and college study. However, in mainland, it doesn't have the background of professionalization, which limits its development to a great extent. In terms of the mode of specialty development, it is in a process of divorcing from the sociology to pursuit its independence. It is hard to predict whether it would further break up or not like Taiwan's after it separates from the sociology.

Chapter 3: It conducts a comparison on the training mode, core curriculum, teaching mode of practical training of social work education in mainland, Hong Kong and Taiwan. Speaking of its core curriculum, it just offers eight main courses in mainland, it doesn't offer any other courses on social service, human behaviors and welfare policy like in America and Taiwan. In terms of practical training, the mainland can learn Hong Kong to arrange full-time supervisors to keep contact with institutions for practical training and to establish a set of scientific evaluating system for these supervisors, which is an effective way to solve the problems in its practical training.

Chapter 4: It makes a comparison on the relationship between social work education and government in mainland, Hong Kong and Taiwan. It also discusses the similarities and differences of the government influences on social work professionalization and specialization in three places. The social worker job qualification in mainland is just the initial step for its profession verification. We can benefit from the practice of voluntary and compulsory registration in Hong Kong, business license in Taiwan and America. At present, there are only institutional regulations to standardize its development in mainland, having no special laws of higher level for it. Therefore, the Regulations for Social Workers Registration of Hong Kong, Social Workers Laws of Taiwan and other relative laws can be beneficial to its legalization.

ABSTRACT

Chapter 5: It deals with the globalization and localization of social work education in mainland together with its comparison in the above three places. In the trend of globalization, remaining its core value, the social work education curriculum planning should display its multi-culturalism and pluralism. Besides, its learning content should be based on various topics and international comparison. Localization has been the heated topic in these three places, however, we fail to find any specific solutions and strategy. In addition, under the wave of globalization and localization, should the social work education in mainland keep up the world trend, stick to its localization or combine these two trends?

Chapter 6: It is the summing-up of the study. Based on its comparison with those in Hong Kong and Taiwan, it reflects how to develop the social work education in mainland. The article maintains that the key problem challenging the social work education in mainland of China is not the strong diffusion of globalization and lack of experience, but is lack of communication between localization and globalization, leading to the lost of key to social work education. The best chance for the further development of social work education in mainland of China is to transform its developing model under the pressure of globalization, namely to adopt loalization, laying a good foundation for its new development.

There are some new points in the study. Firstly, it may make some breakthroughs in the comparison on history, factors, conditions and advantages of social work education among mainland, Hong Kong and Taiwan. Secondly, based on such comparison, it can show its different history, features and developing modes in three places, which can offer some reference for those who want to study on cross-regional comparison research. Thirdly, we can have a deeper insight into ideas and feelings of students and teachers, which is helpful to improve its teaching level and offer some reference to educational circle.

Key Words: social work education   teaching mode   core curriculum offering   practical training teaching   globalization   localization

目 录

第一章 导论 …… 1

第一节 研究缘起 …… 1
第二节 文献综述 …… 2
第三节 分析思路 …… 5
第四节 研究方法 …… 7

第二章 社会工作教育发展历程及特点比较 …… 9

第一节 中国大陆社会工作教育发展历程及特点 …… 9
第二节 香港社会工作教育发展历程及特点 …… 15
第三节 台湾社会工作教育发展历程及特点 …… 24
第四节 美国社会工作教育发展历程及特点 …… 34
第五节 三地的比较 …… 43

第三章 社会工作教育培养模式、核心课程设置与实习教学比较 …… 58

第一节 社会工作教育培养模式比较 …… 58
第二节 社会工作教育核心课程设置比较 …… 76
第三节 社会工作实习教学模式比较 …… 101

第四章　社会工作教育与政府部门关系比较 ……… 127

第一节　社会工作教育与政府关系的比较 ……… 127
第二节　政府对社会工作职业化与专业化的影响比较 …… 148

第五章　社会工作教育全球化与本土化比较 ……… 181

第一节　社会工作教育全球化比较 ……… 181
第二节　社会工作教育本土化比较 ……… 207
第三节　趋同与趋异：全球化与本土化双重视域下的
　　　　社会工作教育 ……… 243

第六章　结论与思考 ……… 254

参考文献 ……… 278

附录一　社会工作专业本科学生实习满意度调查问卷 ……… 301
附录二　社会工作本科生就业意愿研究调查问卷 ……… 306
附录三　全球化背景下社会工作教育的回应调查问卷 ……… 312
附录四　社会工作专业学生对本专业课程设置的
　　　　调查问卷 ……… 320

第一章
导论

第一节 研究缘起

中国大陆社会工作教育自 20 世纪 80 年代末恢复以来，如同许多亚、非、拉丁美洲国家一样，一直处于被西方发展出来的社会工作理论、知识、技能和价值观念扩散的过程中，是西方社会工作教育的舶来品，呈现出显著的"扩散性"特点。而且，社会工作教育在中国大陆恢复和发展已经 20 多年了，有一个问题至今未得到令人满意的回答：在社会工作教育发展过程中，究竟是坚持"全球化"，还是"本土化"？本文通过对三地的比较研究，试图对这一问题作出回应。

中国大陆正处在社会经济转型期，社会矛盾多发，迫切需要大量社会工作人才协助党和政府处理好社会问题、防止矛盾激化，促进和谐社会进程。党的十六届六中全会提出了"建设宏大的社会工作人才队伍"作为构建社会主义和谐社会的重要人才支撑。但是，社会工作专业作为从西方引进来的一个专业，改革开放后中国大陆是从无到有创建这门专业与职业的。同美国以及中国香港和台湾社会工作发展相比较，中国大陆社会工作专业教育存在着起步晚、基础差、社会工作教育理念差距大、教育技术和设备落后、实习范围狭窄、缺少阐释有中国特色的社会工作理论与方法、缺乏既系统又规范的本土化教材、教学内容设计大多盲目照搬西方模式、课程设置随意性比较大等问题，这些因素直接影响到学生专业素养和社会工作教育质量的提高。通过三地两岸的比较研究，有利于中国大陆借鉴香港、台湾社会工作教育发展经验，提高社会工作教学质量和专业化水平。

中国大陆、台湾与香港都是华人社会文化环境，三地相似的社会工作发展环境却呈现截然不同的社会工作专业风格，它们的社会工作教育发展究竟有何异同之处，香港和台湾社会工作教育能为大陆提供什么样的借鉴经验，这是社会工作教育研究中非常有意义的问题。现有的文献资料针对三地社会工作专业教育模式比较研究比较少见，因此，笔者希望通过比较研究，深入探究三地两岸社会工作专业发展的基本情况、特点和异同之处，希望为社会工作教育实践教学和学术研究作出一些有意义的贡献。

通过对中国大陆、香港和台湾社会工作教育发展脉络、社会工作教育全球化与本土化趋势、社会工作教育培养模式、课程设置、实务与学术面向的冲击、社会工作教育与政府关系等方面的比较，有利于深入探讨三地社会工作教育模式的异同，有利于大陆社会工作教育汲取香港和台湾在这些方面的成败得失经验，进而反思中国大陆社会工作教育发展方向，将会对中国大陆社会工作专业教育发展提供非常大的帮助。

第二节 文献综述

目前有关中国大陆、台湾和香港的比较研究较为少见，有关这方面的研究主要分为以下几类。

第一类是对欧美国家社会工作教育的介绍及对中国大陆的影响及启发。王德丰、陆士桢、陈树强、孙立亚、张作俭及马凤芝等学者先后撰文讨论了新加坡、中国香港、挪威、日本等国家和地区社会工作教育在教育机构、课程设置、教学方法与政府关系等方面的经验及其对中国大陆社会工作教育的启示，这些经验直

第一章
导论

接指导了 20 世纪末期国内社会工作教育的发展（王德丰，1993；陆士桢，1994；陈树强，1994；孙立亚，1994；张作俭，1996；马凤芝，1997）。周湘斌、李迎生等学者在全面考察英国社会工作的资格教育及专业教育过程中形成的研究导向的人才培养体系和实务导向的资格教育体系并行不悖的二元结构模式基础上，结合具体案例对这一模式作了比较分析，并提出了在国内开展社会工作教育要坚持政府主导、社会认可、多方参与以及专业教育和资格教育相结合的思路（周湘斌，2003；李迎生等，2007）。石瑛对中美社会工作教育做出详细的比较研究，得出三个方面的差异，在此基础上提出相关的建设性意见（石瑛，2011）。

第二类是有关香港社会工作教育的介绍及其对中国大陆的影响及启发。到目前为止，国内有关香港的研究并不多，其中包括孙立亚（1994）撰写的《从香港社会工作教育的发展过程看我国内地社会工作教育目前的任务》一文对香港社会工作教育的发展过程进行研究来反思国内的社会工作教育，以及探讨社会工作教育应该担当的角色。刘斌志、郭薇和袁继红等学者在对香港社会工作教育及其历史发展梳理的基础上，从教育理念与课程设计、机构安排与合作、学生督导与管理、实习内容与角色以及道德伦理与实习评估 5 个方面归纳了香港社会工作教育的经验、特色及其启示（刘斌志，2009；郭薇，2004；袁继红，2002）。此外，朱东武介绍了香港理工学院"回应"式的教育理念（朱东武，2002）。

第三类是有关中国台湾和韩国社会工作教育的介绍及对中国大陆的影响及启发。高春兰通过考察韩国的社会工作职业资格制度的形成过程、特点、目前存在的问题及其改革措施，分析了韩国经验在就业领域、法律依据以及应试资格方面的借鉴（刘斌志，2009）。

第四类是有关国内与西方社会工作教育关系的研究。学界主要有以下几种视角。第一，"全盘西化"视角，强调"拿来主义"，但很多学者对"全盘西化"的提法比较反感。第二，"西为中用"的观点,强调建立符合国情与国际标准的训练标准,但"西为中用"更多的只是一种观点,而非分析范式。第三,"本土化"范式,这种范式目前是学界的主流,指通过学习西方社会工作教育经验,在国内社会文化脉络中,建构适合本国国情的社会工作教育模式,但这种范式对于西方如何影响国内社会工作教育及两者的互动关系如何等问题存在着明显不足。第四,"全球化"范式,这种范式认为国内社会工作教育之所以呈现"西方"的特点,是源于"全球化"的后果,是国内与西方互动的结果。这种范式对于解释近年来国内社会工作教育发展的新趋势具有比较好的解释力,但对于国内恢复早期社会工作教育发展的内在逻辑的解释同样存在不足,那时的"全球化"现象并不明显。"扩散论"范式虽然强调来自外部因素的示范效果会对该国社会工作教育造成"形塑"作用,但"扩散论"更注重的是"西方先进国家"对第三世界国家的"强势扩散"过程,在本质上仍然是一种不对等的关系。

以上几种视角都有其局限性,难以深刻揭示两者之间的关系,而比较研究提供了一种新的选择。本书通过比较分析的方法,比较中国大陆、台湾、香港在社会工作教育的发展历程、课程设置、培养模式、实习教育、与政府关系、全球化、本土化及面临挑战等方面的异同,探究香港、台湾社会工作专业发展经验对于中国大陆社会工作专业教育发展有哪些借鉴作用,提出所要研究的问题。

一是近年来三地社会工作专业教育状况及发展趋向如何,香港和台湾社会工作专业教育发展经验对中国大陆有何启示?二是大陆究竟是模仿西方或港台的课程设置模式,还是发展出具有本土特色的社会工作课程模式,这一模式是否适合大陆社会工作专业学生的学习?三是港、台地区因为开办社会工作教育比较早,已经基本上完成了社会工作教育理论和方法的规范化过程,中国大陆社会工作专业教育在发展过程中又需要做出怎样的改变,从而更好地发展和传输社会工作"助人自助"的理念？四是在比较三地社会工作教育模式的异同之后，大陆社会工作教育如何调整发展模式，究竟要为学生提供什么样的社会工作教育及引导社会工作学生达到什么样的学习境界？

第三节 分析思路

本书基于对G地区社会工作教育问卷调查、田野调查和文献收集的基础上，沿着一个核心问题展开，即中国大陆、台湾和香港在社会工作发展模式有何异同，通过比较，探寻其对大陆社会工作教育发展的启示。

第一章是全书的导论，对国外与国内有关社会工作教育模式相关的理论、文献进行了检索，提出了研究问题的逻辑与依据及全书研究思路，对研究对象、研究方法、研究价值、问卷调查等方面作了交代，为本书的写作做铺垫。

第二章主要探讨中国大陆、香港、台湾，以及美国社会工作教育发展历程及特点。通过比较发现，香港和台湾的起点具有以职业化与大学院校为依托的双重优势，大陆社会工作专业教育的起点虽有高校背景，但缺乏职业土壤和实务的支持，这一"高起点"具有很大的局限性。在专业发展模式上，台湾的"附庸—追求自主性—再度割裂"和香港"附庸—追求自主性"模式对于中国大陆具有重要的借鉴意义，目前，大陆正处于脱离社会学附庸地位、追求专业自主性的阶段，独立成系之后会不会像台湾那样再度分开还难以预测。

第三章主要对中国大陆、香港和台湾社会工作教育培养模式、核心课程设置和实习教学模式进行了比较。就培养模式而言，未来中国大陆是向中国台湾和美国学习，只要完善培养模式即可，还是向中国香港学习与职业职级紧密联系起来？就社会工作课程设置而言，大陆还处于"八门主干课程"规范化阶段，还

5

谈不上像美国和中国台湾那样，在社会服务、人类行为和福利政策与服务三大类别下自主设置课程。在实习教学方面，内地可以学习和借鉴香港经验，设立专门联系实习机构的专职督导老师，将理论教学教师与实务督导教学教师区分开来，并建立对专职实习督导教师的科学评价体系，是克服实习困境的一种有效途径。

第四章首先对中国大陆、香港和台湾社会工作教育与政府部门的关系进行了比较，接着将三地政府对社会工作职业化与专业化的影响进行了比较。研究发现，大陆职业资格考试只不过是职业认定的起步阶段，中国香港的自愿登记和强制性登记、中国台湾营业执照判以及美国的授证制都值得大陆学习。此外，大陆目前仅仅以部门条例来规范社会工作的发展，而缺乏更高层次的有关社会工作的立法，香港的《社会工作者注册条例》和台湾的《社会工作师法》都可以为大陆社会工作法制化提供有益借鉴。

第五章首先探讨了中国大陆社会工作教育全球化与本土化情形，然后比较了中国大陆、香港和台湾全球化与本土化情形的异同，最后，探讨大陆社会工作教育在全球化与本土化双重趋势下，是坚持趋同，还是趋异，抑或趋同与趋异并行不悖。笔者认为，在全球化趋势下，社会工作课程规划基本核心价值应保持不变，但要凸显出多元文化与多元主义。社会工作教育课程规划以"议题"与"跨国比较"设计学习内容，有助于学生吸收多元文化与多元主义价值。对于三地而言，本土化虽然一直是三地的热门议题，但一直没有具体的解决方案与策略。

第六章是结论与讨论部分，在对香港与台湾比较的基础上，思索中国大陆社会工作教育如何发展的问题。笔者认为，当前大陆社会工作教育遇到的最大问题并非是全球化强势扩散所致，也并非是本土实务经验的不足，而是全球化趋势中地域性反思不足，全球化并没有与本土化进行真正对话，导致社会工作教育主体性的失落。大陆社会工作教育发展的最大机遇就是在全球化与本土化双重压力下，下决心进行发展模式转变，为未来发展奠定新的基础。

第四节 研究方法

本研究主要采用定量研究与定性研究相结合的方法，以问卷调查为主、文献研究为辅，试图将定量与定性研究结合起来，本研究的资料主要来源于研究者深入高校通过实地调查、观察、访谈、问卷调查等方式获取资料。

1. 文献收集法

文献收集法通过采取非实地社会调查的方式搜集资料，研究费用较低，方便易行。文献收集法可以研究不可接近的、已经过去的历史现象。本研究搜索有关社会工作教育课程设置的多方面材料，资料来源有国内的个人专著、发表在期刊上的论文、来自网站的文章以及官方公布的各种材料和数据。对香港、台湾社会工作教育文献资料的收集殊为不易，本研究不仅搜集了大陆相关学者的研究文献，而且通过赴港台访问或委托港台朋友帮忙等方式收集相关资料，尽管如此，港台资料的收集仍是本研究的一大难点。

2. 问卷调查法

本次问卷调查主要有 4 次（见附录一、附录二、附录三、附录四），问卷调查对象覆盖 G 地区五大高校，以 G 地区五大高校中的社会工作专业的学生为研究对象，使用概率抽样的方法作出分层指标。同时，针对那些外出实习或没有课上的班级采用网上发放调查问卷的方法，利用同学间滚雪球的方式获得更多的调查对象。

3. 实地调查

在实地研究中，深入观察法是实证研究中收集资料必不可少的方法，没有参与观察，要想做到"深描"根本是不可能的。访谈法也是实地研究另一种重要的方法，访谈法是在对研究对象全面了解的基础上，选择典型个案进行访谈，了解他们对社会工作教育发展的真实看法、感受及要求。深度访谈对于了解调查对象内心深层的思想价值观念，分析调查对象社会行动背后的主观意义具有十分重要的价值，也是收集生动具体定性材料的有效调查方法。

4. 资料处理

对资料的整理大部分集中在问卷统计上。先对问卷进行编码，然后把资料输入电脑后，通过 Excel 软件对资料进行简单统计，利用计算机及 SPSS 套装统计软件包计算出需要的数值，本研究的研究方法如图 1-1 所示。

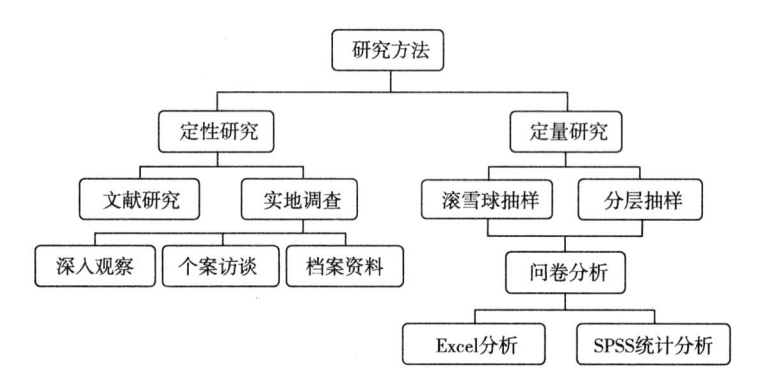

图 1-1 研究方法结构图

第二章
社会工作教育发展历程及特点比较

第一节 中国大陆社会工作教育发展历程及特点

20世纪20年代,随着西方社会工作教育的发展及西方教会在中国创办社会学专业,中国大陆社会工作教育就开始了自己漫长而曲折的发展历程,这一发展历程大致分为4个阶段,创建与中断阶段、重建起步阶段、规范化与制度化发展阶段、职业化教育阶段(见表2-1)。

表2-1 大陆社会工作专业教育发展历程及特点

发展阶段	主要内容	特　点
创建与中断阶段 (20世纪初至1952年)	1.主要受教会资助与影响为主;2.因"院系调整"而取消	1.受国外大学或教会协助;2.附属社会学系
重建起步阶段 (1981~1993年)	增设社会工作与管理专业,社会工作学科地位得到了重新确认	试办专业与非制度化,从无到有
规范化与制度化 发展阶段 (1994~2007年)	1.制度化标志是成立社会工作教育协会;2.教育部学科目录调整后为"社会工作专业",隶属于社会学学科;3.职业考试资格暂行条例颁布	1.迅猛发展;2.教育层次覆盖了中专、大专、本科、硕士及博士
职业化教育阶段 (2008年至今)	社会工作职业资格考试促使社会工作教育与职业相适应	社会工作职业化教育进入新的发展阶段

一 创建与中断阶段（20世纪初至1952年）

20世纪初，一些西方传教士在中国的大学开始讲授社会学、社会服务等课程，1921~1930年，私立燕京大学与沪江大学分别在社会学系之下开设社会工作课程，是社会工作教育以学院形式出现的开端。1940年国民政府成立社会部，由于对社会行政人才有所需求，开始鼓励各个大学增设社会行政课程，国立教育学院在1941年设立的社会行政学系是当时第一个社会工作专业教育学系。到1947年，国内共有20所学校开设社会学系，其中燕京、沪江、金陵、齐鲁、复旦、金陵女大在社会系内分别设有社会工作组或社会工作课程。1948年，南京金陵大学单独成立了社会福利行政系，成为当时中国唯一的独立的社会工作系（石松平，2005）。这一时期设立的学院大都受到外国大学或教会的协助，在教学内容上，社会学、社会行政以及社会工作并无明显区别；在课程的设计上，以训练行政人才为主要目标（黄彦宜，1988；杨玫莹，1998；龙炜璇，2007）。

当时，各大学在社会工作教育上各有自己的特点。教会大学注重以校训、校歌和系歌灌输育人理念，培养社会工作专业价值观；燕京大学的校训是"因真理得自由以服务"；金陵女大的"厚生"校训强调帮助他人和社会，以实现更丰满的人生；协和医学院则以造就"尽最大努力为下层服务"的专业人才为己任。此外，教会大学还针对社会局势，开展各种社会服务活动，以实践社会工作助人理念。当时，几乎每所教会大学都举办成人识字班、幼儿园、社区娱乐活动、宣传卫生、营养、育婴知识及组织卫生大扫除等社会服务活动（刘华丽，2002）。

沪东公社是沪江大学率先创办的国内首家社会学实习基地，公社开办公益性医院，开展改善社会福利的各种社会活动以及社会调查活动。公社多次组织学生对杨树浦地区进行社会调查，收集关于人口、家庭生活、文化程度、宗教信仰、居住条件、职业分布、工资水平、劳动时间、健康状况、房屋状况、卫生状况等各种资料，综合考察整个地区的工业环境、劳动条件、工厂福利及罢工原因等情况。这样一种在工人居住区创办的、受群众欢迎的全方位社区服务系统在当时的中国属于创举，因此，沪东公社开办后很快就将其服务推广到校园周围的乡民之中。燕京大学也从校内逐渐向校外拓展社会工作服务，于1925年在北平广泛开辟学生服务场所，其中有男女青年会、协和医院社会服务部、监狱、精神病院、香山慈幼院和华洋义赈会等（孙志丽、张昱，2009）。

1949年，中华人民共和国成立后，由于受意识形态方面的影响，社会工作与社会学被看成是资产阶级的"东西"而取消。因此在1952年各高等院校"院系调整"中，由于受前苏联关于社会学和社会工作不正确认识的影响，把社会学和社会工作专业教育砍掉，一直到20世纪80年代后期，中国大陆的社会工作教育在国内中断了30多年（袁继红，2007）。

二 重建起步阶段：试办专业（1981~1993年）

1981~1993年期间，中国大陆社会工作教育发展缓慢，社会工作的职业化只是停留在学者们的呼吁中（郑蓉，2010）。1981年，在费孝通主编的《社会学概论》中，将"社会工作"作为独立的一章，开创中国大陆恢复社会工作教育的先声。到了20世纪80年代中期，在邓小平"社会学、法学等学科赶快补课"的指示下，社会工作也获得了发展的机会。上海大学、北京大学、南开大学、中山大学、人民大学、山东大学等先后建立起社会学系，在相关的教学计划中，开设了社会工作的课程，如个案研究法、民政概论、劳动问题、人口问题和社会保障等，以适应一部分本科生和研究生（包括硕士和博士）的需要，培养学生从事社会工作，使他们具有研究和解决社会问题的能力（张敏杰，2001）。

1985 年 9 月，国家教育委员会组织社会科学本科专业目录修订工作，北京大学社会学系向国家教育委员会提请设置社会工作发展计划与管理专业。1986 年，国家教育委员会同意在社会学系增设社会工作与管理专业，为恢复中断 30 多年的社会工作专业教育创造了条件，得到了国家的重视和肯定，从而填补了社会工作教育的空白，弥合了社会工作人才培养的断层。

1987 年 9 月，民政部在北京召开社会工作教育论证会，使社会工作的学科地位得到了重新确认。1987 年 10 月国家教育委员会完成了对《普通高等学校社会科学本科专业目录与专业简介》的修订，将社会工作与管理列为"试办"专业。同年国家教育委员会批准在中国人民大学、北京大学、吉林大学和厦门大学 4 所高校设置社会工作专业（当时称为"社会工作与管理"专业）（李迎生，2008），社会工作及其教育事业走上专业重建之路。

经过师资培训及课程准备，北京大学于 1989 年开始招收首批社会工作与管理专业本科生及该专业方向的硕士研究生。与此同时，吉林大学、厦门大学与上海大学也开设了社会工作专业或相关课程，社会工作教育得到了恢复重建。1991 年 7 月 5 日中国社会工作协会成立，1992 年加入国际社会工作者协会。1993 年，在决定建立社会主义市场经济体制并加快社会保障体制改革的历史背景下，一些国家教育委员会直属院校和地方院校陆续开设了社会工作课程，一些部属院校和地方院校还建立了社会工作系（张敏杰，2001）。

1987～1993 年，中国社会工作专业教育处于起步阶段，社会工作教育从无到有，全国开设社会工作专业或课程的院校不到 10 所，在校学生规模不过几百（郑蓉，2010）。

三 规范化与制度化发展阶段（1994～2007年）

进入20世纪90年代，共青团中央、全国妇联、民政部系统所属院校相继建立社会工作系，各地区教委所属、部门所属院校也开设社会工作课程，开展社会工作专业教育和培训，社会工作教育在国内得到迅猛发展，呈现出一片繁荣景象。这一时期，中国大陆社会工作教育步入规范化、制度化的发展阶段，制度化的标志是1994年12月31日，在民政部和教育部的支持下成立中国社会工作教育协会，中国社会工作教育协会是一个以推进社会工作教育和专业社会工作发展为目的的非营利组织，协会的成立使中国社会工作教育有了自己的学术性行业组织，标志着中国社会工作专业教育跨入一个新的制度化发展阶段（郑蓉，2010）。

1996年国家教育委员会在北京郊区召开专业目录审定会，要求大幅度减少分支学科数目，而社会工作专业却因此而得以保留（石松平，2005）。1997年，民政部在部属民政院校开设了社会工作教育专业。1998年，新的专业目录调整后，将原"社会工作与管理专业"定名为"社会工作专业"，隶属于社会学学科（袁继红，2007）。

在1999年以前，经教育部批准或备案设立社会工作本科专业的院校有28所，到1999年年底，一年的时间就有38所院校开办社会工作系或开设社会工作课程，设立社会工作本科专业的学校有27个，当年招生规模达4000人（孙莹，2000）。1999年12月，中国社会科学院社会学研究所社会政策研究中心正式成立。该中心的研究领域既包括社会政策的理论与方法，也包括具体的社会政策和其他紧迫的社会政策问题，如城乡的弱势群体扶助、工程建设中的移民问题等课题也受到了重视（张敏杰，2001）。

2000年达到55所，2001年达到91所，比2000年新增36所；2002年达到126所，比2001年新增35所。3年中社会工作专业的数量增长了3.7倍。2003年，全国开设社会工作专业的高等院校近200所（张洪英，2007）。2004年，经教育部批准和备案的社会工作本科院校达到152家，加上专科学校，全国开设社会工作专业的学校已超过200家（马震越、周绍宾，2006）。2005年8月，从正在召开的"全球化背景下社会工作教育发展"国际学术研讨会上获悉，国内已有170所大学开办社会工作本科教育。

2007年年底，设置社会工作专业的高校已经达到211所，每年招收及毕业的本科生均在1万人左右；有153所学校提供高职、高专层次的社会工作教育；有73所中等职业学校提供社会工作教育（李迎生，2008）。至2008年年底，国内开设有社会工作专业专科、本科的高等院校达200多所，社会工作硕士学历教育超过8所，目前已有212所高校设置了相应专业（顾江霞、罗观翠，2009），教育层次覆盖了中专、大专、本科、硕士及博士。中国大陆社会工作教育由非专业向专业化方向转化，由低层次向高层次发展。

四 社会工作职业化教育新阶段（2008年至今）

2008年6月，社会工作职业资格考试开考，社会工作职业化教育迎来了春天。社会工作职业步入法制化阶段之后，需要大量的社会工作专业人才，而社会工作专业人才的培养需要专业化的社会工作教育与之相适应。而且，社会工作职业化的逐步形成，也对社会工作就业市场的培育与发展起到积极的推动作用。社会工作专业本科毕业生就业难的一个重要因素就是社会工作就业市场还没有真正培育出来。但是，社会工作职业化考试的逐步推广，对于社会工作就业市场的发展将起到积极的推动作用，而社会工作就业市场的发展对于社会工作教育的专业化发展提出了更高的要求，也促使社会工作教育迈入了新的发展阶段。

第二节 香港社会工作教育发展历程及特点

一 发展历程

近代香港社会工作专业发展历程及特点可以进行简单归纳（见表2-2）。

表2-2 香港社会工作专业教育发展历程及特点

发展阶段	阶段特点	主要内容
20世纪50年代	以慈善救济为本	1. 第一个全职社会工作课程在香港大学文学院开课，崇基书院1952年成立时即设社会工作课程；2. 社会工作在职训练；3. 邀请外国专家到香港担任顾问
20世纪60年代	外国专家主导	1. 邀请外国专家为顾问；2. 创立香港社会工作训练基金；3. 分级职业训练
20世纪70年代	以服务发展、专业化及专家主导为取向	1. 在政府的资助下发展各式各样创新的社会工作专业服务；2. 社会工作教育发展黄金时期，渐渐与国际社会工作教育水平接轨；3. 受西方社会工作思潮"扩散模型"影响最为深远
20世纪80年代	以巩固及倡导服务为主导	1. 以服务为本；2. 政府资助；3. 大量增设新的社会工作系和社会工作教育扩招
20世纪90年代以后	顶住多方压力及不断摸索新出路	1. 管理主义引发专业疏失困境；2. 社会工作教育训练相当蓬勃发展；3. 经过四十年的发展，建立起了自己的制度

（一）20世纪50年代：以慈善救济为教育重点

香港的社会工作教育发展主要是在第二次世界大战之后才逐渐建立起来的，20世纪50年代，香港社会问题繁多而严重，社会工作的主流是以慈善救济为本，还谈不上专业的服务。不过，已经开始有一部分接受西方专业社会工作训练的社会工作者投入服务行列。此时较为特殊的是志愿机构通过青少年中心及小区服务中心为贫困家庭子女提供物质救济及非正规的教育。同时，香港的社会服务联会及社会工作人员协会也诞生了。

1950年9月，第一个全职社会工作课程正式在香港大学文学院经济系开设，分为二年制的证书课程及一年制的文凭课程，毕业后分别发给"社会工作研读证书"及"社会工作研读文凭"，开启了香港社会工作教育发展的新篇章。1953年，社会工作课程转移到社会暨预防医学系内，由当时的医务卫生署长担任该学部的主任及主持系务会议，一直到1967年香港大学才单独设立社会工作系。崇基书院于1952年成立，成立时就设有社会工作的课程，1956年设立宗教、教育及社会工作学系，1960年改为社会工作系。香港浸会书院于1956年成立，最初设有社会学与社会工作学课程，1960年成立独立的学科组。最初，香港浸会书院的老师几乎都是外籍人士，虽然他们都是社会工作专家，但由于任期的限制，所以流动性大，因此而成为社会工作教育发展的严重阻碍（王卓圣，2003）。

除了上述学校的社会工作教育训练课程外，社会福利署的社会工作在职训练及少数国际性的志愿机构偶尔举办短期的在职训练，也是当时香港社会工作教育训练极为重要的一环。1947～1957年期间，国际性的志愿机构纷纷到香港展开福利工作，如1947年的香港家庭福利会、1949年的天主教救济服务处及教会世界服务处（美国联合改革宗教的附属救济组织）、1952年的世界信义宗香港服务处（Lutheran World Federation, Department of World Service）及1953年的美国援外合作社等（周永新，1992）。社会福利署主要是邀请外国专家来香港担任顾问或举办研讨会，推广社会工作专业的在职训练。由于外国资源及社会工作专业人才进入香港，他们的工作方法及训练内容也深深影响到香港的社会工作教育及课程编排（王卓圣，2003）。

(二) 20世纪60年代：外国专家主导

在20世纪60年代，由于中国移民及资金涌入香港，促进了香港经济的繁荣与发展，香港成为全球重要的制造业中心。香港人的物质生活开始改善，但精神生活还相对贫乏，而且社会贫富悬殊及阶级分化问题日益凸显。此时，政府及社会开始关注香港青少年的需要问题以降低青少年犯罪，稳定香港社会，这一时期是香港青年服务的一个转折点，同时儿童的照顾、复康及戒毒等工作也开始受到重视并得到迅速发展（周永新，1992）。

1961年，由于受扬哈斯本德（Younghusband）报告书的影响，香港诞生了社会工作训练基金会，专门负责资助社会工作专业训练事宜。1962年6月，香港政府邀请北美洲的莫斯克罗普（Moscrop）、恰森（Chiasson）及克莱因（Klein）等三位顾问到香港。克莱因在香港大学及崇基书院负责教授"团体工作"，恰森及克莱因的任务是就香港大学及学院的各项社会工作训练课程提出建议（周永新，1992）。恰森负责规划社会工作课程，莫斯克罗普的任务是研究香港的各项在职训练。7月，香港政府成立社会工作训练咨询委员会以协助三位顾问，并审查及执行他们的建议。1963年三位顾问提出了《香港的社会工作训练报告书》（*Training for Social Work in Hong Kong*），对香港社会工作专业教育发展具有十分重大的影响（王卓圣，2003），促使香港中文大学、联合学院及香港大学设立了社会工作课程或学系。

基于三位顾问的建议，1963年，香港中文大学成立后，除崇基学院外，联合学院也招收主修社会工作学位的学生，1964年成立社会工作系，到了1966年时合并崇基书院的社会工作课程。当时中文大学的社会工作系课程内容，包括人的行为与社会环境、社会政策与福利服务、社会工作实践、指导实习（在机构内执行）等，这样的核心课程内容与欧美社会工作教育体制实际上没有区别。1963年，香港大学设立社会科学院，社会工作成为院内学系之一，同时将证书课程取消转为学士学位的训练课程。在这段期间，两所大学肩负了香港专业社会工作者训练的重要任务。此时社会福利署的训练组也得到了扩充，分别为福利助理员及助理福利主任设立专业的社会工作训练及一年制幼儿工作证书课程（王卓圣，2003）。

（三）20世纪70年代：以服务发展及专业化及专家主导为取向

进入20世纪70年代，由于香港经济进入起飞阶段，政府财源充裕，整个社会逐渐对提高生活质量达成共识。当时麦理浩港督及其领导班子十分重视社会福利，致力于推动"小区建设"的理念，希望将香港建设成为一个互相关怀、互助互爱的社会。"小区建设"的理念与社会工作理念不谋而合，两者便成为合作伙伴，在政府资助下发展出各种各样创新的社会工作专业服务，如青少年外展服务、学校社会工作、家庭生活教育、邻舍层面小区工作、老人综合服务中心和综合性康复服务等。同时，也开始推行五年计划，检讨社会工作程序与计划等管理机制。换句话说，当时政府"福利倾向"（pro-welfare）思潮的影响、社会福利服务机构及社会工作者的自主性推动、社会经济环境富裕及社会大众对提高生活质量的意愿等因素，共同把香港社会工作发展推向黄金发展时期，使香港社会工作发展专业水平逐渐与国际社会工作水平接轨。香港社会福利服务发展急需大量的职业社会工作人员的投入，虽然香港两所大学社会工作系扩大招生规模，但是社会工作专业人才仍然是供不应求。这一时期也是香港经济最为蓬勃发展的时期，社会工作人才的待遇和工作条件都不理想，造成了许多社会工作人员离职现象。因此，这一时期香港社会福利服务发展最大的问题就是社会工作人员严重缺乏，未能有效配合社会福利服务的发展（王卓圣，2003）。这一时期社会工作教育发展已经初具规模，受西方社会工作思潮的"扩散模型"影响最为深远，是香港社会工作教育发展的黄金时期。

1970年，香港学士学位的社会工作毕业生开始走向社会，同时，扬哈斯本德第二次到香港主要是检讨香港社会工作在职训练及对社会工作人员的需求提供意见。1972年，社会福利署规定助理社会福利主任必须持有社会工作学位，扬哈斯本德第二次到香港所提的报告书在1973年促使社会福利署成立了"社会工作训练学院"，并设立两年制社会工作课程，重新制定了"社会工作训练咨询委员会"的任务，同年香港政府发表《社会福利白皮书》，1974年香港大学设立社会工作硕士学位课程。

1977年，香港政府发表《复康服务白皮书》以及《老人服务和青少年个人社会工作绿皮书》等，1979年实施"福利职级检讨"等。这一时期，由于香港各学校的社会工作相关科系仅仅注重培养毕业生满足社会工作就业市场的需要，社会工作课程开设内容五花八门，甚至出现混乱局面。因而香港政府"社会工作训练咨询委员会"于1978年邀请加拿大学者莱恩（Richard C. Nann）到香港担任顾问，统筹各学校的训练课程。同年莱恩提出了《香港社会工作教育及训练》和《香港社会工作教育及训练课程的审定标准与程序的工作建议》两部报告书，主要目的是为了统筹各学校的训练课程。至此，香港建立起社会工作课程鉴定和审核的程序，并成立具有法律权力的"香港社会工作教育及训练会议"，还仿效美国、加拿大等国设立了香港社会工作教育联会（Hong Kong Council of Social Work Education），为香港社会工作教育标准的审核工作等方面提供建议，使得香港社会工作专业水平符合国际的要求并得到了国际认同（周永新，1992；王卓圣，2003）。1972年，香港大学将文凭课程的学习时间延长为两年，并于1974年颁发社会工作硕士学位证书。1977年，香港中文大学也设立了社会工作硕士学位课程。

1978年以后，香港社会工作教育如何增加毕业生人数，同时减少人员的流失已成为香港社会服务联会等社会工作专业组织关注的两件事情（周永新，1984）。当时的改善措施包括聘请海外毕业的社会工作人员、香港政府利用奖学金吸引外国社会工作毕业生回港服务以及招聘非大学社会工作学位毕业生为助理社会工作师。港英政府进行"福利职级检讨"时，由于没有对各项社会工作训练课程进行审定，引发了对社会工作助理员的任用学历资格认定的争议。上述事件尤其以外国专家及学者提出的意见或报告书，对香港社会工作教育的影响比较大（王卓圣，2003）。

（四）20世纪80年代：以巩固及倡导服务为主导

在20世纪80年代，香港经济开始进入转型期，不少制造业开始把生产据点转移到中国内地，香港的经济结构产生了很大变化：从以制造业为主导转变成以服务业为主导，从一个亚洲工业制造中心转变成一个金融财经中心。由于经济仍然处于增长阶段，所以，社会福利资源比较充裕及服务单位不断增加，香港社会工作向着以服务为本的目标迈进。这一阶段的社会工作主要是继续发展政府资助的服务项目，很少有创新性社会服务的出现。

在大学院校开设新的社会工作学系以培养更多的社会工作人员，满足社会对社会工作人员的需求，在20世纪80年代以后这种趋势逐渐显现。如1984年香港城市理工学院成立了应用社会科学系，提供社会工作教育两年制文凭课程。1986年，香港理工学院和香港城市理工学院先后设立了社会工作学士学位课程。另外，香港浸会书院也将文凭课程转化为社会工作学士学位课程，而原有开设社会工作课程的学校也被要求扩大招生规模以解决社会工作人员短缺的问题。同时，香港大学及香港中文大学也都开设了硕士课程，培养香港社会工作高级人才。1992年，香港中文大学开设了社会工作博士课程。

(五) 20世纪90年代以来：顶住多方压力及不断摸索新出路

20世纪90年代，由于香港管理主义抬头，政府及整个社会都崇尚效率与成效，因而把人的需要及福祉放到次要地位。随着香港回归祖国的临近，以及选举制度的修改、经济衰退、保守主义抬头等因素的影响，社会工作要顶住来自多方的压力，如日益缩减福利资源的压力、日益抬头的管理主义以及日益加强的责信制度。其中尤以"管理主义"对社会工作引起困惑最令人瞩目。由于"管理主义"强调社会工作的责信及资源分配，进而把社会工作服务表现和程序具体化或客观化，往往要求社会工作专业人员花费大量精力在策划、评估、督导和撰写报告等工作上，使第一线社会工作专业人员变成了兼职甚至是全职的行政人员，进而造成了他们疏于为案主提供直接服务，引发了所谓"专业疏失"的问题（徐明心、张超雄，2000）。香港社会工作界纷纷开始探索新的出路，如通过强制注册制度树立社会工作专业公信力及专业形象，寻求专门化的知识及技巧增强社会工作者的专业能力和社会地位，发展创新性服务，采取社会行动向政府施压改变其福利政策及建立社会工作的新目标和新任务。

这一时期社会工作学生毕业人数增长也相当迅速，根据 She L. (1981) 的统计，1952~1978年香港2所大学及4所学院的社会工作毕业生总人数为1695人，在27年间平均每年毕业生才60多人；其中获得社会工作证书的有891人，社会工作文凭的有133人，社会工作学士学位的有630人，社会工作硕士学位的有41人。1991~1992年，2所大学及4所学院的社会工作学生总人数高达3100人（关锐，1993），其中就读社会工作文凭的有1580人，就读社会工作学士的有1395人，就读社会工作硕士的有125人。换言之，1991~1992年招收学生人数，是1952~1978年平均每年的毕业生人数的50多倍。可见20世纪90年代初，香港社会工作教育进入迅速发展时期（王卓圣，2003）。1990年，香港社会工作教育经过40年的发展，建立起自己的制度（周永新，1993）。进入21世纪后，香港社会工作的发展是危机还是契机，在共同建构香港社会工作教育的新时代，社会工作的实务界及服务对象将起到定性作用（王卓圣，2004）。

二　发展特点

（一）1950~1960年

1. 慈善救济诉求下的社会工作教育

在20世纪40年代末期，香港社会非常贫穷，市民生活水平非常低，社会问题如失业、卫生及居住环境恶劣、儿童失学等比比皆是，再加上中国政局战乱引发的移民潮使香港的人口迅速膨胀起来，也更凸显出社会问题的严重性。面对棘手的社会问题，香港的教会、慈善社团及外国的慈善团体纷纷加入紧急救济的行列。1948年鉴于香港社会福利事业的日渐扩张，且当时的社会工作人员大部分没有接受过专业训练，新成立的社会福利咨询委员会决议邀请香港大学筹设社会工作课程，这才出现了香港社会工作教育与训练发展的曙光。简言之，香港在1950年前的社会工作专业教育与训练是屈指可数的。

2. "扩散作用"的奠基阶段

1950~1960年，"扩散模型"效应是香港社会工作教育发展的奠基时期，香港大学及香港中文大学等学校的社会工作教育训练课程有着浓厚的欧美色彩、社会福利署的工作人员前往英国受训或拿文凭、国际性的志愿机构所带入香港的社会工作方法或训练内容、香港政府邀请英国学者扬哈斯本德在1960年所提报告书的影响，为香港社会工作的学校教育训练制度打下了重要的基础（王卓圣，2003）。

由于香港社会工作教育的发展模式受英、美及加拿大等国的影响,香港社会工作一开始就是在西方"扩散效应"下起步的,西方经验与模式为香港社会工作的初期发展奠定了基础(王卓圣,2003)。香港早年社会工作专业训练非常依赖英国,如香港政府的社会福利工作人员在1946年即保送六位福利工作人员前往英国接受培训,1947年,华民政务司署内的社会福利办事处的首任社会福利官,也是刚从英国完成高级社会科学文凭课程。而民间机构工作人员的教育训练大多是临时性和应急性的,这一时期显然不太重视工作人员的教育培训(王卓圣,2003)。

(二)1960~1970年外国专家的"模塑作用"

在这一时期,香港社会工作教育由欧美社会工作教育专家主持。香港社会工作教育发展模式受英、美及加拿大等国的影响很大,主要是先后受到扬哈斯本德、莫斯克罗普、恰森及克莱因等外国专家学者的报告书的影响。香港大学及香港中文大学的社会工作系的创办人也都曾经在美、英或加拿大等国接受社会工作专业训练(周永新,1993;林万亿,1994;王卓圣,2003)。

这一时期香港社会工作教育发展已经初具规模,主要受外国专家学者报告书"模塑作用"的影响较大。1960年,英国学者扬哈斯本德发表了第一部报告书《香港的社会工作训练——为香港政府准备的报告》,促使香港政府邀请了莫斯克罗普、恰森及克莱因等三位顾问来港,三位专家对香港社会工作教育训练的情况进行了全面的检讨。三位顾问的报告书建议进一步促进香港中文大学、联合学院及香港大学设立社会工作课程或学系(王卓圣,2003)。

(三) 1970~1980年专家主持下的"生吞活剥"

1970~1980年的中期是受西方社会工作"扩散模型"效应最明显的时期，也是香港社会工作教育发展的黄金时期，西方专家学者的报告书促使香港的社会工作教育发生十分显著的变化。科恩（Cohen N. E.，1966）认为这一时期香港社会工作实施方式就如同将西方的模式生吞活剥一样。换言之，对西方社会工作的理念、方法及模式完全是照搬与采用，一味追随西方社会工作模式的脉动及变化，力图追求西方模式的精华（王卓圣，2003）。

(四) 1980年之后扩散效应本土化时期

1981年以后，西方社会工作"扩散模型"效应是香港社会工作教育发展的本土化时期，主要的变化是香港社会工作本土化的讨论逐渐增加、社会工作系所的外籍老师减少、香港本地案例的社会工作教材逐渐增加，以及与中国内地的交流开始增加等。香港社会工作教育在发展过程中，一直有国外专家与学者的帮助，这些对香港社会工作教育产生了深远影响，同时香港社会工作教育中始终存在着"本土化"的声音。

第三节 台湾社会工作教育发展历程及特点

根据林万亿等学者的阶段划分，台湾社会工作教育由社会工作附属于社会学阶段及培养社会工作行政人才为主开始，然后经过三次教学会议的影响，接着经历社会工作与社会学分组教学时期，再到社会工作独立成系的阶段，继而百家争鸣，逐渐走向确立专业教育途径（林万亿，2002；黄慧娟，2004；王卓圣，2003）。台湾社会工作教育发展历程及特点见表2-3。

第二章 社会工作教育发展历程及特点比较

表 2-3　台湾社会工作专业教育发展历程及特点

年　份	科系状态	课程内容
1950~1972	隶属社会学系	以社会学、社会行政为主，社会工作被视为社会学的实际运用
1973~1978	分组教学	三次教学研讨会之后，开始以社会工作自称，以八大课程为标准，伴随社会工作员制度的建立，专业教育初步得到发展
1979~1994	独立成系	仍以八大核心课程为基础，真正走出独立学科训练的道路
1992至今	大量设立社会工作教育	1. 1997年发布《社会工作师法》；2. 不再强调八门基本课；3. 各个学校可以自主安排课程，建立自己的特色教育

一　发展历程

（一）1972年以前：社会工作专业教育萌芽期

这一时期是针对社会工作人员办理在职训练而形成的，台湾地区最早举办的社会工作教育是台湾当局在1947年举行的社会行政人员的训练班，每年举办一次，主要训练实务工作者。1949年，台湾省立行政专科班成立，创校目的是协助来台的大专失学青年完成学业，并且培育台湾实施地方自治所需要的各级行政干部。1950年，台湾又举办"社会工作人员讲习班"，为期一周，对象是各县市政府的社会行政人员及公私立救济院所的社会工作与教保人员等（林万亿，2002；黄慧娟，2004）。

台湾正式的社会工作教育始于1951年。当时的国民党政府为了发展台湾社会福利事业、储备救济人才的需要而设立了台湾省立行政专校社会行政科，二年修读84学分，当时的师资大部分并非是社会工作学者。1955年与大直行政专修班合并为省立法商学院，原"社会行政科"也随之更名为"社会学系"（郑怡世，2006）。1957年，再分为社会学理论与社会行政两组，这是台湾第一所培育社会工作人才的学校和第一个与社会工作教育相关的科系，也是后来中兴大学社会学系的肇始。

1955年东海大学设立了社会学系；1956年台湾省立师范学院在社会教育系中设立了社会事业组；1960年台湾大学在亚洲基金会的赞助下成立社会学系，并引入西方社会工作理念与技巧，扮演着社会工作知识纵向扩散与传播的角色；1963年成立的文化学院夜间部社会工作学系是台湾最早的社会工作学系。1973年，文化学院（1980年改制为文化大学）设立了"儿童福利学系"，在系内开设了与社会工作相关的课程（郑怡世，2006）。

1965年，隶属于台湾基督长老教会的台南神学院设立了"社会服务科"，1983年更名为"教会社会服务学系"，1998年再更名为"宗教社会工作学系"，并设有"宗教社会工作研究所"。1967年，实践家政专科学校设立"儿童保育科"，1973年更名为"社会工作科"（1991年随着该校改制为学院而改名为"社会工作学系"至今）。1969年辅仁大学成立社会学系。1973年东吴社会学系成立。这一时期形成了第二次世界大战后第一波社会学系设立风潮（黄慧娟，2004）。

1962～1971年，因张鸿钧建议，台湾社会工作学术群体主导召开了三次社会工作教育会议，为台湾的社会工作教育奠定了重要的基础（郑怡世，2006）。1964年12月3～8日，由当时台大、中兴、东海社会学系、师大社会教育学系及"中国文化学院"夜间部社会工作学系有关负责人在"内政部"及"教育部"的赞助下，召开了第一次社会工作教育会议即"社会工作教学研究会"，主要讨论的议题有两个，第一个是"课程标准原则"问题，第二个是社会工作五大方法的课程安排及设计问题。会议确定社会工作教育必修9门学分课程，与美国社会工作学校协会（AASSW）在1944年所议定的八大基础课程有许多类似之处，美国对中国台湾社会工作教育的影响力可见一斑（龙炜璇，2007）。

第二章
社会工作教育发展历程及特点比较

1969年7月21~26日第二次社会工作教育会议召开，即"社会工作教学做一贯研讨会预备会"，由"内政部"出面召集，通过与"外交部"及经济合作会协商向联合国开发计划署（UNDP）提出经费补助申请，聘请社会工作教育顾问到台湾（郑怡世，2006），建议各大学早日成立社会工作系（所），进一步确立分系（组）教学；加强教育与实务机构的联系合作，以便于学生实习；成立"实验小区"作为师生研究、实习、服务及示范的场所；成立8个委员会分别进行"社会工作教学做一贯研讨会正式会议"的准备工作。

1971年2月3~6日，由"内政部"及"教育部"联合主办，第三次社会工作教育会议召开，主要讨论的议题是：讨论社会工作教学课程的编排，社会工作教学方法的改进，社会工作教材的研究，社会实习的改进，社会工作师资及人事制度与社会工作人员在职训练等（郑怡世，2006）。此次会议所通过的社会工作课程标准，由"内政部"通过信函递交给"教育部"高等教育司，并且以副本抄送给各大学社会学系或社会工作系。

（二）1973~1978年：社会工作专业教育分组教学期

经过三次教学研讨会之后，分组教学成为社会工作教育中的重要趋势。同时，也是受到社会工作员制度影响，林万亿认为社会工作分组出来教育的趋势显然是受1973年台湾开始聘用社会工作员制度的影响（许展耀，2005）。

1971年2月，由"内政部"与联合国开发计划署（UNDP）在台北共同召开"社会工作教学研讨会"，会议订出社会工作专业必修的八门核心课程，这一举措使社会工作专业教育开始摆脱附属于社会学系下的几门课程的弱势命运。1973年台大社会系开始分社会学和社会工作两组教学，文化大学也成立青少年儿童福利学系，1974年东海大学社会学系成立了社会工作组，中兴大学、辅仁大学、东吴大学也陆续开办了社会工作专业，一些院校的原儿童保育科也改名为社会工作科，1977年辅仁大学社会系、1978年东吴大学社会系等都是采取社会工作与社会学分组教学，1978年东海大学成立了社会学研究所硕士班（黄彦宜，1991；曾华源，1993；林万亿等，1998；林万亿，2002；黄慧娟，2004）。20世纪70年代的分组教学及研究所的设立意味着专业教育的初步发展，台湾社会工作教育就是随着各级社会工作员制度的建立而逐渐走向专业化道路的（林万亿，2002；黄彦宜，1988；林万亿等，1998；黄慧娟，2004）。

（三）1979~1994年：社会工作专业教育稳定发展期

当越来越多的社会工作员受聘于台湾各级政府单位时，过去社会学教育系统已经远远不能满足社会工作员的需求，因此设立独立的学系来训练社会工作员的潮流应运而生。台湾社会工作教育在1980年前后已不再是位居于社会学门下的一个研究领域（林万亿等，1998），而是真正走出一门独立学科训练的道路。同时，这样的发展也是对前期台湾社会工作制度发展的一种响应。1987年全台21个县建立了政府社会工作员制度，无疑是一个重大的政策转变（官有垣，2000），同时也开启了台湾社会工作专业化发展的道路（王卓圣，2004）。

1979年，东海大学成立社会工作学系，1980年东海大学增设社会工作组，1981年辅仁大学社会工作也独立成系，同年台湾大学社会学系社会工作组也获准分组招生，中兴大学也同步跟上，1981年东吴大学社会学研究所设立了社会工作组，1982年政治作战学校成立社会工作系，1986年静宜大学成立青少年儿童福利系，1989年高雄医学院成立医学社会系，1989年中正大学设立了社会福利系（黄彦宜，1991；曾华源，1993；林万亿，2002），1990年东吴大学成立社会工作学系（黄彦宜，1991；林万亿，2002；黄慧娟，2004），1992年阳明大学设立卫生福利研究所等。

第二章
社会工作教育发展历程及特点比较

（四）1992年至今：社会工作专业教育系所大量增设时期

20世纪80年代，台湾社会快速变迁，带来了许多新兴的社会问题，需要更多的社会工作专业人才。在社会福利立法及社会工作追求专业化的社会运动下，除了传统大学纷纷设立社会工作学系或研究所之外，新兴大学或科技大学也陆续设立社会工作学系或与社会工作相关的学系与研究所，使得社会工作系所成长迅速。从90年代开始，社会福利法规的大量通过特别是1997年《社会工作师法》的通过，相关科系如雨后春笋般地增加，科系命名主要以社会工作及社会福利为主。"教育部"对于高等教育的开放也促使许多大专院校新设立社会工作及相关科系，还有一些学校申请设立二年制或三年制课程的学士班。同时，职业技术大专院校也开始设立社会工作学系，加入开设社会工作专业教育的行列，如屏东科技大学、长荣管理学院、嘉南药理科技大学、朝阳科技大学与台中健康管理学院等增设了社会工作系，最晚成立的则是中山医学大学医学社会系暨社会工作学系。

1992年，中正大学社会福利学系招收大学部学生，并成立博士班；阳明大学成立卫生福利所；东吴大学设置社会工作硕士班。1994年东海大学招收社会工作博士班；台南神学院社会福利系设立硕士班。1995年暨南大学社会政策与社会工作学系成立，先设硕士班，1997年设立大学部，1999年设立博士班。1997年玄奘人文社会学院设立社会福利系。1998年长荣管理学院设立社会工作学系。1999年慈济医学暨人文社会学院设立社会工作学系；嘉南药理科技大学设立青少年儿童福利系。2000年朝阳科技大学设立社会工作学系，屏东科技大学设立社会工作学系（原设有社会工作课程）。2001年台中健康管理学院设立社会工作系。2003年中山医学大学设立医学社会系暨社会工作学系，分医学社会学组与医学社会工作学组教学（许展耀，2005）。

29

至此,与台湾社会工作相关的系(所)发展呈现高度成长的趋势,各校社会工作系招收学生数量更是剧增,根据"教育部"统计数据显示,1995 年各系招收大学部新生不到一千人,1998 学年度全国社会工作及社会福利系(所)毕业生共 966 人;2001 年,台湾与社会工作相关的有 20 个研究所、21 个硕士班及 3 个博士班。1995~2002 年,台湾各社会工作相关科系增加了 1/3,2001 年的毕业生增加到近 1700 人,增幅达 70%(彭怀真,2002)。

2003 年台湾共有社会工作及社会福利系所学生 9256 人,平均每年约有 2300 位学生就读社会工作及社会福利系(黄慧娟,2004)。截至 2003 年 7 月,全台湾已有 22 所大学,如科技大学、技术学院设有以社会工作为名的学系,设有与社会工作相关学系的学校有 9 所,设有硕士班的大学有 22 所,设有博士班的大学有 4 所。2003 年学年度招生人数达到 2000 人:大学部招生 1771 人,硕士班招生 207 人,博士班招生 22 人;2005 年,相关科系(所)共有 24 个,每年大学部招生约 1800 人。

整体而言,台湾社会工作专业教育的发展无论系、所、课程、师资及招生人数都有了大幅度增加,尤以近 10 年来最为明显(黄慧娟,2004)。如此庞大的社会工作学生数,相较 10 年前增加了将近 10 倍(郑丽珍,2003),这种速度已赶上了美国(林万亿,2002;黄慧娟,2004)。

二 发展特点

(一) 第一阶段发展特点

1. 附属于社会学

20 世纪 50 年代至 70 年代初期,除了文化学院夜间部设立了社会工作学系之外,有少数学校也设立了与社会工作相关的科系(例如儿童保育科或儿童福利学系),但这个阶段的社会工作教育主要是附属于社会学系,在社会学系中将社会工作的相关课程开成选修课，供学生自由选修（郑怡世，2006）。1955年成立了行政专科学校，本来是为培育社会行政人才的专门学校，后来却并入了社会学系内，被视为应用社会学而纳入建制，后来各个学校也采取这一模式，这对社会工作专业化发展而言是一种"开倒车"的行为，这种现象的出现是由当时的背景所决定的。一是随着当时国民党当局迁台而来的社会工作学者为数有限，又缺乏本土社会工作人才，教学师资只好依靠社会学者；二是在大陆时期社会学与社会工作学科之间的划分也是不清楚的，这种现象延续至台湾；三是社会工作者也希望通过结合社会行政与社会学加强宣传而获得合法性身份，让社会学与社会工作合在一起成为一种自然趋势（黄彦宜，1991）；四是在各大学院校从事社会工作教育的学术工作者，绝大多数都没有主修过社会工作，有一些是在大学内任教后到海外（美国居多）社会工作学院进修，但不一定取得硕士学位，只有少数人拥有社会学博士或硕士学位以及教育学硕士学位（郑怡世，2006）。

由于这一阶段的社会工作教育是附属于社会学系下，致使这一学科在经费、行政、师资、课程安排、学生专业认同和社会认同上存在许多限制（黄彦宜，1991）。这个阶段的"社会工作"被当成了"应用社会学"纳入学术建制之中（叶启政，1985），大大地降低了社会工作的学术独立性，使之沦为社会学的附庸，同时也窄化了应用社会学的实用内涵（郑怡世，2006；黄慧娟，2004）。社会工作依附于社会学系会产生两个明显的后果：一是引起社会工作与社会学角色的混淆，造成两者角色模糊甚至冲突，社会学者同时被赋予了社会工作者或社会福利服务者的角色，致使社会学与社会工作之间的界限模糊。二是当时认为社会工作的另一种称呼就是应用社会学，两者是理论与应用的关系；其实，理论社会学与应用社会学都属于社会学，而社会工作则不属于应用社会学，两者没有隶属关系。

2. 战后"国民党政府社会工作"

社会工作教育进入台湾社会的原因主要是1949年之后大陆

社会工作学者的迁移与引进，由于当时台湾政治因素，日本殖民时代留下的社会事业被视为"社会遗毒"，社会工作是被当做铲除殖民"遗毒"及"宣扬三民主义国策"的工具，更是被夸张为"革命工作"。因而，社会工作作为国民党当局的管理工具，是一种可以促使统治合法化的工具。社会福利则成为"德政"，但只局限于灾害救济及机构式教养工作（如育幼院和妇女教养所）。1950年和1958年国民党当局分别出台了《劳工保险》和《公务人员保险》，这只是巩固政府统治权威的"恩典"。1965年的"民生主义现阶段社会政策"，也仅仅是"民生"政策的宣示而已。就社会工作专业的角度来看，台湾这一阶段的发展不过是社会工作的酝酿期（王卓圣，2004）。

（二）第二阶段发展特点：追求"自我主体性"下的分离运动

社会工作教育附属在社会学之下曾经历过一段相当长的时间，20世纪60年代的社会工作在学术发展上相当程度地带有"社会学附庸"的色彩（黄彦宜，1988），这一局面促使社会工作脱离社会学系而成为独立的学科，在1964年、1969年及1971年分别举办过三次社会工作教育会议，并在1971年制定了社会工作课程标准，之后"教育部"也以这一课程标准作为蓝本，公布了《社会工作组（系）课程标准》，社会工作课程标准的颁布为社会工作独立成系跨出了关键的一步（郑怡世，2006）。而且由于社会学侧重理论研究，社会工作着重实务服务的学科性质差异，社会工作教育附属在社会学系下不可避免会产生冲突与分裂（许展耀，2005）。

20世纪70年代末，台湾社会工作开始追求自我主体性的分离运动，取得迅速发展则是在1991年以后，在系所名称与取向上也开始有了社会福利系与社会工作系的差别（许展耀，2005）。1973年，实践家政专科学校将原本"儿童保育科"更名为"社会工作科"；1975年，政治作战学校附设三年制"政治专修科"，并分设"社会工作组"及"行政管理组";1979年东海大学在日间部增设了社会工作系,开创了台湾战后大学日间部设立四年制社会工作系的先例,然后分别在1984年和1994年设立硕士班与博士班;1981年辅仁大学成立社会工作系,续而台湾大学与中兴大学的社会学系也分别于1981年和1982年在社会系中以"社会学理论组"及"应用社会学组"(事实上就是社会工作组)名义分别招生。1982年政治作战学校增设社会工作系。社会工作独立成为系(科)或分组招生的发展意味着台湾自战后以来,社会工作真正成为一门独立的学科教育,而不再仅是社会学下面的一个研究领域(林万亿,2000),同时,也正式宣告中国台湾社会工作教育是以大学本科教育为主体,而不是美国早年以硕士培养为主体的社会工作教育模式(郑怡世,2006)。

至此,社会工作摆脱社会学附庸的角色,逐渐成为独立的学科教育(郑怡世,2006),在《社会工作师法》通过后,社会工作追求自主性的努力达到高峰,社会工作彻底与社会学分道扬镳。社会学的学生除非修过社会工作所要求的核心课程,否则就被完全排除在社会工作师的考试资格之外,而无法取得社会工作的专业证照(许展耀,2005)。

(三) 第三阶段发展特点:规范化阶段

随着几所大学社会工作组陆续独立成系之后,"教育部"也开始规定社会工作课程的科目与学分数,实习成为社会工作系(组)学生的必要经验,实习方式以机构安置及暑期机构实地实习为主,这时候的实习机构数已大为增加,服务对象及范围较过去更为广阔。但就整体而言,实习机构水平参差不齐。在这段时间内也开始出现有关实习的书籍、研究及研讨会。在社会工作学系急速发展的情况下,20世纪80年代有关社会工作的著作更为多元。除了书籍出版之外,由于硕士班的设立,硕士论文也持续增加(黄彦宜,1991;林万亿,2002)。特别是《社会福利立法》

的通过，许多对社会工作实务领域进行讨论的期刊论文及研究报告也较过去有了快速的增长（黄慧娟，2004）。

（四）第四阶段发展特点：再度分裂

20世纪90年代以来，社会工作内部再度分裂的种子已经悄然埋下，中正大学于1989年成立社会福利学系，先设立硕士班，1992年进一步扩大成立学士班与博士班更是明显的分裂标志。伴随着90年代台湾福利体系的快速发展，日益凸显出社会福利取向的重要性，社会工作不再是新设系所的唯一选择，另外尚有"长"字辈的校系（为求通吃，系名特别长），如暨南大学"社会政策与社会工作学系"、阳明大学"卫生福利研究所"、高雄医学大学"医学社会学与社会工作学系"及尚未更名的静宜大学"青少年儿童福利学系"（古允文，2003；许展耀，2005），这些都反映出社会工作分裂的趋向。

在社会工作教育中，证书教育、学士和硕士学位前面都要冠以"社会工作"名称，唯独博士学位前面冠以"哲学"或"社会福利"名称。综观国际上的社会工作教育，社会工作和社会福利制度都是密不可分的关系。许多社会工作教育机构干脆自称为社会福利学院，如加利福尼亚大学（伯克利）社会福利学院，布朗戴斯大学赫勒社会福利学院等。大部分社会工作教科书以"社会工作和社会福利导论"为书名，就连最高的博士学位也要用"社会福利"来界定，高级专业实践也是在社会福利方面所进行的高级研究，如此等等都说明社会工作与福利制度有着天生的不解之缘（夏学銮，2000）。

第四节 美国社会工作教育发展历程及特点

美国的社会工作教育已经形成了自己独具特色的教育模式，主要有以下特点：专业人才培养起点高和层次性鲜明；实务性和理论性兼顾，突出实务性；政府和民间的一致支持；重视课程设置；专业教育和学术教育、普遍教育的并存（见表2-4）。

表2-4　美国社会工作专业教育发展历程及特点

发展阶段	特　点	主要内容
1904年之前	完全服务于慈善机构的实务需要	1. 完全服务于慈善机构的实务需要；2. 1897年里士蒙的"专业教育"，社会工作进入系统教学之路；3. 培训班都是独立的社会工作教育机构
1904~1921年	"进军"高等教育的热潮	1. 弗莱克斯纳演讲促进专业化发展；2. 1915设立第一个硕士教育；3.《社会诊断》促使社会工作方法成为独立知识；4. 成立第一个社会工作专业教育组织，推动硕士社会工作训练课程
20世纪50年代	社会工作协会主导下规范化发展	1. 只认可社会工作硕士学位；2. 两大权威性社会工作专业协会的成立标志着社会工作教育规范化的实现
1960年以后	相当成熟阶段	1. 应用社会学逐渐发展成为一门相对独立的学科；2. 社会工作教育委员会加大了教育政策弹性，标准化程度有所降低；3. 社会工作理论研究和专业教育受到空前重视

一　1904年之前：完全服务于慈善机构的实务需要

1877年，在美国的布法罗成立美国第一个慈善组织协会，协调各志愿机构的工作。随后，美国的慈善组织协会迅速扩展到其他城市。到1892年，美国先后已有12个慈善组织社，这种慈善组织社对社会工作产生了重要的推动作用。换句话说，美国的社会工作教育的发展开始于19世纪末，由宗教人士组织的旨在帮助穷人的志愿机构如雨后春笋般蓬勃发展。当时美国的社会工作教育只有培训班的形式，随着社会问题逐渐增多，迫切需要社会工作人才。1897年，美国自从里士蒙提出"专业教育"之后，社会工作人才开始进入系统性教学之路（黄慧娟，2004）。1898年夏天，一个由纽约慈善机构协会创办的为期6周的暑期培训班，为慈善专职工作人员首创慈善工作实务课程，标志着社会工作教育雏形的出现。

1898年，纽约慈善组织会社（COS）成立了"慈善工作班"（class in philanthropic），1899年夏季转变为"慈善工作夏季学校"（Summer School in Philanthropic Work），提供6周课程，由艾尔思（Philip Ayres）带领27位学员拟定课程表，除讲授、机构参观之外，学员还分别在纽约慈善组织会社的各部门进行实地工作，累积实务经验（Leighninger L., 2000；黄慧娟，2006）。培训内容有系列讲座、慈善机构参观和带督导的实习。

在此后的6年里，美国陆续出现了10多个"专业训练学校"（professional training school），多集中在东北部地区。有些是夏季学校，有的提供全职方案，有的则聚焦于社会议题及社会改革领域。1903年芝加哥公民及慈善学校（Chicago School of Civics and Philanthropy）由泰勒（Graham Taylor）创立（Shoemaker L. M., 1998），也独立于大学系统之外，之后与芝加哥大学联合，成为"新社会服务行政学校"（the New School of Social Service Administration）。

1901年由纽约慈善组织会社赞助，原"纽约夏季学校"改制成为"纽约慈善学校"（New York School of Philanthropic），提供全职8个月的训练方案，成为当时独一无二的学校，并且独立于大学教育系统之外。招生标准是大学毕业生、医学、护理、社会等方面的杰出人才，或是慈善组织的工作者或义工（Coohey C., 1999；黄慧娟，2006）。

1903年，纽约慈善培训班增加了为期半年的冬季培训，1904年，该学校发展成为纽约慈善学院，正式开办一年制的训练课程。与此同时，布雷赫特（Jeffrey R. Brackett）协助成立波士顿社会工作者专门学校（Boston School for Social Workers），该校与纽约慈善学校雷同，由波士顿慈善组织赞助，主要在于慈善工作的预备教育。但这个学校是与西蒙斯学院大学（Simmons College）联合开办的，四年学制的最后一年是在西蒙斯学院就读，结束后取得 BA 学位，且提供部分双重课程由哈佛社会伦理学院（Department of Social Ethics at Harvard）教授（Shoemaker L. M., 1998）。这一时期培训班都是独立的社会工作教育机构，完全服务于慈善机构的实务需要。

自 20 世纪初以来，随着慈善事业的蓬勃发展，不拿薪水的义工已经满足不了实际需求，慈善机构开始雇用受薪工作人员。慈善服务的规模扩大，参与服务的人员数量增加，促使业内人士开始关注慈善服务的效率和慈善服务的质量，慈善培训应运而生。这种培训使这一时期美国的慈善事业一改以往策划松散和服务随机的状态，具有整体计划和资源整合的特点，并且总结出一套慈善服务的常用技巧，强调服务评估。由此，慈善服务从感性走向科学性，美国慈善史上称这一时期为"科学慈善"期。专门从事慈善服务的人们被称为社会工作者，培训慈善服务人员的机构也就成了社会工作学校，这是美国社会工作专业教育的开始（童小军，2007），这一时期的社会工作已经从最初的慈善捐助发展成为一门科学专业。

由于没有受过训练的机构人员工作效能不高，慈善工作开始重视培训工作。1898 年，纽约慈善会举办的暑期培训班，成为美国社会工作教育的发端。此后一些大学加入到对现任或未来社会工作人员的培训中来，形成正规的社会工作教育格局（刘莹，2007）。但是，当时的社会工作界对于把社会工作教育究竟应放在一向以理论偏好著称的大学里面，抑或是以实务技术为主轴的专门学校里面并无共识，存在争议（Lowe G. R., 1985；黄慧娟，2006）。

二 1904~1921年："进军"高等教育的热潮

由培训班改成学校之后的1904~1907年，社会工作教育界掀起了"进军"高等教育的热潮，各学校争先恐后地与大学建立联系。芝加哥慈善服务和社会工作学校于1907年被芝加哥大学收编，成为大学里的一个学院。受大学的影响，这一时期的社会工作学校继续坚持为慈善实务需要服务，以培养在家庭福利、儿童福利和精神健康等领域工作的个案工作者为中心，规范和完善了课程设置，使之更正规、更系统（童小军，2007）。

同一时期，社会工作开始在密苏里社会经济学校（1907年）、宾夕法尼亚社会工作学院（the University of Pennsylvania School of Social Work）等大学开设短期课程，中部城市设立最早的社会工作学校是密苏里大学（University of Missouri）的圣路易斯社会工作学校（林万亿，2002），之后费城社会工作培训学校（1908年）也成立。纽约慈善学院1910年将学制改为两年，并发展成为纽约社会工作学院，即现哥伦比亚大学社会工作学院的前身。在1910年，黑尼思（Haynes）及华盛顿（Forrester B. Washington）等人推动招收非裔美国人的社会工作训练学校，大力呼吁乡村尤其是黑人社会工作训练与大学结合的方式（Leighninger，2000）。在1910年以前，美国五大城均设有社会工作学校（黄慧娟，2006）。

这一时期，全美社会工作学校里的大部分学生都是半工半读，而且不同服务领域的学生所上的课程也不一样。医疗社会工作、精神健康社会工作和儿童福利是最早的有比较完整课程设置的三个领域。这种两年制的社会工作教育就是现在的社会工作硕士教育。到1919年，全美有17个社会工作研究生院校（童小军，2007）。

弗莱克斯纳（Abraham Flexner）在美国慈善矫治委员会（National Conference on Charities and Corrections）大会上，发表了

《社会工作是一门专业吗?》的演讲,引起大众对社会工作的注意,这一演讲在美国社会工作专业发展的过程中起到举足轻重的作用。这篇演讲稿不仅增加了社会工作对自身专业程度的自信,更促进了社会工作教育专业化的发展。目前,弗莱克斯纳所提出的社会工作专业六大判断标准已经将近一个世纪的岁月,不论是专门学校的增设还是社会工作教育本身,这篇文章在社会工作专业发展过程中的重要性是无法否定的(龙炜璇,2007)。

在弗莱克斯纳演讲的影响下,1915 年以后的社会工作教育发展趋势渐趋明显,布林莫尔学院(Bryn Mawr College)开设了硕士教育的社会工作大学教育(graduate-level school of social work)(Coohey C.,1999),纽约慈善学校采取以技术取向(technique-based)为主的个案工作课程及技能型(skill-oriented definition)为主的社会工作,发展出数个专门领域的技术(Shoemaker,1998;Dore,1999)。芝加哥公民慈善学校在"针对公共福利成长的部分"进行预备教育之后,有不少学校根据社会服务行政学校的模式开展社会工作教育,这一时期的纽约慈善学校注重个案工作早已普遍存在于各个学校当中(Leighninger,2000;黄慧娟,2006)。

尽管社会工作的实务操作在 20 世纪初已经形成,但是作为一门学科来进行研究却是较晚的事情。1917 年,美国学者芮琪芒德(Mary Richmond)出版了《社会诊断》(*Social Diagnosis*)一书,提出了一系列的原则来界定社会工作,促使社会工作方法成为一套独立的知识。在此影响下,1919 年,17 所学校联合起来成立了"美国专业社会工作训练学校协会"(American Association of Schools of Social Administration),这是美国第一个社会工作专业教育组织,主要推动硕士阶段的社会工作训练课程。1920 年,原慈善与公民专门学校并入芝加哥大学成为研究所,改制为社会服务行政学院(School of Social Service Administration,SSA)(Hollis & Taylor,1951;Leighninger,2000;黄慧娟,2006)。

美国社会工作教育发展趋势就是由独立到大学的加入，这一时期的大学教育的加入可能是专门学校联合大学教育中的师资和学位等资源，提供学生不同于"专门学校"之外的知识背景，或是并入大学系统成为研究所。当然在一些大学系统中也根据专业化趋势，开始在社会科学院下开设大学部社会工作相关课程，形成大学社会工作教育，但同样也有一支独立于大学系统外的"专门训练学校"，形成百花齐放的发展局面（黄慧娟，2006）。

三 1921～1950年：社会工作协会主导下规范化发展阶段

1921年，詹姆斯（James H. Tufis）发表了《社会工作教育与培训》的文章，当时正值从志愿机构的行业培训向大学正规教育过渡的时期。詹姆斯认为学校教育和短期培训之间有重大的区别。短期培训的目的是培养掌握一定技能的且从事某一方面具体工作的社会工作者；而学校既要全面、系统地提供社会工作的理论与方法，还要使学生理解宏观社会结构、社会发展，培养学生理解、评价、运用和制定社会政策的能力。社会工作是一个特殊的专业，社会工作者如果没有较高的素质，是不可能理解错综复杂的人类行为与社会关系并为案主提供专业服务的。对其观点的反响是，有人建议社会工作教育应该达到研究生水平，突出社会工作的行业特点，使之在高等教育体系中享有较大的自主权（库少雄，2003）。

在1935年之前，美国从事社会工作的主要是民间机构，培养专业社会工作者的美国社会工作学校协会的17所会员学校全是私立大学。

1935年，美国颁布《社会保障法》之后，政府开始大力资助社会工作，建立了许多公共服务机构。由于新建立的公共服务机构需要大量的社会工作者，因此，一些州立大学建立起了一套不同的社会工作教育模式：4年本科教育和7年研究生教育。社会工作者应该有什么样的素质、社会工作教育怎样满足社会需求成为当时十分突出的问题。1939年，修改后的《社会保障法》把社会工作价值作为社会工作教育的基本内容。

1939年，美国专业社会工作训练学校协会提出，从事专业社会工作的基本要求是硕士毕业。因此，其会员学校也都先后发展成为社会工作研究生院。但是，这些学校并没有设立社会工作本科专业。也就是说，社会工作教育的起点就是硕士研究生。其他各专业的毕业生只要达到了其入学要求，就可以攻读社会工作硕士。1942年，一些州立大学的社会工作院系成立了另一个教育组织"美国社会行政教育学校协会"（National Association of Schools of Social Admin Stration），主要推动大学本科和硕士阶段的社会工作课程，成立后不久协会就资助《教育与社会服务研究报告》的出版。报告建议，加强学校与公共服务机构的合作，增加公共福利管理的课程，在实践中培养学生的专业价值（库少雄，2003）。

上述两大协会分别为各自的会员制定标准，不可避免地引起了混乱。1949年，美国社会工作研究小组成立，试图使社会工作成为科学化和规范化的专业。在其推动下，1952年，两大协会合并形成社会工作教育委员会（Council on Social Work Education, CSWE），社会工作教育委员会的职能包括，教学标准的制定与修改，对新建系科的资格认定，对各类学校进行定期检查和评估，出版与分发有关社会工作教育的书籍、期刊与文件，组织有关社会工作教育的各类会议，为申请建立社会工作专业的学校提供咨询，维持与协调全国与地方教育资格认定机构的关系，参与国际交流与合作。从此，社会工作教育委员会就成了负责全美国社会工作教育的主要机构。社会工作教育委员会只认可社会工作硕士学位，本科毕业生可以在公共服务机构从事一般性的社会工作，但没有资格从事专业社会工作，也不能加入全国社会工作者协会（库少雄，2003）。

1955年，社会工作实务界成立了"美国全国社会工作者协会"（National Association of Social Workers，NASW），将原有7个专门的社会工作社团合并，成为美国最大的社会工作者组织。一直到20世纪50年代，经过很多地方或全国性协会的整合，美国当今两大权威性的社会工作专业协会——美国社会工作者协会（NASW）和美国社会工作教育委员会（CSWE）的成立，标志着社会工作教育规范化的实现。

美国社会工作教育本科、硕士及博士3个层次的社会工作学历教育，为了适应慈善服务发展的需要，在20世纪30年代早期就已形成。它们在美国社会工作专业和职业发展过程中都有各自不同的贡献。同时，它们自身的发展也受到专业协会，尤其是全美社会工作教育协会决策的影响（童小军，2007）。

四 20世纪60年代以来：相当成熟阶段

20世纪50年代，美国扩大了社会保障立法的实施范围，通过了《住房法》和《国防教育法》。60年代，进一步把社会保障事业作为扩大社会总需求的手段，联邦政府加强了对保障事业的干预，同时社会工作的理论研究和专业教育受到重视，使得社会工作从应用社会学逐渐发展成为一门相对独立的学科。

20世纪60年代，社会工作教育一方面吸收了更多的社会科学的概念，专业理论有了进一步的发展；另一方面对教学内容进行了深入的研究与定位，区分了微观社会工作、中观社会工作以及宏观社会工作，在统一的社会工作价值观之下，不同的学校竞相确立各具特色的观点、价值和目标。为了适应社会的变化，鼓励探索和试验社会工作者的角色与功能，社会工作教育委员会加大了教育政策的弹性，使标准化程度有所降低（库少雄，2003）。

20世纪70年代以后，美国经济进入了滞胀阶段，社会福利支出的增长速度普遍超过了经济增长的速度，经济增长明显下降，社会福利支出明显上升而出现了"超负荷"现象。美国 1974~1975 年通货膨胀率为 12%~14%，1982 年的失业率为 7%。与此同时福利经费却以惊人的速度增长。因此，美国着手调整社会福利政策，开始采取一些削减福利支出的措施，提出若干对福利制度进行结构性改革的设想，并逐步付诸实践。同时社会工作的理论研究和专业教育受到空前重视，并提出了社会工作方法的整合运用方向，这些都表明社会工作在美国已发展到相当成熟的阶段。

第五节 三地的比较

一 社会工作教育早期发展特点比较

1. 香港："补救性殖民地福利发展模式"下的社会工作教育

20 世纪 50 年代香港专业社会福利工作的发展，由于特殊的政治历史背景，香港在英国殖民地"非同化政策"的影响下，被学者梁（Leung J., 1994）称为是英式的"补救性殖民地福利发展模式"。在英国殖民统治下，威尔丁（Wilding 等，1997）认为香港的社会政策是以全民就业和经济发展为优先的社会发展模式，因而提出了"香港福利模式"是一种以社会政策为辅、经济发展为主的模式（王卓圣，2004）。由于香港是以经济发展为主，经济繁荣时带动社会福利资源的投入和发展，同时也带动了社会工作专业教育的发展；经济停滞时暂缓社会福利各项计划，也会影响社会工作教育的发展。

2. 台湾："残补、片断的选择式福利"模式下的社会工作教育

国民党虽号称实施"三民主义"，但本质却是"党国政治"及"资本主义"，因此，台湾经济发展历程虽然取得了"台湾奇迹"及"亚洲四小龙"的称号，但政治上却被冠上"白色恐怖"及"威权统治"的名号，"威权体制"绝对主控政治与经济权利

以维持其政权的合法性。这一时期的社会事业由于政治考虑而被"党政化",社会工作则是在政治及经济考虑下被"党政化",而所谓的社会工作,根据当时国民党的定义,"凡是本着党的社会政策而推动的工作,即是社会工作"(林万亿,2002;王卓圣,2004)。因此,台湾在国民党政府50年的主政下实行的是传统、保守、残补和片断的选择式福利,社会福利几乎被视为社会救助(林万亿等,1995;王卓圣,2004)。在国民党政治因素的考量下,台湾社会工作社会性明显不足,社会工作职业发展受到了严重的制约,社会工作的非职业化和政治化制约了社会工作教育的发展,这一点与大陆在20世纪50年代的社会工作教育发展有很大的相似性。

3. 大陆:片面认识下社会工作教育的取消

中国大陆在1952年院系调整时,随着社会学被取消,社会工作也被取消了,在长达36年的时间里大学中没有社会工作课程。从表面上看,社会学和社会工作的被取消是向前苏联学习的结果。实际上,它包含着一个天真的背景假设,认为进入新社会就没有社会问题了,因此也就不需要社会学和社会工作了(夏学銮,1996)。

三地早期社会工作教育的发展特点对后来社会工作教育的发展影响巨大,产生所谓的"路径依赖"问题。香港是"非同化政策"下的"补救性殖民地福利发展模式",虽然对于当时的福利国家而言,相对落后了许多,但毕竟走上了一条福利国家发展的道路,福利国家需要大量社会工作来推动,这也对社会工作教育的发展提出了内在的要求;而且,香港社会工作教育的发展随着经济的盛衰而起伏,随着经济发展的波动而变化,这些都为其发展提供了深厚的职业土壤,并逐渐同西方社会工作教育接轨,从而快速地迈向了专业化发展的道路。台湾在"党国统治"下,虽然也有社会福利的萌芽,但在国民党"威权统治"体制之下,过于强调为政治服务、为党国服务,推行的是一种"残补、片断的选择式福利",几乎相当于社会救济,社会工作专业教育发展受到了很大的制约:与国际接轨不如香港,专业化自主性也相对较低。而美国社会工作专业在发展初期完全是为了满足慈善事业的需要,因此,社会工作专业教育一开始就具有独立的倾向。在中国大陆早期,由于政府的片面认识和缺乏职业化土壤,社会工作专业教育发展容易受政府喜好等人为因素的影响,专业教育缺乏自主性和独立性。在这一点上,台湾和大陆社会工作专业教育在发展早期具有相似性,而中国香港和美国更为接近。

由以上比较发现,社会工作教育发展虽然需要政府的支持(如政策支持、资金资助及社会工作合法性地位的获得等),但这些更多是规范、引导和支持,不能掺杂太多的政治因素或意识形态。"去政治化"并不意味着不需要政府规划、支持和引导,也不是完全排除政府的行政干涉和政治介入,两者之间既有区别又有联系,换句话说,社会服务与政治服务要作区分。因此,当前在提社会工作具有"社会稳定器"和"服务和谐社会"等口号时应谨慎,西方和香港社会工作教育的发展纯粹是为了满足慈善事业的科学发展和助人服务的规范化需要而产生的。社会工作专业教育不能为了一时发展而过分镶嵌于政治场域,从长远发展来看,这将会损害专业发展的独立性和自主性。

二 社会工作教育发展起点比较

三地社会工作教育与西方国家不同,都有一个较高的起点。在西方国家,社会工作教育是从短期培训和会议研讨起步的。而香港和台湾社会工作教育则是短期培训和院校社会工作专业同时起步,这就使得香港和台湾社会工作的专业化进程有了较为扎实的基础。与台湾不同的是,香港社会工作教育这种高起点的形成固然是因为当时欧美国家社会工作教育有了较好的发展,有经验可以借鉴,但同时也是适应香港社会转型而提出的客观需要(孙立亚,1994)。

大陆社会工作教育重建阶段的起点是直接设在高等院校中，虽然大多挂靠在社会学系之下而以社会工作命名的系科非常少（熊跃根，2005），但毕竟由高等院校来推动，恢复重建的高起点为社会工作教育的迎头赶上提供了条件。必须指出的是，香港和台湾的起点具有以职业化与大学院校为依托的双重优势，相比较而言，大陆社会工作专业教育的起点虽有高校背景，但缺乏职业土壤和实务的支持，因此，这一高起点是具有较大局限性的。

三 社会工作教育发展过程中政府政策与角色比较

1. 香港："国家中心主义"下社会工作教育的发展

就香港政府来说，自1958年设立社会福利署后就认为社会福利是政府应该承担的责任，并开始资助社会服务机构，使社会服务机构能够稳定地提供各项服务。1972年，香港政府将社会工作推向专业化，规定接受资助的社会服务机构凡是助理社会工作主任或以上职级，只准聘用有社会工作学位的毕业生担任。而且，机构员工工资与公务员薪级表挂钩，使得机构员工的流动性降低，社会工作人员可以持续提供专业的服务；接受资助的社会服务机构也于1982年正式完成社会福利职级检讨（王卓圣，2004）。在香港政府为受资助的社会福利机构规划了社会工作职级薪级表之后，又与公务员薪级表挂钩，政府部门或受资助的社会福利机构的大量需求使社会工作专业人员市场逐渐趋向繁荣，香港社会工作专业教育学校随即扮演社会工作专业培训的重要角色（王卓圣，2003）。香港政府可说是香港社会工作专业发展历程中的"前导变项"，也可以说是香港社会工作专业发展过程里的"中心变项"（王卓圣，2004）。

香港政府从1995年起开展"社会福利改革"，引进一连串市场导向的管理措施，如整笔拨款、资源增值、服务监察制度及服务外包等。随之而来的是要求受资助的社会服务机构提供"物有所值"的服务。但在经历市场潮流冲击之后，却在服务案主的质量及机构的稳定发展上产生了问题，部分学者及实务工作者则提出了"将国家带回来"（bring the State back in）的呼声（冯可立，2003），这些情况的出现都可说明香港政府对社会工作专业发展的深远影响（王卓圣，2004）。

2. 台湾："非政府主导"下社会工作教育的发展

就台湾当局来说，自1965年"行政院"公布《民生主义现阶段社会政策》及设立小区服务中心后，开始雇用受过专业训练的社会工作人员或社会工作学毕业生推进各项工作，可被视为推行社会工作员制度的良好开始。1973年开始推行政府聘任社会工作员制度，但至今，政府的社会工作员制度仅台北及高雄出现编制内的社会工作员，台湾各地仍然是体制外的聘任制社会工作员。台北及高雄政府组织内首先出现编制内社会工作师职称，这是台湾当局社会行政体系的首创（王卓圣，2004）。

《社会工作师法》通过后，社会工作专业毕业生通过社会工作师考试资格之后，且有2年执业经验者可以转任社会行政职务系列公务员，似乎成为一股潮流。但是近年来，随着台湾当局严格控制编制名额，转任的机会已经越来越少。换言之，30年多来台湾当局在"社政制度"下推广社会工作制度，一方面行政人员实际掌握决策权，享有公务员各项福利，但是他们大都不具备社会工作专业训练的背景；另一方面社会工作人员具有社会工作专业训练的背景，是站在第一线服务于有需要的民众，却因为政府编制的限制，只能以临时人员的身份被聘任（王卓圣，2004）。

虽然台湾当局在社会工作教育发展过程中起到了一定的促进作用，但顶多只是扮演了一种非主导的角色。20世纪90年代之前的国民党当局只是把社会工作视为维护政治和社会稳定的工具，而不是真正扶持社会服务事业的发展，社会工作的政治性大于社会性。台湾社会工作教育的专业化推动更多的是由社会工作实务界和学术界联合起来通过自下而上的努力而完成的，如三次教学会议的召开、《社会工作师法》通过和纳入编制的抗争等。简言之，台湾社会工作教育的专业化发展更多的是由社会工作实务界和学术界联合起来推进的。

台湾通过设立民间机构和组织不仅有效地促进了社会服务质量的提升，也促进了社会工作教育的专业化发展。1990年，全岛性的专业组织"中华民国社会工作专业人员协会"的成立，涵盖了儿童、老年、青少年、残疾人与妇女等领域的社会工作实务。民间机构"中华儿童福利基金会"则推动了儿保业务，包括家庭访视和调查孩童安置等。为了能及时、深入了解服务需求及积极开展服务热线建设，1988年开设了儿保专线，受理民众对疑似儿童虐待案例的通报，并陆续派工作人员赴美接受培训。1995年底，儿保热线通报中心开办后，受理通报后直接将案件指派到相关社政单位的儿保人员开展全天候服务。社会工作实务界组织化和职业化的发展，也对社会工作教育提出了规范化的要求，最终促进了《社会工作师法》的制定和实行，这是台湾与大陆社会工作教育发展模式明显不同的地方。

3. 大陆："行政性社会工作"下社会工作教育的发展

在大陆传统的计划经济体制中，政府运用行政力量直接解决社会问题，几乎掌握了所有的福利资源，对福利资源的分配是一种"统包统揽"的做法，至今这种局面还没有很好的改观。也就是说"大政府、小社会"的社会格局，压缩了社会工作者发挥作用的空间。一方面社会工作专业教育快速发展，社会上对社会工作专业人才也迫切需要；但另一方面"大政府"的大包大揽、人事和行政管理体制改革滞后、非政府组织不发达、社会需求及社会工作教育的发展与体制之间存在一定程度上的脱节，导致社会工作专业毕业生的就业前景困难。

从本土实践来看，从新中国成立到社会主义市场经济建设时期，政府部门直接发挥着解决社会问题和稳定社会秩序的主要功能，社会工作如下岗再就业、职工养老保险、妇女儿童权益保护、扶贫和社区建设等事务一直都是行政性的，政策取向比较重，与此相关的职能部门如民政局、妇联、共青团和国务院扶贫办公室等一般都是政府相关部门。其下属机构所管辖的工作，仍然是政策性、事务性的，隶属于国家的行政职能，工作人员多为非专业人员（张弘，2006）。政府机构（尤其是特定的职能政府部门）的行政管理工作在很大程度上替代了专业的社会工作（熊跃根，2005），从这个意义上说，学者用"行政性社会工作"来总结中国目前社会工作的基本特质是不无道理的。

从三地的比较可以看出，香港政府完全是为了满足社会福利事业的发展而大力支持社会工作专业教育的发展，不自觉地在社会工作专业教育发展过程中扮演主导和中心的角色。在早期，台湾当局更多是为了配合政治稳定需要而被动地支持社会工作专业教育的发展，随着社会工作教育实务界和学术界联合起来，自下而上施加压力，台湾当局才被动地为社会工作教育发展做出一些改变。在大陆，由于"全能政府"的特点，政府包揽了社会服务事业，使得社会工作发展空间受到了严重的制约。大陆政府应该进一步开放社会服务领域，在降低政治性诉求下支持社会工作的发展。而大陆社会工作教育界与实务界联合起来自下而上地推动社会工作教育专业化和自主性发展，也应成为未来发展的重要方向或举措。

四 教育训练的比较

1. 香港："直线进程"下的社会工作教育

早在20世纪50年代，香港大学就开办了二年制的全日制社会工作课程，10年后香港大学与香港中文大学设立了社会工作学系，开始授予社会工作学学士学位。再10年后，香港政府为受资助的社会福利机构规划了社会工作职级薪级表以后，进一步与公务员薪级表挂钩，政府部门或受资助的社会福利机构需要大批社会工作专业人员，社会工作就业市场趋向繁荣，香港社会工作专业教育学校也随之担负了社会工作专业培训的重要责任，并制定了不同层次且层次明确的社会工作教育课程设计及未来职业规划，学生毕业后就可以成为助理级社会工作者，或者是主任级社会工作者或者学校老师，社会工作教育与社会工作专业就业市场需求紧密结合，使得社会工作专业人员的需求与供给通畅。

换言之，中国香港社会工作专业教育训练过程是一个直线的进程，它是一级连着一级的，首先由社会工作专业训练入门课程开始，然后经过社会工作专业训练基础课程，最后是研究院的课程。在学校社会工作教育与社会工作实务之间好像是安装了旋转门一样，可以自由地在两者之间转换。学生在学校接受社会工作教育毕业之后，马上有机会踏入社会工作实务界。在社会工作实务界工作一段时间后，如果想要再进入学校进修，也有很多的选择机会（王卓圣，2004），这一点又与美国的社会工作教育具有很大的相似性。

2. 台湾：社会工作教育的"回头路"现象

台湾的社会工作教育如果按照林万亿等学者的阶段划分，可以分为社会工作附属于社会学阶段、社会工作与社会学分组教学时期、社会工作独立成系阶段，社会工作从附属到独立成系足足用了28年（1951~1979年）。而且，台湾社会工作教育受社会工作就业市场影响很大，政府推行相关社会福利政策，开始聘用社会工作员，逐渐打开了社会工作需求市场（黄慧娟，2004）。1973年，受开始颁布实施聘用社会工作员制度的影响，专业社会工作人才市场才逐渐兴起，同时，也促使了社会工作与社会学分组（1973~1978年）。1997年《社会工作师法》通过，社会工作专业人才市场更加旺盛，新设立的社会工作相关系所增长速度惊人，这一时期台湾院校新设立的系所大约占全部系所总量的1/3。迄今为止，社会工作相关系所组有24个、研究所硕士班13个、博士班3个，一年可以培养大约2000多名准社会工作员。

在这股培养大量社会工作人员的潮流中，尤其以职业技术学校社会工作系扩招最为引人注目，与此同时也引起了师资、课程、质量管理及市场需求等问题的讨论。因此，有学者建议台湾社会工作教育方向不应该再走专门技术学院训练的"回头路"，那样将会降低社会工作的专业水平。另外，在台湾社会工作实务界工作一段时间，如果想要再进修的话，需要以在职学员的身份进入在职专修班就读，但是由于考试竞争激烈及名额限制，进修的机会是僧多粥少（王卓圣，2004），无法满足在职进修的需要。

3. 大陆：直线进程下社会工作教育的"市场脱节"现象

20世纪90年代以来，中国大陆大学纷纷开设社会工作课程，最近几年更是设立了学士、硕士专业学位，使得社会工作教育培养模式呈现出直线性特点。但由于职业化与实务的相对滞后，专业教育与职业薪级未能对接，内地社会工作教育训练没有能够像香港那样在专业化与职业化之间自由转换。而且，社会工作人员不能像香港那样有各种职业培训途径进入大学进一步深造的机会，社会工作在职人员专业化教育与在职培训机制还没有真正对接，造成了在职培训的困难，这一点与台湾类似。

香港和台湾社会工作教育的兴衰与社会工作就业市场的兴盛是紧密相连的，社会工作专业教育发展速度和招生规模都是与社会工作人才需求市场相适应的，而且倾向于摆脱社会学影响，独立成为一门专门学科（黄慧娟，2004）。而目前中国大陆社会工作教育的重建与就业市场脱离的现象较为明显，史柏年教授称之为"教育先行"现象。"教育先行"在恢复初期确实促进了社会工作教育的发展，但发展到今天，应该尊重并适应就业市场的需求。可是这些年来，在社会工作岗位并没有大量增加的情况下，社会工作专业教育却呈现出迅速扩张的趋势，这样的后果会不会造成社会工作教育人才培养"泡沫化"现象，值得深思。

五 专业自主化发展历程比较

1. 香港：外国专家主导下社会工作教育的专业化发展

虽然香港社会工作教育最初也附属在社会学系或其他系之下，但附属的时间相当短，因为香港政府很早就邀请外国专家作为社会工作教育发展的顾问，他们共同把香港社会工作教育发展推向黄金时期。这些来自英国、加拿大的专家基于本国发展经验和香港的实际情况，建议设置的社会工作教育模式，其实与欧美体制并没有太大的区别，香港社会工作教育很快就走向了专业化发展道路。因此，就国际接轨而言，香港社会工作教育水平与国际水平最为接近，专业化程度也最高。而且，香港社会工作教育在独立成系之后也并没有像台湾那样再度分裂。

2. 台湾："附庸→追求自主性→再度分裂"

古允文（2003）将社会工作和社会福利等相关系所的发展历程概念化为"附庸→追求自主性→再度分裂"的历程，这一过程涉及"社会工作是什么"这一核心问题的讨论，讨论的结果影响了社会工作教育制度安排和社会工作专业职业化发展等重要课题（许展耀，2005）。台湾早期社会工作教育依附于社会学系，这是新中国成立前大陆经验的延伸，当时的燕京大学就在社会学系下开设社会工作专业，中兴大学法商学院设立社会学系时承袭了这一做法。而且，当时社会学系刚成立不久，不仅社会学系的师资非常匮乏，社会工作的师资更是如此。20世纪60年代以来，社会工作逐渐摆脱附属地位独立设系，但进入20世纪90年代以后，社会工作系又分化为社会福利学系、社会政策与社会工作学系、卫生福利研究所、医学社会学与社会工作学系、青少年儿童福利学系等，社会工作从独立成系之后又走向分裂。台湾社会工作专业教育发展的这种由分化到整合，再由整合到分化的趋势，究竟是社会工作教育发展的客观使然，还是专业发展再度陷入混乱的开始，是值得我们进一步深入探讨的问题。

3. 大陆：由附属于社会学迈向独立成系的阶段

中国香港和美国社会工作教育发展是适应社会经济、慈善与社会救济发展的需要，开始是被动地展开社会工作实践，然后进行有关培训，最后形成系统的专业教育，它们都是在助人实践中独立发展成系的。

中国大陆社会工作教育是被"引入"的，它的起点是专业教育而非适应实务发展的需要，社会工作专业教育明显超前于本土专业实践。由于缺乏职业化土壤，社会工作专业教育恢复重建之后一直就附属在社会学系下。与早期台湾社会工作教育发展经历相比较，目前大陆也面临着社会学与社会工作界限模糊的问题。大陆高等教育学科层次体系里明确规定了社会工作是社会学一级学科下面的二级学科，因此，社会工作专业大多设于社会学系之下，还有一些甚至附属于其他学科如哲学和思想政治教育等体系之下。

近年来，虽然中国大陆有一些学校已经实行社会学与社会工作分组教学，也有一些学校单独成立了社会工作系，但完全独立设立社会工作系的院校并不多。目前，虽然社会工作专业教育还没有完全摆脱分支学科的命运，但是社会工作教育正处于脱离社会学附属地位、追求专业自主性的阶段，这也是社会工作专业教育发展的必经之路。至于独立成为社会工作系之后是继续巩固和提高专业教育地位，还是会像台湾那样在独立成系之后再度分裂，目前还很难预测。但根据美国、中国台湾和香港的发展经验，可以肯定的是大陆社会工作独立成系、追求专业自主性的趋势不可逆转,社会工作教育界应该及时加以应对。同时,随着政府对社会建设和社会管理问题的日益重视,社会工作也得到更大的发展空间,社会工作职业化土壤正在逐渐形成。例如,在广东的一些城市,政府购买社会工作服务已经铺开,社会工作逐渐被城市居民熟悉。因此,当前社会工作教育发展如何加快专业自主性建设,如何更快、更好地走向成熟以满足政府和社会的现实需要,这也是当前所面临的重要的挑战。

六 发展趋势比较:由低度专业化迈向高度专业化

中国台湾、香港以及美国几十年来社会工作专业发展历程,是由点扩张到面,由低度专业化发展到较高程度的专业化。不论从哪个角度出发,美国和中国台湾、香港的社会工作都逐步发展成一门专业。如果从结构与脉络方面切入,这种贯穿专业发展过程中的一致性,确实有其必然性。而另一方面,在科层化、管理主义高涨的今天,专业声誉与地位已不像以前那样稳固,社会工作所面对的怀疑与责难也与日俱增,但是仍旧在社会中占有一席之地,"专业性"(professional)也从"专业"(profession)中独立成为正向的价值和功能(许展耀,2005)。在台湾,也有些学者认为社会工作教育同样存在"半专业"或是"可替代专业"的现象(黄慧娟,2004),但相对于大陆而言,中国台湾社会工作专业化发展程度已经相对较高,只不过与中国香港及美国相比较而言,仍有一些差距。

在中国大陆,到目前为止仍然没有建立起一套完整的社会工作职业制度,即使在政府社会福利部门如民政部,也没能完全做到合理地聘任社会工作者为政府公务员。因此,一些学者用"准专业化"或"半专业化"来概括其特点。这一现象的存在,就要求我们在社会工作专业化和职业化建设上多下工夫,积极推动社会工作专业由"低度专业化"向"高度专业化"迈进。否则,专业的存在价值就会受到严重的质疑,社会工作专业就会沦落到可替代或者可有可无的地步。

七 发展速度比较

1. 香港:1990年以后发展迅速

香港社会工作教育进入1990年以后,呈现出迅速发展的态势。1952~1978年,2所大学及4所学院的社会工作专业的毕业生总人数为1695人,27年中平均每年的毕业生才60多人。但是1991~1992年,仅两年的时间招收的学生人数,就是1952~1978年间平均每年的毕业生人数的50倍之多。可见这一期间,香港社会工作教育达到了蓬勃发展阶段(王卓圣,2003)。1990年,香港社会工作教育经过40年的发展,已经建立起自己完整的教育制度(周永新,1993)。

2. 台湾:1997年之后迅速扩张

1997年之后社会工作教育发展也呈现出高速增长的趋势,在系、所、课程、师资及招生人数等方面都大幅增加,尤其以近10年来最为明显,与前10年相比较增加了将近10倍,在发展速度上已经赶上了美国。尽管曾华源(1993)指出,姑且不论学生的从业意愿,社会工作系所快速扩张的原因究竟是否反映了社会发展的需求,"教育部"和学校只是根据"经建会"整体发展计划而成立社会工作系所是否只是一味地让各大学成立社会工作系所来增加招生名额和解决私立学校财务问题,有没有考虑过学生实习安置、师资人力和教学资源等配合的问题(黄慧娟,2004),这是台湾社会工作教育目前所必须面对和深思的问题。总之,台湾社会工作教育呈现迅速增长的趋势,是《社会工作师法》通过之后及就业市场需求急增的情况下而出现的。

3. 大陆:扩张型与"泡沫化"并存

在大陆,社会工作教育专业开设出现了"急功近利"的心态，许多学校是在没有师资、图书资料和实习基地等基本条件下盲目设立的，有明显的"泡沫化"倾向。美国目前的社会工作学院近100所，英国近30所，而中国大陆的社会工作教育在短短20多年间就发展出200多家培养专业社会工作者的大学院校，形成了大专、本科和研究生三个办学层次。据调查统计，近两年中国大陆社会工作类专业每年招生近万人，走出了美国社会工作教育100多年才走完的路程，这使得我们来不及去解决教育过程中出现的问题，导致社会工作专业人才培养的质量难以得到保障（李迎生，2008）。中国大陆要在"先有后好"上多下工夫，"有"字已具雏形，现在关键的是做"好"，应从追求数量的扩张型发展转变到追求质量内涵型发展的轨道上来（杨柳，2009）。

通过三地的比较，我们可以发现，近年来社会工作教育迅速扩张的现象也并非大陆特有，香港和台湾从20世纪90年代以来也经历了类似的过程。但不同的是，香港和台湾是基于社会工作实务发展和就业市场的客观需要而形成的扩张，而大陆在就业需要并未大规模增加，甚至社会工作学生就业难的情况下，人为地促进了社会工作教育的迅速扩张，出现了"泡沫化"繁荣的假象。社会工作专业教育脱离职业化发展所造成负面的问题，应当引起社会工作教育界的深思。

八 面临困境比较

虽然香港、台湾和大陆在社会工作教育发展过程中存在着许多不同的地方，但也存在一些共同的危机问题或挑战，主要是：社会工作者缺乏使命感、承诺与专业认同，社会工作者介入后改变个人与社会的能力不足，学校教育与实务相脱节，缺乏社会工作教育与实务的本土发展，忽略反省与改革精神，过度依赖教育或受制于国家体制，趋于保守及社会工作专业发展仍然没有得到社会的普遍认同与高度肯定等（周月清，2002；王卓圣，2004）。

第二章 社会工作教育发展历程及特点比较

综前所述，中国台湾、中国香港、中国大陆以及美国在社会工作专业教育的发展阶段、自主化历程、发展速度及发展趋势可以简单地进行如下对比（见表2-5）。

表2-5 中国三地及美国社会专业教育发展特点比较

发展阶段	中国大陆	中国香港	中国台湾	美国
第一阶段	1.受教会资助与影响为主；2.因"院系调整"而中断	1.慈善救济为特征；2."扩散效应"奠基阶段	1.附属于社会学；2.战后党国社会工作；3.社会救济	完全服务于慈善机构实务需要
第二阶段	增设社会工作与管理专业，社会工作学科地位重新被确认	1.专业化发展；2.生吞活剥与外国专家主持	追求自我主体性的分离运动	"进军"高等教育热潮，"科学慈善"期
第三阶段	规范化、制度化发展阶段，职业考试暂行条例	扩散效应本土化时期	规范化发展阶段	社会工作协会主导下规范化发展
第四阶段	社会工作职业化教育进入新的发展阶段	顶住多方压力并不断摸索新出路	专业再度分裂	相当成熟阶段

第三章
社会工作教育培养模式、核心课程设置与实习教学比较

第一节 社会工作教育培养模式比较

一 大陆社会工作教育培养模式

大陆社会工作专业教育恢复重建之初,在专业人才培养方面,侧重于较低学历层次(如专科、本科)专业点的设置。随着社会的发展,社会对专业人才需求层次的提高,以及社会工作教育界自身能力的提升,开办更高学历层次(如硕士、博士)专业教育的必要性和可行性日益增加。

1. 硕士教育

内地社会工作教育首先从招收硕士研究生开始,1989年,北京大学应民政部的要求为其招收代培硕士研究生3名,不过,这是挂靠在其他系下面,与后来的专业的MSW(Master of Social Work)培养是有很大的不同。同时,北京大学也招收一个班的本科生,这反映了内地对高层次社会工作人才的需求(夏学銮,1996)。

21世纪初,中国人民大学、北京大学等多所高校在社会学一级学科下自主设置社会工作研究生专业,开始提供社会工作研究生教育,MSW专业学位教育正在积极准备和逐步推行之中。MSW正式实施后,高层次社会工作人才的培养将会急剧扩大(李迎生,2008)。以中山大学为例,在社会工作硕士培养方案

中，社会工作 MSW 修满学分，实习达到 800 小时，毕业论文答辩通过，方可毕业，也就是"课程学分 + 实习工作量 + 毕业论文"，该校在 2005 年招收 15 个硕士研究生（顾江霞、罗观翠，2009）。

2. 本科教育

第二个层面的社会工作人才是经过学校培养的专业社会工作者，以本科教育为主。1986 年，北京大学等高校设立了社会工作与管理专业。目前，全国已有 200 多所高校设立了社会工作专业，形成了大专、本科、研究生三个办学层次，但绝大多数处于本科教育层次，社会工作专业硕士学位和博士学位教育还刚刚起步，而且本科教育大多是挂靠在社会学系甚至其他系下面。

3. 逐步实现本科、硕士与博士教育系列化

以专科为起点，进而设置学士、硕士、博士，建立完整的社会工作学科学位体系（见表 3-1），这是大陆社会工作教育发展的基本目标。当前及未来的几年还应继续积极发展专科与本科教育（DSW），积极开展社会工作硕士生（MSW）培养工作和社会工作博士生（PHD）的试点培养工作（李迎生，2008）。目前，中国大陆已经有些高校开始尝试建立结构合理的专业培养体系，相继在社会学、社会保障专业名义下开设了社会工作硕士和博士专业（郑蓉，2010）。

表 3-1　内地社会工作教育培养模式及目标

培养模式	特　点	培养目标
本　科	在社会学一级学科下自主设置	基层或一线实践人才
硕　士	社会学一级学科下自主设置，MSW 刚刚起步	专业服务的能力和领导才能
博　士	尝试在社会学专业下设立，尚未自主设立	学术性而非实务性

二 香港社会工作教育培养模式

（一）培养模式

目前香港提供社会工作教育的学校有香港大学社会工作及社会行政系、香港中文大学社会工作学系、香港城市大学应用社会科学系、香港理工大学应用社会科学系、香港浸会大学社会工作系、香港树仁大学社会工作系，名称虽不尽相同，但全都围绕社会工作这一核心，学制从2年到7年不等，有全日制和兼读制之分，提供三种不同层次的教育训练（王卓圣，2003），第一类是入门的文凭课程，第二类是专业训练的社会工作学士学位，第三类是研究院的高等文凭、硕士及博士学位等，所有课程一律采取学分制。

1. 入门的文凭（diploma）课程

香港社会工作专业教育最初是在香港大学文学院内的经济系设立，由一年制的文凭及证书演变到有6所大专院校提供不同程度的社会工作训练课程，这个演变过程与香港的社会福利发展有着极为密切的关系。入门的文凭课程由香港城市大学、香港理工大学及香港树仁学院负责，招生对象是中学毕业生。课程内容提供基本的社会工作理念与技巧知识，拿到文凭之后可担任社会工作助理的职务。课程训练时间分别有2~4年的全职制或3.5~5年的兼读制（王卓圣，2003）。

2. 专业训练的社会工作学士学位（degree）

学士学位课程主要由5所大学训练及授予，入学条件是有差别的，但通常以香港高级课程会考合格或社会工作文凭毕业加上2年社会工作经验为最低条件。课程内容除提供较为深入的社会工作理念与技巧知识之外，还加上社会工作行政的基本知识，拿到学历之后担任一线的社会工作助理主任职务。课程训练时间分别有3年的全职制或3~4年的兼读制。香港城市大学及香港理工大学设立一个全职制的"2+2+2"模式,即先是2年入门的文凭课程,接着是2年社会工作工作经验,再有2年专业训练的社会工作学士学位课程,合起来需要6年完成,至于兼读生可长达11年(王卓圣,2003)。

3. 研究院的高等文凭、硕士及博士学位

由香港大学、香港中文大学及香港城市大学训练及颁布,课程内容强调研究,强调对社会工作理论及实践作深入的分析,对社会工作专业化及本土化作深入的探讨。也根据个别学生的兴趣总结出多元化的学习经验,开办多样化的学习课程。深造的课程主要是训练学生成为更资深的第一线工作者、行政工作人员或社会工作学院的老师。以香港中文大学社会工作系硕士课程为例,包括社会工作硕士课程、社会工作哲学硕士课程、社会工作学士后文凭课程、社会工作文学硕士课程、社会工作社会科学硕士课程、家庭辅导及家庭教育文学硕士学位课程等六项(王卓圣,2003)。

(二) 培养模式的特点:培养课程相互连贯

香港各学校提供的社会工作训练课程虽然有三种不同的层次,但是各种课程是互相连贯的(见表3-2)。最基本的社会工作训练是文凭课程,针对第一线工作者的工作和技巧进行训练,完成文凭课程的学生在工作两三年后即可修读学士学位。而学士学位课程是侧重政策分析和理论探讨,在课程设计方面考虑配合并与文凭课程连贯。事实上,文凭和学士学位是两种不同课程,也是为了配合香港两种不同社会工作职级的任用条件,即文凭毕业只能任用为社会工作助理职位,而学士学位毕业的可任用为社会工作主任职位。至于研究院的高等文凭、硕士及博士等学位,主要是迎合不同社会工作人员进修的需要,与职位的升迁并没有直接的关系(王卓圣,2003)。这种不同考虑在学士学位教育上较为突出,文凭教育重视对实际工作能力的培养,以适应第一线工作的需要,基础课程围绕专业实际。硕士课程重视理论研究能

力的培养。学士课程介于文凭教育和硕士课程两者之间。有的学校社会工作基础理论课在其他部门选（必）修，选择的面比较宽泛，课目严格按照自有的学科体系编排讲授，不考虑社会工作专业与基础学科在具体内容上的沟通和融合。这三类培养体系反映出香港社会工作教育界的双向探索，一方面深入研究理论，另一方面是不断构架具有香港特点的社会工作理论并重视社会现实，努力推进社会工作实践（法士祯，酒曙光，1994）。

表 3-2 香港社会工作教育培养模式及特点

培养模式	招生对象	学　制	职业岗位	训练重点
入门的文凭课程	中学毕业生	2～4 年全职制或 3.5～5 年兼读制	社会工作助理	一线工作者的工作和技巧训练
社会工作学士学位	高级课程会考合格或社会工作文凭毕业加 2 年社会工作经验为最低条件	3 年全职制或 3～4 年兼读制，"2+2+2"模式	社会工作助理主任	着重政策分析和理论探讨
硕士及博士学位	社会工作本科生或硕士	硕士 2 年制或博士的 4 年全职制	迎合不同社会工作人员进修需要，与职位升迁没有直接关系	重视理论研究能力培养，基础学科的深度与广度

由于香港培养层次明确而且有完整的课程设计及未来的就业规划，学生毕业后就能够成为助理级社会工作员，或是主任级社会工作员，或者是学校老师，社会工作专业教育紧密地结合社会工作专业就业市场的需求，使得社会工作专业人员需求与供给关系得到平衡。香港社会工作专业教育训练过程是一个直线的进程，一级连着一级，首先由社会工作专业训练入门课程开始，然后经过社会工作专业训练基础课程，最后是研究院课程。社会工作教育与社会工作实务之间似乎就像旋转门一样，可以轻松地在两者之间自由转换。在社会工作教育毕业后就有机会踏入社会工

作实务界，在社会工作实务界工作一段时间后，想要再进入学校进修也有很多的选择机会（王卓圣，2003）。

三 台湾社会工作教育培养模式

台湾社会工作教育在很大程度上都是依靠外来理论和经验发展起来，一般分为五种不同性质的教育（见表3-3）。

表3-3 中国台湾社会工作教育培养模式及内容

培养模式	主要目的	主要特点
博士	高级行政主管、学术人才	1. 以社会工作教育本科作为专业训练的起点，比美国低了一个级别；2. 虽然培养层次建立起来，但在教学内容呈现出一定的重复性，未能很好地体现出"持续而不重复"的特点
硕士	中级行政主管、教学人员	
学士	基层社会工作人员、专业人才训练	
专科程度或职业学校	基层社会工作人员	
短期训练班、职业学校训练单位	基层社会工作人员	

第一种是博士班的社会工作教育层次，主要培养高层次的社会工作人才。博士学位社会工作教育的主要功能是训练高级行政与学术方面的社会工作人才，这些人不但是社会行政机构主管，更是各级社会工作教学人才及学术研究机构的学术人才。

第二种是硕士班的社会工作教育层次，培养的是中间阶层的社会工作人才。硕士学位社会工作教育主要由研究院提供，主要功能是培养社会福利行政的中层主管人员以及卫生、教育和福利部门的社会工作行政及教学人员，主要承担社会工作的策划、评估和督导三重职责。在医学和卫生系统的大学部讲授社会工作有关课程的人员要具有社会工作硕士学历，才能有效完成社会工作专业教育的教学任务。而且，大学部社会工作课程的讲授人员至少要获得社会工作硕士学位，才能提高专业教育水平和胜任教职岗位。

第三种是大学或学院的学士教育层次,这是社会工作学系的基本教育层次,主要培养基层社会工作人员。提供学士学位教育的大学其主要的教育目的是培养社会工作专业从业人员,大学部的社会工作教育主要是培养一线实务工作人才,以满足社会各界的实际需要(黄慧娟,2004)。

第四种是专科程度或职业学校性质的社会工作教育层次,培养最基层的社会工作实务人才和助理社会工作员。

第五种是短期的训练班层次,主要是技术和事务性职业学校提供培训服务。

根据这五种培养模式,台湾社会工作教育强调层次分明的社会工作教育培养模式,分为高层次社会工作人才培养、中间层次社会工作人才培养及基层社会工作人员培养等三个层次(黄慧娟,2004)。台湾社会工作专业教育发展至2003年7月,社会福利及社会工作系所共有23所,其中有13个硕士班,4个博士班(含阳明大学卫生福利研究所博士班)。

美国社会工作专业从业人员要求有硕士学位毕业的人才能胜任,中国台湾则是以学士学位毕业者担任一线实务工作者,将大学视为专业人才培训的基本阶段,与美国相比提前了一个阶段(黄慧娟,2004)。而且,中国台湾在学士教育和硕士教育的衔接上也存在着一些问题,硕士教育应该在学士教育的基础上继续提升而不能走"回头路",但是从现实的社会工作硕士阶段的教育情况来看,却出现了大部分系所在实习课程设置及类似课程开设上都有与大学本科教育"重复"的现象(黄慧娟,2004)。也就是说,台湾社会工作专业学士教育与硕士及博士教育的教育目标、课程连接和专业人才培养重点等方面,还没有清晰的界限、特色及重点(黄慧娟,2004)。

因此,台湾的社会工作教育界及实务界应共同合作,确立台湾社会工作专业教育各层次的培养目标,使社会工作专业教育呈现出阶段式人才培养的金字塔,学士、硕士及博士的培养目标、任务及内容，再结合各系所发展的特色教育，以此来确定各个级别的教育目的的差异（黄慧娟，2004），并根据这些差异来设置不同的课程或者能力要求，从而使得台湾社会工作教育培养模式有一套普遍认同的标准，并根据社会环境变迁而进行定期修正。

四 美国社会工作教育培养模式

美国社会工作教育的起点很高，面向不同人员提供社会工作文凭教育、学士学位教育、硕士学位教育及博士学位教育，从而形成了较为完善的社会工作资格教育体系及模式，使社会工作作为专业教育的地位和社会地位日益巩固（范燕宁，2004）。相对于不同的教育程度，社会工作者使用的头衔包括4个方面，一是BSW，即获得学士学位的社会工作，二是MSW，即获得硕士学位的社会工作，三是DSW，即获得博士学位的社会工作，四是LCSW，即拥有执照的临床咨询社会工作（罗竖元、李萍，2010）。此外还有在职培训，即继续教育（见表3-4）。

表3-4 美国社会工作教育培养模式及特征

培养模式	特征
BSW（学士学位社会工作）	早期排斥在专业协会之外；1970年后被视为专业人士；普通社会工作者
MSW（硕士学位社会工作）	早期只有硕士毕业生才有资格从事专业社会工作者；早期作为专业起点；后期被认为专业社会工作者的最高学位
DSW 博士社会工作	20世纪30年代初；哲学博士（社会福利）文凭；学术性非实务性；各地政府负责鉴定
LCSW，拥有执照的临床咨询社会工作	独立地开设诊所及开展咨询工作
在职培训（继续教育）	每2年至少完成48小时培训；继续教育提供者的评估标准；管理者贯彻执行并支持继续教育

(一) 美国早期社会工作教育培养模式相互冲突情形

早期专门从事慈善事业的人们被称为社会工作者,慈善培训机构被称为社会工作学校,这是美国社会工作教育的开始。20世纪初期,为满足慈善机构实务需要,独立的社会工作培训机构向高等教育培养模式转变。美国社会工作教育早期存在三种类型的学校,第一类是由最初的慈善培训学校发展而来的2年制社会工作学校;第二类是在社会学等相关学科本科层次的4年制学校,包括"4+1"(4年本科加1年研究生)的硕士教育;第三类是证书培训班。后两类学校彼此的认同度较高,常常被归为一类。这些学校对自己在社会工作领域中的专业角色和专业地位的定义是不同的。2年制社会工作学校认为专业教育(education)和专业培训(training)是不同的,前者需要有专门知识的学习和技能的训练,而后者通常只包含技能训练。

1939年,美国社会工作学校协会修改了章程,规定只接收2年制硕士教育机构为会员,将一大批社会工作本科项目、州政府的定向培养项目和"4+1"硕士项目排斥在专业协会之外。决定只认可两年的硕士教育是专业教育,只有硕士毕业生才有资格从事专业社会工作。但是,4年制的大学坚持自己的专业地位,也制定颁布了自己的课程标准。少数几个本科社会工作教育学校联合建立起全美社会行政管理学校协会,致力于社会工作本科教育的规范管理。后来,许多被社会工作学校协会排斥在外的学校都加入了这个协会(童小军,2007)。

上述两个协会的并存形成了两套体系,彼此内容常有冲突。据统计,到1952年,彼此冲突的标准多达32项(童小军,2007)。为了改变这种混乱的局面,1946年成立了全美社会工作理事会,致力于协调这两个协会有关专业教育和实务方面互相矛盾的章程和政策。理事会还对当时的社会工作教育进行了全面的综合调研,结论是社会工作专业教育的各个机构应该携起手来共同建立和支持一个单一的机构,通过它来全面规范专业教育并制定教育机构认证制度。于是,在1952年,美国社会工作教育委员会成立,并成为美国社会工作行业最重要的组织,其宗旨是"发展社会工作教育,制定职业标准,提升教学条件,开发教学项目并加强社会工作的专业实践"。截至目前,该委员会共确认了442所大学的社会工作专业本科教育和168所大学的社会工作专业研究生教育。同时,全美共有80个社会工作的博士点(罗竖元、李萍,2010)。

(二)现阶段美国社会工作教育培养模式

1. 社会工作本科教育

社会工作本科教育的发展路径不同于硕士教育的形成和发展,最早介入慈善机构人才培训的是一些大学里的社会学系,一般都是在社会学的课程中包含几门与慈善机构服务相关的课程。20世纪20年代后期,大部分社会工作从社会学系中脱离出来,成为独立的社会工作本科教育机构。1935年,由于受到罗斯福新政的影响,使社会工作本科教育得到了迅猛的发展,数量上远远超过了硕士的数量。1962年,社会工作教育委员会制定出一套本科教育的标准。但直到1970年,社会工作教育委员会才承认本科毕业生具有从事专业社会工作的资格。同时,社会工作者协会也同意本科毕业生入会。这实际上是把从事专业社会工作的资格由硕士毕业降到了本科毕业,引起了人们对社会工作者素质和社会工作质量的关注(库少雄,2003)。

1970年社会工作教育委员会提出了一个方案,"批准"开办以培养社会工作领域实践人才为目标的学士课程,1974年社会工作本科教育机构才开始接受理事会的定期认证,本科毕业生也被承认是社会工作专业人员,可以申请就任专业社会工作员职位。从那时起,越来越多的学生被授予了学士学位,他们被视为专业人士,本科教育的目的是培养普通社会工作者,从事社会福利工作。从1999年11月汇总的417个本科教育培养方案中，共录取了24475名大专生和高中毕业生（常建英、刘贞龙，2008）。美国社会工作教育的标准已经得到高度一致的认同，不同的学校大多有类似的课程、教学方法和要求专科生大多进入社区和公共服务机构从事辅助性的社会工作。

2. 社会工作硕士教育

现在美国的社会工作硕士教育源自20世纪30年代两年制社会工作教育。1932年，协会颁布了关于课程标准化、教育机构审察认证机制和程序。1934年以后，协会对上述制度进行了补充，对办学经费、全职师资、图书资料和实习基地等都提出了要求。协会最终认定硕士水平的社会工作教育是社会工作专业人员入行从业的起点，其会员也仅限于各大学里的2年制社会工作硕士院校（童小军，2007）。美国大学普遍认为，专业社会工作的最高学位是硕士。从培养目标看，美国的社会工作硕士教育（简称MSW）主要是培养为个人、家庭、群体、社区和组织提供能够担当领袖角色的社会工作者，旨在培养高级实践人才。MSW教育最特别之处就在于它相当重视实践，在上课的同时还有一种类似实习或者实践的课程（也有点类似临床医学或者护士专业），它按照一定的程序安排学生到各种机构岗位上去工作，美国提供实习职位的组织相当多，供学生选择的机构达300多个。而且一般一周要实习25小时左右，而且与上课同时进行，两年期间将达到1000多个小时，要想拿到学位，必须满足学时要求。

在美国社会工作教育协会（CSWE）教育政策和认证程序的规范下，有认证MSW教育项目资格的高校享有较大的自主权，因此，每一个学校的MSW在招生和培养都具有自身特色。以宾夕法尼亚大学（University of Pennsylvania）社会政策和社会实践学院（the School of Social Policy & Practice）为例，它的培养方式分为4类，这4类培养方式主要区别仅仅在于针对不同情况的入学者，如第一类是全日制，主要针对本科生，学制 2 年；第二类是非全日制，主要针对正在工作并想获得学位的业余进修者，学制 3 年；第三类主要针对成绩优秀的本科毕业生，类似于本硕连读，学制 1 年；第四类主要针对已获得本科学位，有 2 年及以上工作经验的在职社会工作者。

3. 社会工作博士教育

美国社会工作博士教育起源的时间并不确切，美国社会福利事业的发展，带来了社会工作服务领域的扩大和分工的细化。除了实务工作者之外，还需要从事宏观社会管理和科研的高级人才。从目前的资料分析，美国社会工作博士最早出现在 20 世纪 30 年代初，绝大部分是具有社会管理或公共管理背景的哲学博士，60 年代以后将所授文凭规定为"哲学博士（社会福利）"文凭（范燕宁，2004）。据有关资料显示，1999 年大约有 267 名学生获得了博士学位（常建英、刘贞龙，2008）。

博士教育最直接的目的就是为了满足宏观社会工作和高级科研的需要，主要是培养学术人才，仅有少数博士毕业生从事实务工作。社会工作教育委员会只鉴定某一教育机构是否具有培养社会工作人员的条件，因为社会工作博士本质上是学术性的而不是实务性的。因此，博士教育不受社会工作教育委员会的鉴定，而是由各地政府负责鉴定。实际上，美国根本就没有一套专门的程序来鉴定社会工作博士点，只是社会工作教育委员会要求博士教育的内容不能与硕士教育的内容重复。一个独立的、非鉴定性的组织——美国社会工作博士教育促进小组与拥有博士点的学校保持着联系，定期举行会议研究博士教育的发展趋势（库少雄，2003）。

4. LCSW：拥有执照的临床咨询社会工作者

这一类社会工作者较为特殊，他们可以独立地开展咨询工作，向患有精神疾病的人群提供服务。他们可以开设自己的诊所，也可以受雇于其他机构。但从事咨询的社会工作者必须拥有州政府颁发的执照，否则不得开业。各州对于申请执照的条件限制有所不同，但绝大多数都要求申请者拥有硕士学位，并在高级社会工作者或心理医生督导下进行 2 年或 3000 小时的咨询实践。

5. 继续教育

为了加强社会工作服务的质量，全美社会工作者协会于 2002 年 2 月 28 日通过了社会工作者继续教育的标准，它包括 3 个方面：一是社会工作者应对继续教育承担自己的责任，每 2 年至少完成 48 小时的继续教育学习，并且为继续教育的发展和改进提出意见和建议；二是制定了继续教育提供者的评估标准。继续教育提供者应该有反映社会工作职业价值和伦理的书面观点，有组织经验，并能与社区进行合作，遵守相关的管理条例（administrative practices）；三是制定了管理者的标准，管理者贯彻执行机构的政策并支持继续教育。目前，在爱达荷州有 3 个非营利性组织开展一种虚拟大查房（virtual grand rounds）的远程继续教育方法，解决了农村社会工作者短缺的问题（钱会娟、袁长蓉，2009）。

早在 1919 年，美国就有 17 所高校开设了社会工作课程，而且，全部是 2 年制的研究生水平的课程。至 2000 年，全美共批准了 421 个本科、139 个硕士和 71 个博士项目，大约每年有 74000 名全日制和半工半读的学生进入这些学校学习，有些大学还提供在职培训和继续教育（邵宁，2010）。至 2004 年春季，有 438 个经过鉴定的社会工作专业学士学位项目，153 个硕士学位项目和 69 个博士学位项目。

（三）美国社会工作教育培养模式特征

1. 专业人才培养起点高

比较其他教育而言，美国的社会工作教育首先形成和侧重的是硕士教育，一直到 20 世纪中后期本科教育才出现，博士教育虽然没有具体的资料显示准确时间，但是从文献推断来看，其出现的时间最晚。由此，社会工作教育专业人才的培养是按照目前硕士培养方案来进行的，显示出较高的专业人才培养机制。

2. 层次性鲜明

近年来，美国社会工作教育的标准化程度越来越高，在不同的大学都有类似的课程、教学方法和要求。专科生大多进入社区和公共服务机构从事辅助性的社会工作；本科生教育培养的主要是普通的社会工作者，研究生主要学习的是高级实务课程；MSW是较早适应职业化需求并以就业为导向的硕士教育，也是社会工作教育中最早被认可的职业教育；博士生主要是为了培养学术人才的（常建英、刘贞龙，2008）。美国社会工作学位教育形成了三个特色鲜明的基本层次，包括本科、硕士和博士，同时很多学校都提供业余学习时间，社会工作者在职的同时也能进学校学习，同时也专门给那些有社会工作本科学位的人提供进修机会。和其他专业不同的是，本科生一般不可以直接申请博士学位，因为社会工作硕士和博士这两个概念在美国是不同的，MSW培养有工作技能的人员，类似MBA，具有职业性质；而博士完全是学术性，它主要研究各种社会问题或政策，一旦被录取就会有大量的资助。

五　三地的比较

1. 培养模式完整性比较

社会工作在美国以及中国台湾和香港的高等教育中是一个较大的学科，在美国许多学校设有社会工作学院，形成从社会工作学士、社会工作硕士到社会工作博士的学位层次。通过系统、完整的专业社会工作教育，使受教育者通过专门训练能够保证助人活动科学有效地进行，并使他们具有从业的资格。

香港社会工作教育在学制方面受英国影响较深，以前除了香港中文大学和树仁学院是4年制之外，一般大学课程都是3年制。1997年，港英政府通过行政手段强制将香港中文大学社会工作教育改为3年制，目前只有树仁学院仍然维持4年制。香港回归之后，香港特别行政区政府准备参考北美和欧洲国家社会工作教育发展经验，准备将学制改为4年制，虽然到现在还没有定论，但是改制的趋势不可逆转。香港研究院课程主要是培养社会福利界专业人士及学术领袖，以香港大学和香港中文大学为主，硕士课程分别有2年全日制和3年兼读制，博士课程以4~8年为修读期限。

在中国大陆，培养模式还不完整，虽然也形成了社会工作专业教育的专科、本科、硕士及博士的培养模式，但博士学位的培养是挂在社会学系下面，而且MSW教育最近几年才刚刚起步。就MSW教育来说，与美国课程设置相比，中国大陆MSW课程设置相对笼统，以领域划分课程比例偏大，具体的高级实务技巧和方法课程相对偏少。因此，可以借鉴美国做法，将MSW课程设置与职业资格认证考试挂钩，既有利于缩短MSW毕业生的职业适应期，也有利于在MSW教育和职业化之间形成良性循环。此外，在未来一段时期内，中国大陆社会工作教育培养模式的一个重要议题就是：单独设立社会工作专业博士教育有无必要？如果有必要应如何设立，如何培养社会工作专业博士研究，社会工作教育培养的各层次如何衔接及完善？

2. 培养模式与职业资级关系的比较

在香港，培养模式与社会工作的职业资质关系清晰而明确，如入门的文凭课程对应于社会工作助理，主要培养一线社会工作者的工作和技巧训练。社会工作的学士学位对应于社会工作助理主任，主要着重政策分析和理论探讨。硕士及博士学位则是满足不同社会工作人员进修的需要，与职位升迁并没有直接关系，主要重视理论研究能力培养及基础学科的深与广，社会工作专业教育培养模式与职业职级紧密衔接、层次分明。

美国社会工作学士教育是以培养社会工作领域实践人才为

第三章
社会工作教育培养模式、核心课程设置与实习教学比较

主,硕士课程培养学生具有从事专业服务能力和领导才能,博士学位的宗旨是满足高素质的社会工作教育人员、研究人员、社会规划人员和行政人员的需求(李迎生,2008)。虽然美国社会工作教育培养模式和目标清晰,但并没有明确与职业职级的联系。

中国台湾社会工作教育经过几十年的发展,已经形成了比较完整的培养模式。专科程度或职业学校培养的是基层社会工作人员;学士教育培养目标是基层社会工作人员并为专业人才提供训练;硕士教育培养目标是中级行政主管和教学人员;博士教育培养目标是除了学术人才之外,还培养高级行政主管,这与美国有所不同,美国认为社会工作实务最高学历是硕士,博士纯粹是为了培养学术性人才。在中国台湾,由于纳入编制失败,尽管后来有《社会工作师法》的通过,社会工作教育培养模式也并没有与社会工作职级有效地连接起来。在这方面,中国台湾和美国具有相似性,即社会工作教育培养模式没有与职业资质捆绑在一起。

中国大陆社会工作教育的专科和本科培养目标是实践人才,硕士培养目标是专业服务能力和领导才能,但实际上,实际教育效果与培养目标之间存在着较大差距。而且,由于博士教育还没有真正起步,因此,中国大陆与中国台湾、香港以及美国在培养模式上还存在着不少差距。未来大陆社会工作教育培养模式究竟是向中国台湾和美国学习,只要完善培养模式即可,还是向中国香港学习,在完善培养模式的基础上进一步与职业职级紧密联系起来是大陆开展社会工作教育所要明确的。

3. 非学历教育比较

中国台湾、香港以及美国社会工作教育不仅注重学历教育,而且对非学历教育也同样重视。例如美国为在职人员举办短期训练班,或者鼓励在职人员直接到职业学校接受训练,规定每2年至少完成48小时培训,而且提供继续教育的评估标准,并且规定社会工作机构管理者必须贯彻执行并支持继续教育。香港虽然

没有实行美国的强制性非学历教育，但香港实务工作者进入学校进行再培训是非常方便，香港社会工作教育为社会工作者提供了在职业化和专业化之间自由出入的平台。相比较而言，中国台湾社会工作在职培训面临着"僧多粥少"的局面，即需要培训的社会工作者多，而培训机构或学校提供的培训机会相对较少，尽管这样，无论是实务界和教育界一直以来还是非常重视在职培训的。

与中国台湾、香港和美国相比较，中国大陆社会工作教育明显呈现出学历教育与非学历教育"失衡"的现象。中国大陆社会工作的现实状况是，从事社会工作的人员，一是专职者队伍，包括居委会、福利院和老年公寓等服务机构的工作人员；二是兼职者队伍，他们分布在政府民政部门及工会、妇联和青年团等不同的组织与机构；三是志愿者队伍，包括参与互助性活动和助人活动的社区居民（居委会）、在职职工和在读学生等。这三类在基层中从事社会工作事务的人员尽管其工作性质已经具备了社会工作职业化的特征，但是并没有达到专业化的要求，可以说他们中多数人没有经过社会工作的专业培训。因此，将这部分组织起来进行非学历教育，提高他们提供服务的能力和专业性，实现专业化的过程势在必行（杨柳，2009）。在实际中，这些基层人员的在职培训或非学历教育目前是非常缺乏的，因此，我们要坚持学历教育与非学历培训并重，遵循质量内涵型的教育发展模式（李迎生，2008）。

中国大陆社会工作教育可以借鉴美国多样化的培养模式，开展学历教育与学位培训课程。美国 MSW 教育具有多元化的培养方式，能够应对多样化需求。中国大陆 MSW 教育只有全日制和非全日制两种，无法满足不同人才培养的需要。MSW 教育除了借鉴美国医学等实践性较强专业的办学经验（即增加本硕连读）之外，还可以考虑为已经在国内相关领域工作多年且具备一定知识基础和较高层次实务能力的对象提供短期培养计划，类似于美国的 One Year Residency Program。此外，也可结合现代教育技术开发MSW远程教育项目，以满足非学历教育和不同人群进修的需要。

在知识膨胀的年代，更需要提倡和坚持继续教育和终身教育理念，对于社会工作教育来说也是如此。在教学过程中，社会的需求会出现"没完没了"的现象，如机构和政府等通常要求课程教学增加很多内容，社会工作教育者也希望能多增加一些教学内容传授给学生，但实行起来是有难度的。一方面会增加教育者的教学负担，偏离专业发展的既定目标；另一方面也需要留一些时间和空间让学生进行反思性学习，不可能把社会所有的要求都纳入到课程设置中来。社会工作知识膨胀是整个社会工作教育界所面临的问题，解决的最好办法就是坚持终身教育，坚持在教授社会工作学生基本知识的基础上，增强自身学习的能力，同时建立持续教育的途径，培养持续学习的习惯，以解决知识膨胀的问题。社会工作教育中由知识膨胀所带来的终身教育问题，不仅是中国台湾、香港以及美国等所面临的，而且也是大陆社会工作教育日益出现并需要认真解决的问题。

4. 培养模式发展趋势比较

（1）美国以硕士教育为起点。相比较其他教育而言，美国社会工作教育首先形成的和侧重的是硕士教育，早期只有硕士毕业生才有资格从事专业社会工作并作为专业起点，而且被视为专业人士，后期被认为是专业社会工作者的最高学位。社会工作本科教育早期排斥在专业协会外，没有资格直接从事专业社会工作，直到1970年以后才被视为专业人士和普通社会工作者。博士教育虽然没有具体的资料显示准确时间，但是从文献推断来看，出现得相对较晚。简言之，美国社会工作专业教育是自上而下的，先从硕士教育开始，然后是博士教育和本科教育，显示了其较高的专业人才培养机制。

（2）中国台湾、香港与中国大陆以本科教育为起点。中国台湾和香港社会工作专业教育发展主要是由大学教育开始，根据社会环境的需要,并在缺乏本土师资的情况下,初期依附在社会学学科下面。中国台湾社会工作教育自 1955 年成立行政专科学校后,到 1974 年开始向上设立社会工作硕士班,历经 50 多年的演进,已经达到美国的专业教育水平,尤其是在 20 世纪 80 年代,开始在学士课程上面设置研究所课程,将社会工作人才教育向高学历迈进(黄慧娟,2004),这与美国社会工作自上而下的专业教育发展趋势恰恰相反。换句话说,中国台湾和香港社会工作教育重心从一开始就是放在大学部这个层次上,这与美国 20 世纪 50 年代以前以社会工作硕士班层次为主体的社会工作教育体制有很大不同(郑怡世,2006)。中国大陆社会工作教育发展趋势像香港与台湾一样,都是先从本科教育开始(尽管在恢复早期也曾开设过硕士教育,但是规模非常小,而且挂靠在其他系下,主要还是从本科开始的),自下而上的设置培养模式,但与香港和台湾又有较大的差异,二者都是建立在实务发展和职业土壤需要的基础上,而内地则缺乏这一基础。

第二节 社会工作教育核心课程设置比较

关于中国大陆社会工作专业教育课程设置的模式选择,长期以来,经过教育学界、课程理论家和教育哲学家不断地探索,已产生了各种不同的课程设置模式分类。学者对课程也有不同的理解,有的强调教育目标、特定知识及获得知识的最佳程序和计划,有的强调以学习者为本、学习经验的获得及学习者与学习环境的相互作用,也有的以课程与政治、文化等关系来讨论有关课程的话题。由于对课程的不同定义以及对课程认识的不同取向,在课程设置方面形成了多种课程设置模式,导致目前中国大陆社会工作专业课程设置存在许多问题。本节通过中国台湾、香港、大陆以及美国社会工作专业教育核心课程设置的比较研究,进一步认识内地目前课程设置存在的问题及完善途径。

第三章
社会工作教育培养模式、核心课程设置与实习教学比较

一 内地社会工作教育核心课程的设置

（一）课程设置情形

课程选择一直是课程设计的核心课题，这是一个很棘手的难题。中国社会工作教育协会在年会中，规定了社会工作专业（本科）课程设置有8门主干课程，即社会工作导论、社会学概论、社会调查研究方法、社会个案工作、小组（群体）工作、社区工作、社会行政（社会政策）和社会保障。另有2门拟加课程，即社会心理学和中国社会福利思想史（社会福利制度、社会福利思想）。其中括号内的课程可代替前面课程，协会还强调不少于400小时的专业实习（刘丽华，2006）。

根据核心课程设置要求，各高校主要开设了社会工作概论、社区建设、社会福利、社会保障、社会统计学、社会学、社会调查研究方法、社会政策、社会行政管理学、自我认知与自我发展、中外社会思想史、社会工作方法、人类行为与环境、人口经济学、西方社会学和社会问题等课程（周沛，2003）。

（二）课程设置特点

1. 沿袭传统的"以学科为中心"的课程模式

目前国内社会工作专业教育还是沿袭传统的以学科为中心的课程模式，结构性、标准化和文本化的教育理念和教学方法仍然是教育的主流模式，根深蒂固地左右着社会工作专业教育取向，这对以实践性为取向，强调互动性和个别化的社会工作教育有着比较大的限制，如果社会工作教育仍然承袭其教育理念和模式而不做改变，恐怕很难培养出本土化的合格的社会工作人员。

传统课程模式设置的目的是以完成学科既有的知识为主要任务，强调课程的系统性和计划性，强调知识的标准化、抽象化和专门化，强调知识的传授性和教师的控制性。这种课程模式与社

会工作教育的价值理念可以说是格格不入，因此很难在社会工作教育中有所作为，培养出优秀的本土化的社会工作人才。长此以往，会对社会工作教育的品质产生伤害，甚至会阻碍社会工作教育的顺利发展（史铁尔，2007）。

2. 课程教学规范化程度不高

专业教学与培训存在着一无科学规范、结构合理的配套教材，二无合适、合情、有严格要求的技术技能操作规范（熊跃根，2005）的现象。这些年来，教育部社会学学科教学指导委员会、中国社会工作教育协会为此做了大量工作，如社会工作专业主干课程的选定、主干课程教学大纲的编写、教材和教学辅助资料的选编、专业师资的培训、实习基地的建设、专业学术交流的开展、专业条件和效果评估指标的酝酿等，都是为了满足专业教学最起码的规范性要求（史柏年，2004），这一指标体系具有科学和指导意义，但对各学校并没有强制执行的效力，也不是教育部审批社会工作专业时的考核指标。实际上，目前内地高校并没有真正形成统一的课程规范。同时，在课程教学中，实务课在一定程度上处于被忽视的地位，实务课占全部课程的比例没有统一的规定，其内容没有统一的安排。实习基地建设标准方面没有统一的规范或指导性标准，随意性与随机性很大。而且在实践中，由于社会福利机构数量少，社会化程度低，缺乏足够的实习机会，缺乏专业的督导，无法给实习学生以专业的指导（周沛，2003）。

通过对学校的课程设置和实习安排是否合理的问题进行调查（见表3-5），结果显示，在290份样本当中对课程设置和实践安排感到"非常合理"分别是6.9%和4.1%，感到"合理"的有22.4%和18.3%，而最多人感到"一般"，分别是38.6%和40.3%，而"没感觉"的有21.8%和25.5%，也有人感到"非常不合理"有10.3%和11.7%，从数据上看，学生对专业课程和专业实践满意度不高，这在一定程度上反映出学生对专业的认同感不强。

社会工作教育培养模式、核心课程设置与实习教学比较

表3-5 社会工作专业学生对专业课程和实践的合理程度看法 *

单位：人，%

调查项目	专业课程设置的合理程度 参与人数	专业课程设置的合理程度 占调查人数比例	专业实践安排的合理程度 参与人数	专业实践安排的合理程度 占调查人数比例
非常合理	20	6.9	12	4.1
合理	65	22.4	53	18.3
一般	112	38.6	117	40.3
没感觉	63	21.7	74	25.5
非常不合理	30	10.3	34	11.7
总数	290	100	290	100

3. 缺乏统一认识

社会工作教育在中国大陆还处于兴起阶段，内地各高校在社会工作课程体系设计上还没有统一的认识。虽然中国社会工作教育协会规定了8门核心课程，但并没有强制力。有的学校侧重于介绍西方社会工作教育的理论和价值理念，有的学校偏重于移植国外社会学的理论和方法，有的学校侧重于对国外社会工作实务操作的简单模仿，还有相当一部分学校在重视社会工作理论的前提下强调社会工作的实务性和本土化（史柏年，2004）。

因此，教育界与学术界应在课程设置上达成一些基本的共识，如专业课程体系应该包括学科基础理论课程和专业理论课程在内的专业基础必修课程，如社会工作专业实务技巧课程、社会工作专业实践课程和社会工作专业伦理课程在内的专业实务应用课程，以及不同专业方向的课程、反映本校办学特色的课程和具有通用性与适应性课程的专业或与专业相关的选修课程（史柏年、靳利飞，2009），在达成课程设置基本认识的基础上，再考虑各个学校自身的优势及特点，这才是当务之急。

---

* 本次研究以分层抽样方法和雪球抽样方法相结合，本次调查一共发放350份问卷，回收341份，有效问卷336份，有效回收率为96.00%。

二 香港社会工作教育核心课程的设置

(一) 香港课程设置情况

1. 香港大学

香港大学在 1950 年 9 月首次在文学院内的经济系开设了社会工作课程,分为 2 年制的证书课程及 1 年制的文凭课程,毕业后分别发给"社会工作研读证书"及"社会工作研读文凭"。1953 年,社会工作课程转移到社会暨预防医学系内,并由当时的医务卫生署长担任该学部的主任及主持系务会议。早期香港社会工作课程的设计及教材都是来自英美和加拿大等国,当时的社会工作课程主要是《社会工作原则及方法》、《社会福利机构参观》及《社会工作实习课》,其余是社会科学的课程居多,包括心理学、社会学、经济学和政治学等,以及医学院的生理科。直到 1967 年,香港大学才单独设立社会工作系(王卓圣,2003)。

外国专家建议香港大学把原来 2 年制的社会工作证书课程(主要是训练学生成为专业的社会工作人员)逐渐加以充实,规划在 1968~1969 年间发展成为提供 3 年制的社会工作学士学位课程,并列出社会工作专业在学科上的课程名单。还建议把原 1 年制的文凭课程界定在社会工作专业化的取向,规划在 1970~1971 年间发展成为提供 2 年制的社会工作研究院课程,而且未来发展以社会工作研究院课程为主(王卓圣,2003)。

2. 香港中文大学

1963 年,香港中文大学由崇基、新亚及联合 3 个书院为成员书院而组成,当时的外国专家认为中文大学应设立社会工作系,以整合各书院间的社会工作课程,目标是使社会工作最终成为独立学科,而且建议未来发展以社会工作学士学位课程为主,提供专业社会工作实务人员。崇基书院于 1952 年成立,设有社会工作课程,到了 1956 年设立宗教、教育及社会工作学系,又于

第三章 社会工作教育培养模式、核心课程设置与实习教学比较

1960年改为社会工作系。当时崇基书院的课程内容包括社会工作入门课、个案工作、小组工作、小区工作、社会工作实习课等。但到了1966年，崇基书院的社会工作课程并入香港中文大学的社会工作系。香港中文大学的社会工作系在1963年成立时，下属的联合书院也设立了社会工作课程，到了1964年成立社会工作系，1966年合并崇基书院的社会工作课程。当时香港中文大学的社会工作系课程内容包括人之行为与社会环境、社会政策与福利服务、社会工作之实践与指导实习（在机构内执行）等，这样的核心课程内容其实与欧美社会工作教育体制并没有两样（王卓圣，2003）。

目前，香港中文大学社会工作课程分为7个范畴，学生至少要修完68个社会工作专业学分（本地学生需修读99个学分，外国学生如东南亚或中国大陆学生则要修完123个学分；香港中文大学将来如果要转回4年制，基本上也是以123个学分为目标），这7个范畴如下。

第一，个人及专业成长，这是以学生为本的教学课程，协助学生自我认识，通过对自我的了解去了解他人。另外，通过学生和学生家庭、社会关系去看社会情境中的社会工作，协助学生自我成长。

第二，社会福利及社会工作导论，课程包括《迈进新世纪的社会工作和社会福利》、《社会工作哲学及原则》、《香港的社会福利及社会问题》。

第三，人类行为与社会环境，课程包括《人类行为与社会环境》、《健康与疾病的社会层面》、《精神失调》，让学生了解在社会环境影响下的人类行为及心理精神层面的问题。

第四，社会工作理论及实践，包括《社会个案工作》、《社会小组工作》、《小区工作》、《临床社会工作理论与实践》、《宏观社会工作理论与实践》。

第五，社会政策及行政，包括《社会福利行政》、《社会工作

研究》、《社会政策及社会策划》、《法律与社会工作》，法律社会工作是希望学生懂得一些基本的法律概念，在工作上不要违法，有能力帮助服务对象了解法律，寻求法律帮助。

第六，专题研讨，学生最少要选修三科，以配合自己的实习。包括《家庭为本社会工作》、《青少年社会工作》、《安老服务社会工作》、《弱能人士社会工作》、《社会政策及福利的当前事项》、《中国社会福利》、《特选专题研讨》。《特选专题研讨》的范围有弹性，让学生以小组方式进行，自由选择专题讨论和报告。

第七，实习指导，包括《实习技巧实验》与《实习指导》，前者在大一升大二的暑假进行，每周做3天共进行15天的社会工作技巧学习。后者基本上要实习800小时（目前增至900小时），二年级和三年级各一次。学期中每周做2天，2天中最少有1.5小时的实习督导，同时，学生也有海外实习的机会。

3. 香港浸会大学

早期香港浸会大学的老师几乎都是外籍人士，虽然是社会工作专家，但是由于任期的限制，所以流动性很大。而且由于香港浸会大学的外籍老师与香港本地隔阂，往往需要花费相当长的时间建立关系，又由于任期所限，其对社会工作教育的推动受到限制。香港浸会大学以训练康乐活动工作人员为主（王卓圣，2003），课程设置主要体现了康乐特色，课程整体设置则是照搬国外社会工作教育模式，又由于外籍教师流动性较强，致使前期的课程设置缺乏稳定性。

4. 社会福利署的在职训练

外国专家建议应加强社会福利署在职训练，进而为福利署内及志愿机构的工作人员提供各类训练课程，包括个案工作、团体工作及幼儿训练课程等。另外，针对已经从事社会工作的但没有接受过专业训练的在职人员，建议提供一种训练课程。除了前述学校社会工作教育训练课程以外，社会福利署社会工作在

第三章 社会工作教育培养模式、核心课程设置与实习教学比较

职训练及少数国际性的志愿机构偶尔举办的短期在职训练，也是当时香港社会工作教育训练极为重要的一个环节。社会福利署主要是邀请外国专家到香港担任顾问或举办研讨会，推广社会工作专业的在职训练。在"第二次世界大战"后至1957年期间，国际性志愿机构纷纷到香港开展福利工作。如1947年的香港家庭福利会，1949年的天主教救济服务处及教会世界服务处，1952年的世界信义宗香港服务处以及1953年的美国援外合作社等（周永新，1992）。由于外国资源及社会工作专业人才进入香港，他们的工作方法及训练内容深深地影响了香港社会工作教育及课程设置。香港福利署在课程内容设计方面主要包括社会工作哲学、历史及价值观、人类行为与社会环境的关系、社会工作的方法（个案工作、小组工作及小区工作）及社会科学等4个方面（王卓圣，2003）。

5. 香港高等院校社会工作设置的总体概述

香港各院校在社会工作教育课程设置方面既具有各自的特色和优势，同时也有一些共通的部分（见表3-6）。

表3-6 香港主要大学专业课程设置内容及特点

学　校	课程内容	课程特点
香港大学	社会工作课程主要是《社会工作原则及方法》、《社会福利机构参观》、《社会工作实习课》，其余社会科学课程居多	1. 社会工作研读证书、社会工作研读文凭；2. 课程的设计及教材源自英美和加拿大等国
香港中文大学	社会工作入门课、个案工作、小组工作、小区工作、社会工作实习课等。包括人之行为与社会环境、社会政策与福利服务、社会工作之实践、指导实习等	与欧美社会工作教育体制没有差别

香港学士学位课程一般都以训练通才型的社会工作为目的，大致可以分为7个部分。

第一，社会科学入门课程，包括社会学、心理学、经济学、统计学等，目的是使学生了解各学科的基本理论架构，从不同的角度去了解人与社会的现象，开阔学生的视野。

第二，对社会工作实务环境的理解，包括社会福利政策、社会行政、香港社会福利有关法律等，使社会工作者认识到直接或间接影响社会工作的主要因素有哪些，以便更深入了解日常工作的困境或发现新的机会。

第三，社会工作实践知识，包括社会工作专业"实践的理论"。除介绍社会工作实践过程的理论外，还使学生认识社会工作专业的3个基本实践模式：个案辅导、小组工作和社区工作模式，这是社会工作训练的核心课程。

第四，社会工作实践的技巧，这是与通才教育相结合，同时与社会工作实践知识紧密联系在一起的课程，有技巧实验室、各种工作坊以及实地实习的训练。要在香港取得社会工作者的注册证书，必须有不少于800个小时，并且有专业督导的社会工作实务训练。

第五，社会工作研究的知识与技巧，使社会工作者对自己的工作，抱着一种开放的态度，以科研的精神有系统地去寻找答案，发现新的理念和新的观点来开拓服务及专业知识的新领域。

第六，培养社会工作者的专业态度，这是专业社会工作者的必修课。课程往往通过个人或小组辅导去进行，使学生对自己的学习过程、学习态度或日常工作进行反思并有所改进，从而端正专业态度。

第七，培养整合理论与实践的能力，这是社会工作者训练的重点课程。有的是把训练放在实习课程或选修课内，有的另设整合课，专门培养这方面的能力。

除了上述7个方面之外，不同院校的社会工作教育课程设置往往根据本校具体情况和价值取向提供其他课程的学习机会，以

第三章 社会工作教育培养模式、核心课程设置与实习教学比较

丰富社会工作专业课程内容。当然,除了核心课程设置之外,各个学校的社会工作训练课程也常设选修科,可以使学生选择与个人兴趣相近的专业进行学习,以达到通才与专才并重的教育目的。

(二)香港社会工作教育设置特点

1. 早期社会工作教育课程设置混乱

早期香港各学校的社会工作课程不但五花八门,甚至出现混乱的局面。所以邀请莱恩(Nann)到香港协助统筹各学院的训练课程,建立社会工作课程鉴定审核程序,使香港社会工作专业水平达到国际认可的要求。莱恩建议香港政府仿效美国、加拿大等国,设立了社会工作教育联会(Hong Kong Council of Social Work Education),统筹香港社会工作教育标准的审核工作。但莱恩的报告书是两年后才公开发表,显示香港政府并没有诚意执行报告书。香港政府认为"社会工作训练咨询委员会"已发挥类似功能,所以没有成立的必要。1978 年,香港政府在《福利职级检讨》中提到,由于没有对各项社会工作课程进行审定,因而在社会工作助理员的任用学历资格认定上出现了香港理工学院(2 年制社会工作文凭课程)和树仁与浸会学院(4 年制社会工作文凭课程)是否列为同一职级的争议(王卓圣,2003)。香港早期课程设置的另一特点就是社会学与社会工作的混合,如香港浸会书院 1956 年成立,最初是社会学与社会工作混合的课程,直至 1960 年才独立设系。

2. 外籍教师的"模塑作用"

20 世纪 60~80 年代,香港社会工作教育的发展已经具有一定规模,主要是受外国专家学者报告书"模塑作用"的影响。先后聘请多位外国专家统筹各学院课程,对香港社会工作教育设置进行全面性的总结。1960 年,英国学者扬哈斯本德到达香港后发表了第一部报告书《香港的社会工作训练》。1962 年 6 月,香港

政府邀请莫斯克罗普、恰森和克莱因3位顾问来港，对香港社会工作教育情况进行全面性的总结。克莱因在香港大学及崇基书院负责教授《团体工作》，恰森负责规划社会工作课程，莫斯克罗普负责规划及办理在职训练。3位顾问在1963年提出《香港的社会工作训练》报告书，莫斯克罗普的任务是研究香港的各项在职训练，恰森和克莱因的任务是对香港大学及学院的各项社会工作训练课程提出建议（She L.，1981；周永新，1992；王卓圣，2003）。

1970年，扬哈斯本德第二次提交报告书，主要是检讨香港社会工作在职训练并对社会工作人员的需求提出意见，促使社会福利署在1973年成立"社会工作训练学院"，并设立2年制社会工作课程。1978年，莱恩提交《香港社会工作教育及训练》和《香港社会工作教育及训练课程的审定标准与程序的工作建议》两份报告书，主要是为了统筹各学院的训练课程并建立社会工作课程鉴定和审核程序，使香港社会工作专业水平能符合国际认可的要求，但这些并没有受到香港政府的重视（王卓圣，2003）。

3. 政策分析与技巧训练并重

在香港的各学校社会工作课程设置中，社会政策是重要的科目。社会政策分析的范围十分广泛，主要包括福利服务、医疗、公共房屋及劳工福利等。由于香港社会工作毕业生除大部分任职政府及非政府福利机构之外，也有不少人担任医务社会工作、劳工主任及房屋经理等。因而学生对于香港各项社会政策的分析及理解显得十分重要，同时，学生运用社会工作方法和技巧也必须配合实际情况而调整。换句话说，在香港社会工作课程中，政策分析和技巧练习是同等重要的（王卓圣，2003）。

4. 各种课程相互连贯、理论与实践相互整合

香港社会工作教育最基本的社会工作训练是文凭课程，完成文凭课程的学生在工作两三年后就可以修读学士学位。而且，硕士与博士课程设置完备，区别明显，持续而不重复。香港社会工作教育要求学生约有 1000 小时实习的规定，实习方式分为两阶段，第一阶段是模拟实习，第二阶段是机构实习，理论学习与实践相互结合。

5. 致力发展本土教材

香港早期采用的社会工作教材几乎全部是英美现成教材，直到 20 世纪 80 年代香港社会工作教材的发展才逐渐改变这一局面，当时主要有两种发展方向，一是编写与社会政策有关的书籍，如香港的贫穷现况、公共房屋政策、劳工政策、教育政策、医疗照护政策、新移民问题以及新市镇发展等。二是探讨各种社会工作方法和技巧运用的案例，如个案工作会谈技巧及小区组织的方法；或者针对某类特定服务对象总结其工作方法，如精神病患者的辅导技巧（王卓圣，2003）。

三　台湾社会工作教育核心课程的设置

（一）台湾课程设置情形

在专业教育分阶段教学架构上，仍然大致沿用廖荣利（1983）的想法，在大学一、二年级让学生学习社会工作基础课程，三、四年级开设专精领域的选修课程（林万亿等，1998；曾华源，2002；黄慧娟，2004）。

1. 早期阶段课程设置情形

20 世纪 50 年代，台湾国民党当局公布了"托儿所设置办法"，鼓励民众设立托儿所，当时"医疗社会工作"也已初具规模。当时除了医院和儿童福利机构之外，就只有政府的社会行政部门有社会工作或社会行政专业人才的需求。这一时期开设的课程有儿童福利、社会工作概论、儿童发展与儿童行为、社会福利与行政、社会工作实习、社会调查、社会统计和社会个案工作等，个案工作、小区发展、社会行政和儿童福利比较受到重视（黄彦宜，1991；林万亿等，1998；林万亿，2002；黄慧娟，2004）。

1955年，改制为"台湾省立法商学院"的原社会行政科也随之更名为社会学系，学制4年，这是台湾战后在大学校内设立社会学系的开始，而社会工作相关课程也被纳入社会学系中，部分为必修课，部分为选修课供学生学习。根据1960年进入"台湾省立法商学院"社会学系就读的李东江回忆，当时"台湾省立法商学院"社会学系只招收一个班级，学生为50人左右，社会系所开设的社会工作课程大致有社会工作概论、社会个案工作、社会团体工作、心理学、小区组织与小区发展、劳资关系、劳工立法、社会福利及行政和社会调查与统计等。另外，还有社会福利机构的参观与实习等实践课程安排。选修社会福利机构参观与实习课这门课的学生，在三年级时先由老师带领参观社会福利机构，到了四年级，学生可在所参观过的机构中选择自己喜欢的（或由老师指定的）机构去实习。该系学生毕业后最大的出路就是担任国民中学或高中老师，其次是参加公务人员考试，真正走上社会工作实务领域的学生并不多，该系还创办了《社会研究》学术期刊（郑怡世，2006）。

当时中文社会工作学术文献和教材大致以叶楚生（1958）的《社会工作概论》及吴榆珍（1945）的《社会个案工作方法概要》为主，再加上1948年创刊的《新社会》杂志，大多是概论式的文章。到了1963年，曾在燕京大学与美国芝加哥大学接受社会工作教育的张鸿均夫妇在联合国退休后，来到台湾并发表演讲，社会工作传统教育中的"小区组织"才以"小区发展"的课程名称在台湾受到重视，并推动了1965年台湾小区发展运动的开展，成为"民生主义"社会政策的重要内涵，后来在联合国支持下出版了《小区发展》期刊，此后至20世纪70年代，《小区发展》成为显学（林万亿，2002；黄慧娟，2004）。

20世纪50~60年代，在台湾接受社会工作教育的学生中有部分出国留学，学成回到台湾投入社会工作教学，他们同先前随国民党到台湾的实务工作者，共同促进了社会工作教科书的出版，使这一时期台湾的社会工作教科书有了显著增加，这些教科书大体上仍然是以概论、个案工作及社会政策教材为主。当时，除了在60年代已发行《小区发展》期刊之外，还有《社会安全》及《社会建设》两本季刊，对当时的社会工作研究有着极大的贡献。这一时期整体来说，社会工作教材仍然倚重国外教材，尤其是美国（黄彦宜，1991；林万亿，2002；黄慧娟，2004）。

1963年，当时的"中国文化学院"夜间部设立了台湾第一个以社会工作为系名的社会工作学系，由叶楚生担任系主任。在课程设计方面，必修的专业科目包括社会工作概论、社会学、社会心理学、社会统计、小区组织与发展、社会问题与社会政策、社会个案工作、社会集团工作（即现在社会团体工作）、社会研究法、人类行为及发展、社会福利行政和社会调查等。选修的专业科目包括社会保险、劳资关系、医务社会工作、社会学名著选读、劳工立法、就业辅导、伤残复健、都市计划、变态心理学、犯罪防治、少年行为问题、家庭福利与儿童福利、人口问题、少年观护、辅导与咨商等。毕业论文为必选，以培养学生研究问题和处理问题的能力与兴趣。此外，社会工作系对于社会工作实习有严格的要求，并制定了《"中国文化学院"社会工作学系学生实习办法》，其中规定第二学年及第三学年第一学期为参观社会工作相关机构，第三学年第二学期为个案工作实习，第四学年第一学期为集团工作实习，第四学年第二学期为小区组织和社会福利行政实习，而第三学年第二学期开始的实习是每学期至少前往有关机关实习两周（郑怡世，2006）。

2. 中期阶段的课程设置

1971年，台湾召开"社会工作教学做一贯研讨会"，会议议程有《课程标准原则》及一般问题，会议针对基本社会科学、社会统计与研究方法、社会行政、社会工作概论、社会个案工作、社会集团工作及小区组织与小区发展等课程（这是美国AASSW在1944年的《社会工作课程政策与声明》中所制定的"最低课程标准"的社会工作基础课程）是否纳入基础课程及如何设置基础课程展开讨论（郑怡世，2006）。会议形成的决议成为日后"教育部"在1971年颁布的社会工作组（系）课程标准及1977年修订的必修科目的蓝本，只是部分科目名称有所变动，或是在必修、选修科目上进行调整。这样的课程标准特别是必修科目与当前各个社会工作学系所开设的课程内容大致相同，显然，这次会议对奠定台湾社会工作教育的基础具有重大贡献与深远影响（郑怡世，2006）。

1977年，"教育部"修订了《社会工作组（系）课程标准》，明确规定社会工作概论、社会个案工作、社会团体工作、小区组织与小区发展、人类行为与社会环境、社会政策与立法、社会福利行政、社会学、社会统计、社会研究法、社会问题、心理学、社会心理学、社会工作实习，以及对法学绪论、政治学、经济学3门课程三选一作为社会工作组（系）的必修课，选修科目则由各校、组（系）根据师资特点及发展特色自行规划。

各学校相继成立系所后，社会工作专业课程统一制定带动了社会工作教材出版的需求，在课程安排上出现了百花齐放的现象，必修课程由原来的基础知识课程为主之外，还纳入社会工作方法课程，使社会工作专业的学生能够得到社会工作基础课程的教育。而在选修课程上，除原有课程外，也新增了不少实务领域的课程，包括社会团体工作、小区发展、人类行为与社会环境、医疗社会工作、精神病理社会工作、少年犯罪与观护制度、青少年福利、老人福利、妇女福利、社会工作研究方法、特殊教育、发展心理学、社会政策与立法以及残障福利等（沙依仁，2002）。课程设计上偏向于通才式教育，以培养实务工作人员为主。在课程结构上则以微观层面的课程占多数，强调技巧、方法的训练；缺乏政策分析与福利计划等宏观课程（黄彦宜，1991；黄慧娟，2004）。

3. 台湾目前社会工作教育的课程设置

在课程设置方面，社会工作课程自1971年研讨会后制定了9门必修课，目前已经解禁，"教育部"不再规范各个学校的专业必修课程。虽然"教育部"不再规范各个学校的专业必修课程，但是各个学校对社会工作系（组）的课程要求只是降低学分，而课程数目并没有减少。有些学校以社会福利导论来取代社会工作概论，有些学校并没有开设人类行为与社会环境，有些学校增加了许多必修课。各个学校对社会工作方法的传授仍然以分立而非整合的方法来教导（黄慧娟，2004）（见表3-7）。

表3-7 台湾社会工作专业核心课程设置内容及特点

发展阶段	课程内容	课程特点
早期阶段	儿童福利、社会工作概论、儿童发展与儿童行为、社会福利与行政、社会工作实习、社会调查、社会统计、社会个案工作等	1. 社会学、社会行政为主；2. 社会工作相关课程纳入社会学系，部分为必修课、部分为选修课
中期阶段	社会工作概论、社会个案工作、社会团体工作、小区组织与小区发展、人类行为与社会环境、社会政策与立法、社会福利行政、社会学、社会统计、社会研究法、社会问题、心理学、社会心理学、社会工作实习，以及法学绪论、政治学、经济学三选一等为必修课，选修课则自行规划	1. 三次教学研讨会后，开始以社会工作自称；2. 课程以美国AASSW在1944年《社会工作课程政策与声明》中所订下的最低课程标准的社会工作基础课程；3. 确定九门必修课
目前	1. 有些学校以社会福利导论来取代社会工作概论，有些学校未开设人类行为与社会环境，有些学校外加许多必修课；2. 以分立而非整合的方法来教导	1. "教育部"解禁九门必修课，不再规范各校专业必修课；2. 学分降低，课程数量并未减少

（二）特点

1. 早期课程设置特点："三少"及隶属于社会学系

由于社会学系设置的社会工作课程种类少、师资少且社会工作专业书籍也很少，因此1970年之前的台湾社会工作教材及研究成果都相对较少，基本上是社会学教学研究的一小部分。这一时期的社会工作教育只能说是处于萌芽阶段，既没有专门的系、所、组，也没有完整的课程设计。而且在师资上，仍然依赖大陆来台湾的社会工作学者及社会行政人士的支持，具有社会学背景的教师占有相当大的比例，在课程开设上通常需要依赖社会学系拥有的社会工作或社会行政相关的师资情况而决定开设哪一门课程，而且课程设计通常是为了满足社会需求（黄慧娟，2004）。

各个系所根据师资的特长、教学目标、社会需求及毕业生出路等情况作为安排课程的依据，某些系所特别注重特长课程的设置，甚至将若干门选修课程列为专业必修课程。随着各个学校选修课程的增加，使得不同学校之间的课程设置差距逐渐拉开，多数系所对于必修课程会做出硬性安排或者干预。但是在选修课的安排上，多数尊重教师的意愿进行排课，基本上不干预。同样，在社会工作实践教学上，虽然在1969年，联合国驻中国台湾社会福利教学顾问摩西（Moses，1969）在《台湾地区社会工作教育的现况与展望报告书》中对中国台湾机构实习问题提出建议，而且也出现由基督教儿童福利基金会印制的第一本有关社会工作实习的指导手册《社会工作实习指导与督导训练》，但直到1970年，大多数学校的社会工作专业仍然隶属于社会学系，实习仍然只是课程设置中的一门选修课（刘可屏、王永慈，2002；黄慧娟，2004）。

2. 目前课程设置的特点

1990年以后，随着学界对社会工作教育的反思及《社会工作师法》的通过，社会工作实习课程质量日益受到社会关注，各个学校陆续制定了实习办法,印发了实习手册,专业协会明确制定了统一接受医务及精神社会工作实习的程序与办法,然后各个相关机构相继制定具体的实习计划,反映出学界与实务界提升社会工作实习质量的努力。但是,在实习教学中旧有的问题还没有解决,再加上新的系所不断增设,督导的质量还无法全面提升的情况下,学生实习质量与效果仍然参差不齐(刘可屏、王永慈,2002)。

2005年台湾社会工作专业人员协会致函"考选部",建议修订社会工作师的考试资格,必修科目的制定应延续9门科目的惯例,并明确制定实习的次数(2次)与时数(400小时),希望达到课程标准的一致性(龙炜璇,2007)。2007年《社会工作师法》通过后,将社会工作专业人才纳入体制认可的范围之内,使得社会工作师所应该具备的专业能力及其评估标准引起了广泛讨论,而社会工作师考试科目的制定也自然促进了社会工作相关科系进行课程修订(林万亿,2002)。教育扩张的同时也带动了社会工作教材出版的增长,1990~1998年,教材的出版量是20世纪80年代的2倍,是80年代以前的6倍多。研究主题与过去相比更为专业,但是社会工作教材仍然大部分为翻译书籍,缺乏本土化教材(黄慧娟,2004)。

3. 实习课程设置特点

在实习课程设置方面,30多年来台湾由早期的"个别教师安排"转变到目前的"整个学系规划",由过去的"没有明确规定"到现在多数学校"有详细的规章办法",实习计划由"学校主导"到"机构自主"或"学校与机构合作拟定",对学生安排由"顺应教师的状况"到"以学生为中心"都显示出实习制度的不断进步(黄慧娟,2004)。目前台湾专业实习(或称"方案实习")是社会工作本科教学中提高学生实务能力相当重要的环节,一般是4年内不少于两次,总的实习时间累计长达一个学期以上。专业实习都有专职教师做督导,有完整的课程规划做指导,实习针对性较强，收效也比较明显。

4. 已达到专业教育水平

在目前社会工作必修课与选修课的课程设置上，与林万亿等学者在1998年提出的中国台湾社会工作教学及研究范围六大领域以及美国社会工作教育协会（CSWE）2002年所公布的社会工作8个基础课程内容相比，除了美国社会工作教育协会颁布的课程内容多一项价值与伦理之外，两者之间并没有显著差异，可以判断中国台湾社会工作教育已经达到某种程度的专业水平（黄慧娟，2004）。沙依仁（2002）将美国专业教育标准与中国台湾大学课程设置相比较，结果是只有极少数社会工作系在就业应用课程、直接服务及技术课程没有开设之外，其余大多数社会工作系已经达到美国社会工作教育大学课程设置的目标。曾华源（1993）认为台湾社会工作专业教育在大学一、二年级大多数学生都已经修过了社会工作基础课程，到三、四年级已经开始传授专精领域的选修课程，这显示出中国台湾的社会工作教育已经和欧、日等国具有同等水平（黄慧娟，2004）。

5. 课程设置的局限

曾华源（2002）指出从各个研究所近年来所开设的课程中可以看出，这些课程设置并没有根据原定计划开课，显示课程方案的理论架构不太清楚。而且由于师资力量不足，常常根据教师专长及个人意愿开设课程，这样的课程设置情形与赵雍生（1987）当年所批评的问题如出一辙，当时的社会工作教育（尤其是硕士教育）面临着师资不足及课程规划紊乱的问题，到2004年还没有获得很好的解决（黄慧娟，2004）。

四 美国社会工作教育核心课程的设置

美国社会工作教育在其不断规范的100多年时间里，课程建设一直是核心问题之一。全美社会工作教育协会是规范社会工专业教育的重要组织，为实现社会工作专业服务和保障服务专业水准奠定了基础（童小军，2007）。美国社会工作专业教育课程规范化一般分为三个阶段：自有混乱阶段、尝试规范阶段和规范发展阶段（常建英、刘贞龙，2008）。

（一）自由混乱阶段

早期的美国社会工作教育实际上是处于自由发展状态，主导其发展的主要力量是慈善实务领域的需要。这一时期的专业教育大致可分为两类：一类是从实务需要发展而来的一年制或二年制的专门教育项目，学生都是只有人文或社会科学本科教育背景的慈善机构的工作人员；另一类是顺应社会需求在大学校园里悄然兴起的社会工作本科教育，通常都包含在社会学系中，学生多是对慈善工作感兴趣的高中毕业生。无论是哪一类教育，当时都没有统一的标准。除了本科教育的学制相对统一之外，其余如课程设置、授课教材、修课时间和师资要求等都没有统一的标准，每个项目都根据自己所在地慈善服务人才的需要来决定授课内容和授课时间。这样一来，培训后的社会工作者所具备的专业知识和技巧不同，服务的方式和质量也存在差异，对社会工作职业的健康发展十分不利（童小军，2007）。

美国在1917年建立了全国社会工作者交流协会和专业社会工作训练学院协会，1918年建立了医务社会工作者协会，1919年全美17个社会工作专门教育项目联合组建了专业社会工作培训学校协会，后于1927年更名为美国社会工作学校协会。建立协会的初衷是为各校交流提供方便，面对专业教育的混乱状况，协会逐渐变成了规范社会工作专业教育的论坛。1924年，协会决定为全美社会工作学校开发课程标准，积极推进各学校加盟正规大学，并担负起专业引领的使命（童小军，2007）。1946年建立了美国社会工作教育委员会。英国在20世纪60年代也成立了社会工作者训练委员会（1962）和英国社会工作者协会（1969），分别负责对社会工作者的训练、评估和资格认证工作，以及审核社会工作课程标准和颁布社会工作专业证书（范燕宁，2004）。

美国早期社会工作教育课程设置混乱情形主要是由于美国社会工作学校协会和全美社会行政学校协会两类专业教育机构各自设定的不同标准而形成的，一类是由社会工作学校协会制定专业教育课程表，颁布关于课程标准化、教育机构审核认证机制和程序，硕士水平的社会工作教育是社会工作专业人员入行从业的起点，其会员仅局限于各大学里的2年制社会工作硕士院校。另一类是由少数几个本科社会工作教育项目联合建立的全美社会行政学校协会，致力于社会工作本科教育的规范和管理。

（二）尝试规范阶段

上述两个协会为社会工作教育制定了不同的标准，对入行从业的专业教育资质也有不同的定位，引起公众的困惑。为了改变这种混乱的局面，1946年成立了全美社会工作教育理事会，致力于协调两个协会有关专业教育和实务方面互相矛盾的章程和政策等事宜。社会工作教育理事会成立之后，设定了社会工作专业教育标准，并对专业教育项目进行定期认证，不断完善专业教育。它颁布了8门基本课程（即个案工作、团体工作、社区组织、社会工作行政、公共社会福利、社会工作研究、医疗社会工作和精神病理社会工作），可以在各类社会工作教育和培训中参考借鉴（童小军，2007）。

（三）规范化阶段

1952年建立美国社会工作教育理事会来全面规范专业教育和制定教育机构认证制度（常建英、刘贞龙，2008）。这一年美国社会工作教育协会对课程进行了一次修改，主要是把开设的8门课程要求改成课程分类要求，即所有学校的课程必须涵盖在社会服务、人类行为和福利政策与服务三个大的类别下面。这次修改主要是为了给各个学校更多的课程安排自主权，留有因地制宜的

第三章 社会工作教育培养模式、核心课程设置与实习教学比较

空间（童小军，2007）。

1959年，贝姆（W. Boehm）发表了著名的《社会工作课程研究》，认为社会工作教育课程本质上应被看做是一个整体，具体内容应围绕着个人与社会环境之间的互动来进行安排，这就要求学生不仅要掌握非常广泛的心理学理论和生态学理论，而且要掌握大量的有关社会、文化、经济、政治和社会行为的理论，以及个案工作、小组工作、社区组织、行政和研究等五种基本的方法（李金娟，2008）。课程的修改是在1959年，修改的依据主要是1951年、1958年和1959年的三个研究，修改的课程政策标准于1962年颁布实施。

1951年，霍利斯（Hollis）和泰勒（Taylor）接受美国社会工作教育协会的委托，对全美的社会工作教育作了一次全面的调查研究，发现美国公众并没有接受社会工作者应是专业人士的观念，一些被服务对象也不认可社会工作主流工作方法即个案工作手法，对它的效率甚至科学性都提出了质疑。1958年，社会工作研究的中心是工作守则。研究首次对公众许可、专业理念及伦理、专业技巧和专业知识等进行了综合探讨，试图寻找到正确答案。1959年的研究是关于课程政策标准本身的，1962年颁布的新课程政策标准吸纳了上述研究的成果，强调社会工作的社会功能、预防功能和控制功能，提倡小组方法和社区机构管理，新的课程标准被认为首次将社会工作职业和社会福利领域进行了清晰的区分（童小军，2007）。

在课程方面，理事会分别在1952年、1962年、1984年和1994年修改和颁布了社会工作专业课程设置标准。新的标准一方面对本科和硕士专业教育提出了统一的核心要求，以保证专业人才的基本素质；另一方面也给予各教育机构足够的空间，他们可以根据自己的师资条件和当地专业的服务需要，建立自己的特色课程以发挥自身的优势（童小军，2007）。

总之，尽管美国社会工作教育开始于1898年，但直到20世

纪50年代早期,通过社会工作教育理事会的成立,才有了统一的规范、统一的课程设置标准、机构认证机制(包括课程表、办学条件、经费、师资、学生和实习基地的评审)和入行专业教育资质要求(童小军,2007)。

美国社会工作教育非常重视课程设置,历史上比较重要的几次课程政策标准的制定、颁布和修改充分地说明了这一点。美国社会工作学校协会颁布课程标准的同时,也规定了社会工作专业教育必须由课程学习和实务两部分组成,自此,美国社会工作教育课程平均每7~10年就修改一次。1944年、1952年、1959年、1970年、1974年、1984年、1994年和2002年,课程设置都根据社会需要进行调整和修改。美国社会工作专业课程建设是与社会工作职业化的推进和发展及其社会环境的变化相配合(常建英、刘贞龙,2008)。基于学历教育的社会工作教育在20世纪70年代实现了社会工作教育的专业化和规范化,同时也确立了今天的美国社会工作教育格局,美国社会工作核心课程设置内容及特点(见表3-8)。

表3-8 美国社会工作专业核心课程设置内容及特点

阶 段	课程内容	课程特点
自由混乱阶段	没有统一的标准或要求;主要分为一年制或二年制的专门教育项目,在社会学系中社会工作本科教育分为两类	社会工作学校协会和全美社会行政学校协会各自不同的标准造成课程设置混乱
尝试规范阶段	8门基础课程:个案工作、团体工作、社区组织、社会工作行政、公共社会福利、社会工作研究、医疗社会工作和精神病理社会工作	协调两个协会有关专业教育和实务方面互相矛盾的章程和政策
规范化阶段	1. 课程分类:涵盖在社会服务、人类行为和福利政策与服务三大类别下面;2. 新的课程标准首次将社会工作职业和社会福利领域进行了区分;3. 对本科和硕士专业教育提出统一的核心要求	1. 不再强调八门基础课;2. 各个学校有更多的课程安排自主权,建立自己的特色课程

此外，美国社会工作硕士课程设置一般包括必修课程和培养方向课程，以密歇根大学社会工作学院为例，研究生攻读方向主要有2个：实践方法（Practice Method Concentrations）和集中实践领域（Practice Area Concentrations）。课程设置也主要分为2种：高级进修课程（Advanced Standing Program）和60学分课程（60 Credit MSW Program），具体课程主要包括基础课程（Foundation Courses）、研究和评估课程（Research and Evaluation Courses）、实习督导（Field Word Instruction）和选修课程（Electives）四部分。硕士教育在课程设置方面必须与本科教学有所区分，同时还应包含CSWE所要求的以高级方法和实务技巧为主体的基础课程。

五 三地的比较

（一）早期社会工作课程设置比较

20世纪50年代，香港各学校的社会工作课程设置最初都是社会学与社会工作混合在一起，不但五花八门，甚至出现混乱局面。中国台湾早期课程设置的特点也呈现出隶属于社会学的特点，由于在社会学系内设置的社会工作课程种类少、师资少，而且社会工作专业书籍也很少，因此直到1970年之前中国台湾社会工作教学及研究都非常少，仅仅是社会学教学研究中的一小部分。

美国社会工作教育发展的早期阶段，在大学校园里悄然兴起的社会工作本科教育，通常也包含在社会学系里，学生多是对慈善工作感兴趣的高中毕业生。大学教育和培训班课程在当时没有统一的标准或要求，虽然课程设置不规范，但由于其一开始就是适应慈善实务领域发展的需要而出现的，因而课程设置没有依附在社会学专业下。中国大陆社会工作教育在恢复重建初期，课程设置也是依附于社会学系下，这与香港和台湾初期课程设置有相似之处。

（二）课程设置规范化与自主化比较研究

1. 中国香港：外国专家指导下的规范化

香港社会工作教育在发展初期，各学校的社会工作训练课程不但五花八门，甚至出现混乱的局面。20世纪60～80年代，香港政府邀请外国专家统筹各学院的训练课程。在外国专家的指导和统筹下，社会工作教育逐渐实现了规范化，但香港社会工作教育并没有制定类似美国8门或9门的核心课程，也没有规定在三大类别下自由设置课程。

2. 中国台湾：规范化与自主性并存

中国台湾在1970年之前的社会工作教学及研究都非常缺乏，仅仅是社会学教学研究中非常小的一部分，没有完整的课程设计。经过3次教学研讨会之后，开始以社会工作系作为称谓，课程设置也逐渐迈向规范化轨道，并确定出9门必修课，由于与美国社会工作教育协会所颁布的最低课程标准的社会工作基础课程并没有什么差别，因此中国台湾社会工作教育已经达到了一定程度的专业水平（黄慧娟，2004）。1997年，"教育部"解禁9门必修课，不再规范各个学校专业必修课，只规定在三个大的类别下自由设置课程，这与美国社会工作教育课程设置也是非常相似。曾华源（2002）曾指出中国台湾课程设置的不足，即各研究所近年来在所开设的课程中，出现了教育课程没有根据原定计划开课，课程方案理论架构出现模糊现象。

3. 中国大陆：正处于规范化阶段

国内社会工作专业教学规范化程度相对较低，目前正处于规范化阶段。社会工作教育与培训还没有科学规范、结构合理的配套教材（熊跃根，2005），中国社会工作教育协会虽然为促进学科发展，制定了专业评价指标体系以规范社会工作专业的学科建设和教材建设（只是针对本科教育），但对各个学校并没有强制执行的效力，也不是教育部在审批社会工作专业时的考核标准，中国大陆高校还没有真正形成统一的课程规范。如在社会工作课程教学中，实务课在一定程度上常常处于被忽视的地位，实务课占全部课程的比例没有统一的规定，内容没有统一的安排。因此，目前中国大陆社会工作课程设置还处于规范化阶段，这一阶段还没有完成，还谈不上自主设置阶段，即美国和中国台湾将社会工作课程设置归类为三大类之后，各院校可以自主设置课程。

第三节　社会工作实习教学模式比较[*]

一　内地社会工作实习教学

社会工作专业化发展从根本上来说是社会工作实践取向所要求的，社会工作在其专业化发展过程中一直保持着强烈的实践取向。根据国际社会工作学校联合会的规定，所有学士学位的学生在校学习期间必须完成 800 小时的实习，这是实践性的鲜明体现（夏学銮，2000）。因此，社会工作教育不仅要传授理论知识，更重要的是培养能够直接解决问题、具有操作能力以及基层社会事务管理能力、人际沟通能力、组织活动与社会公关能力的实务型操作人才。

本节通过对社会工作实习满意度调查情况的分析，讨论中国大陆社会工作实习现状及存在的问题，影响实习满意度的因素除了学校督导、机构督导、行政工作、实习成果和实习环境 5 个因素之外，还有其他因素，源于篇幅限制本节不做讨论，但必须说明的是物质和精神方面（即资金的激励和价值的认可）不但直接影响实习满意度，而且也与 5 个因素紧密相关。另外，与 5 个因素紧密

---

[*] 本次调查总计发出 275 份问卷，截至 2008 年 2 月 25 日，收回问卷 255 份，其中有效问卷 248 份，有效回收率为 97.3%；感谢何婉玲提供的调查与资料整理等工作。

相关的还有专业知识的运用和提升,虽然专业知识的运用和提升与实习满意度和物质满意度没有直接的联系,但也会或多或少地影响对二者满意度的评价,以下列出实习满意度内涵图(见图3-1)。

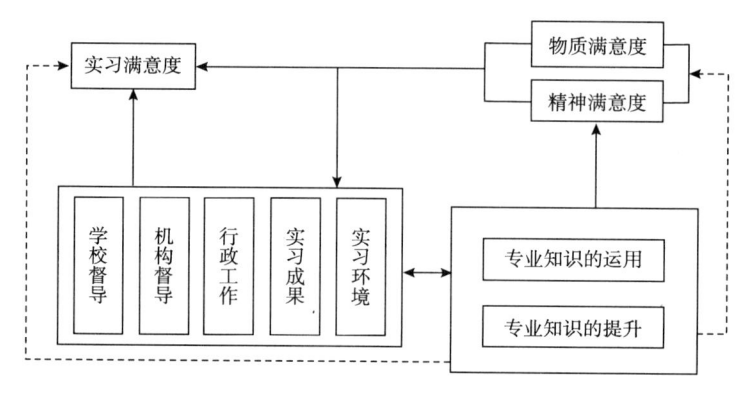

图3-1 实习满意度内涵

(一) 实习满意度整体情况概述

对所回收的有效问卷中的满意度进行选项整理,把问卷的题目分为学校督导、机构督导、行政工作、实习环境和实习成果五部分,对每一个选项从非常满意、满意、一般、不满意、非常不满意五项测量程度指标进行汇总,可以得到G地区高校社会工作专业学生对实习满意度的整体情况(见表3-9)。

表3-9 实习满意度整体情况

单位:人次

	选项	非常满意	满意	一般	不满意	非常不满意
学校督导	学校督导的督导内容	32	84	99	25	8
	学校督导的督导方式	21	86	104	31	6
	学校督导的督导频率	26	73	102	37	10
	学校督导的专业性	35	89	104	15	5
	学校督导所发挥的功能	21	80	120	21	6
	与学校督导的关系	35	110	94	4	5
	学校督导的作业要求	22	98	112	12	4

续表

选项		非常满意	满意	一般	不满意	非常不满意
机构督导	机构督导的督导方式	21	98	106	22	1
	机构督导的督导内容	27	86	116	16	3
	机构督导的督导频率	34	87	105	18	4
	机构督导的专业性	24	89	101	27	7
	机构督导所发挥的功能	25	80	118	20	5
	机构督导的作业要求	25	87	122	11	3
	与机构督导的关系	39	139	67	1	2
行政工作	学校在实习安排上的行政工作	18	80	112	28	10
	学校实习行政对解决我的问题上	13	93	113	23	6
	学校实习行政与实习机构协调功能	21	91	111	20	5
学习环境	实习机构的设备环境	25	83	108	26	6
	实习机构的设备利用方便度	36	68	103	32	9
	实习机构的交通环境	36	80	96	30	6
	到实习机构的交通方便度	37	78	88	32	13
学习成果	实习对专业知识成长方面	33	93	89	24	9
	实习对专业技能成长方面	30	89	95	25	9
	实习时学习运用的工作方法	33	65	112	31	7
	实习经验将有助于未来工作	28	103	96	16	5
	实习对适应社会能力	35	133	72	6	2

从总体来看，选择满意度为"一般"的明显偏多，选择"非常满意"和"满意"的明显多于选择"非常不满意"和"不满意"这两个选项。从宏观上看，G地区高校社会工作专业学生对实习满意度普遍为"一般"和"满意"；从微观上看，G地区学生对问卷中学校督导、机构督导、行政工作、实习环境和实习成果五个方面的各个子项也表示出不同的满意程度。

（二）实习总体满意度分布情况

调查样本的满意度数据分布基本上呈正态分布，得分集中在2.5与3.5之间，得分中值为2.61，说明G地区高校社会工作专业学生对实习的满意度一般偏向满意的水平（见图3-2）。

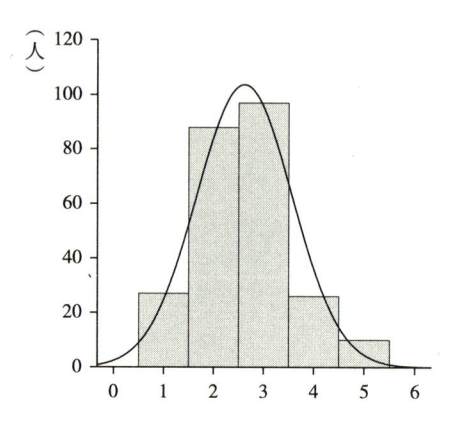

图 3-2　学生对实习总体满意情况

（三）各要素满意度分布情况

1. 学校督导满意度

对现有的248份有效问卷中的学校督导项目设计指标评分进行汇总（见表3-10）。

表 3-10　学校督导指标评分表

指　　标	非常满意	满意	一般	不满意	非常不满意
学校督导的督导内容	0.129	0.339	0.399	0.101	0.032
学校督导的督导方式	0.085	0.347	0.419	0.125	0.024
学校督导的督导频率	0.105	0.294	0.411	0.149	0.040
学校督导的专业性	0.141	0.359	0.419	0.060	0.020
学校督导所发挥的功能	0.085	0.323	0.484	0.085	0.024
与学校督导的关系	0.141	0.444	0.379	0.016	0.020
学校督导的作业要求	0.089	0.395	0.452	0.048	0.016

注：指标评分数值由参与人数与总人数之比例。如"学校督导的督导内容"项目的非常满意次数为32，本表中"学校督导的督导内容"指标为32/248=0.129，后表同。

第三章 社会工作教育培养模式、核心课程设置与实习教学比较

本次学校督导的各项指标的权重大部分由被访问的学生观点得出，其权重依次为：0.2、0.2、0.2、0.1、0.1、0.1、0.1。

则可算出"非常满意"的加权比例为：

$0.129 \times 0.2 + 0.085 \times 0.2 + 0.105 \times 0.2 + 0.141 \times 0.1 + 0.085 \times 0.1 + 0.141 \times 0.1 + 0.089 \times 0.1 = 0.1094$

同理可得"满意"的加权比例为：

$0.339 \times 0.2 + 0.347 \times 0.2 + 0.294 \times 0.2 + 0.359 \times 0.1 + 0.323 \times 0.1 + 0.444 \times 0.1 + 0.395 \times 0.1 = 0.3481$

"一般"的加权比例为：

$0.399 \times 0.2 + 0.419 \times 0.2 + 0.411 \times 0.2 + 0.419 \times 0.1 + 0.484 \times 0.1 + 0.379 \times 0.1 + 0.452 \times 0.1 = 0.4192$

"不满意"的加权比例为：

$0.101 \times 0.2 + 0.125 \times 0.2 + 0.149 \times 0.2 + 0.060 \times 0.1 + 0.085 \times 0.1 + 0.016 \times 0.1 + 0.048 \times 0.1 = 0.0595$

"非常不满意"的加权比例为：

$0.032 \times 0.2 + 0.024 \times 0.2 + 0.040 \times 0.2 + 0.020 \times 0.1 + 0.024 \times 0.1 + 0.020 \times 0.1 + 0.016 \times 0.1 = 0.0272$

将 Likert 量表的 5 项测量程度的指标按以下方式计分：

非常满意，90~100 分，中值 95 分；

满意，80~89 分，中值 85 分；

一般，60~79 分，中值 70 分；

不满意，30~59 分，中值 45 分；

非常不满意，0~29 分，中值 15 分。

则，可以计算出实习学生对学校督导的满意度总分为：

$95 \times 0.1094 + 85 \times 0.3481 + 70 \times 0.4192 + 45 \times 0.0595 + 15 \times 0.0272 = 72.411$

从表 3-10 中可以看到，学生对学校督导的督导内容集中在"一般"和"比较满意"的选项中，有 39.9% 的学生对学校督导内容的满意程度表示"一般"，有 33.9% 的学生对学校督导的内

容表示"比较满意",这一观点主要是基于对"与专业社会工作有关的知识"方面的督导内容产生的。在多选项中,有171个学生接受过"与专业社会工作有关的知识",占总体比例的69%;有146个学生接受过"为人处世技巧"的督导,占总体比例的58.9%;有39个学生接受过其他的督导内容,如作业如何撰写或何时提交实习报告以及明确实习目标等。可见,学生对学校督导内容满意度因其督导内容不同而有所区别,这说明学校督导内容是影响学校督导满意程度的子因素之一。

分别有41.9%和34.7%的学生认为学校督导方式"一般"和"比较满意"。在248个学生中,有173个学生接受的督导方式是团体督导,占总体的69.8%;111个学生接受过个别督导,占总体的44.8%;只有20个学生选择"其他"选项,他们的督导接受方式是通过网络交流或完全没有接受督导,这个数据占总体的8.1%。可见,学生因不同的学校督导方式而对学校督导产生不同的满意程度,分析学校督导满意程度可以从学校督导方式进行调查和统计。

对学校督导频率表示"一般"的,有102个学生,占41.1%。究其原因在于从没接受过督导或只接受过1次学校督导的有69人,占27.8%;而接受过6次及以上学校督导的学生只有47人,占19%。可见,学校督导老师的督导次数直接影响了学生对学校督导频率满意度的表达,进一步说明学生对学校督导的满意程度,因其督导频率的不同而不同(见表3-11)。

表3-11 学校指导老师的指导次数

单位:人,%

选项	次数	百分比	有效百分比	累计百分比
从不	14	5.6	5.6	5.6
1次	55	22.2	22.2	27.8
2~5次	132	53.2	53.2	81.0
6次及6次以上	47	19.0	19.0	100.0
总计	248	100.0	100.0	

在多选项中，学校对实习的作业形式也是多种多样的，包括实习报告（81.9%）、实习日记（41.5%）、实习周记（35.5%）和实习感想（31.5%），93.6%的学生对这种作业要求都表示认同，满意度也很高。因此，学生对学校督导的满意状况在一定程度上与学校布置的作业形式有关，当学校提供的作业形式要求形式越多样，其满意度也就越高，其中更多的学生对实习报告表示很高的认同度。

2. 机构督导满意度

对248份有效问卷中的机构督导项目设计指标评分进行汇总（见表3-12）。

表3-12 机构督导指标评分表

指标	非常满意	满意	一般	不满意	非常不满意
机构督导的督导内容	0.109	0.347	0.468	0.065	0.012
机构督导的督导方式	0.085	0.395	0.427	0.089	0.004
机构督导的督导频率	0.137	0.351	0.423	0.073	0.016
机构督导的专业性	0.097	0.359	0.407	0.109	0.028
机构督导所发挥的功能	0.101	0.323	0.476	0.081	0.020
与机构督导的关系	0.157	0.560	0.270	0.004	0.008
机构督导的作业要求	0.101	0.351	0.492	0.044	0.012

通过调查学生对机构督导各项指标的重视程度，其权重依次为：0.2、0.1、0.1、0.2、0.2、0.1、0.1。

则可算出"非常满意"的加权比例为：

$0.109 \times 0.2 + 0.085 \times 0.1 + 0.137 \times 0.1 + 0.097 \times 0.2 + 0.101 \times 0.2 + 0.157 \times 0.1 + 0.101 \times 0.1 = 0.1094$

同理可得"满意"的加权比例为：

$0.347 \times 0.2 + 0.395 \times 0.1 + 0.351 \times 0.1 + 0.359 \times 0.2 + 0.323 \times 0.2 + 0.560 \times 0.1 + 0.351 \times 0.1 = 0.3715$

"一般"的加权比例为：

$0.468 \times 0.2 + 0.427 \times 0.1 + 0.423 \times 0.1 + 0.407 \times 0.2 + 0.476 \times 0.2 + 0.270 \times 0.1 + 0.492 \times 0.1 = 0.4314$

"不满意"的加权比例为：

$0.065 \times 0.2 + 0.089 \times 0.1 + 0.073 \times 0.1 + 0.109 \times 0.2 + 0.081 \times 0.2 + 0.004 \times 0.1 + 0.044 \times 0.1 = 0.072$

"非常不满意"的加权比例为：

$0.012 \times 0.2 + 0.004 \times 0.1 + 0.016 \times 0.1 + 0.028 \times 0.2 + 0.020 \times 0.2 + 0.008 \times 0.1 + 0.012 \times 0.1 = 0.016$

将 Likert 量表的 5 项测量程度的指标按以下方式计分：

非常满意，90~100 分，中值 95 分；

满意，80~89 分，中值 85 分；

一般，60~79 分，中值 70 分；

不满意，30~59 分，中值 45 分；

非常不满意，0~29 分，中值 15 分。

则，可以计算出实习学生对机构督导的满意度总分为：

$95 \times 0.1094 + 85 \times 0.3715 + 70 \times 0.4314 + 45 \times 0.072 + 15 \times 0.016 = 75.6485$

从表 3-12 中可以看到，学生对机构督导的督导内容集中在"一般"和"比较满意"选项，有 42.7% 的学生对机构督导内容的满意程度表示"一般"，有 39.5% 的学生对机构督导的内容表示"比较满意"，这一观点主要是基于对"与专业社会工作有关的知识"方面的督导内容产生的。在多选项中，有 111 个学生接受过机构督导传授的"与专业社会工作有关的知识"，占总体比例的 44.8%；有 155 个学生接受过"为人处世的技巧"督导，占总体比例的 62.5%；有 63 个学生接受过其他的督导内容，如机构日常规章制度等。可见，学生对机构督导的满意程度与机构督导内容有一定的关联，机构督导内容影响着学生对机构督导满意度的表达。

第三章
社会工作教育培养模式、核心课程设置与实习教学比较

分别有 46.8% 和 34.7% 的学生认为机构督导方式"一般"和"比较满意"。在 248 个学生中，有 141 个学生接受到的督导方式是团体督导，占总体的 56.9%；113 个学生接受过个别督导，占总体的 45.6%；只有 18 个学生选择"其他"选项，他们的督导接受方式是通过会议交流进行的，这个数据占总体的 7.3%。可见，学生对机构督导的满意程度与机构提供的督导方式有一定的关联。更多的学生对机构督导表示总体上满意，是因为机构提供了学生所普遍认同的团体督导和个别督导。

对机构督导频率表示"一般"的，有 105 个学生，占 42.3%。巧合的是，在接受调查的对象当中，从没接受过督导或只接受过 1 次学校督导的有 58 人，占 23.5%；接受过 6 次及以上学校督导的学生也有 58 人，占 23.5%。可见，机构督导频率与学生对机构督导的满意度直接关联，机构督导频率过多或过少都会降低学生对机构督导的满意程度，只有当机构督导的督导频率适中，才会赢得学生的认同。

在调查样本中发现，机构对学生没有过多的作业布置和要求，195 个学生所在的机构没有作业要求，占 78.6%；个别有作业要求的机构，其对学生的作业要求形式也不多，比较单一的是实习报告，有 91 个学生选择这一选项，占 36.7%。尽管机构督导的作业要求并不如学校督导的作业要求形式多样，但并不影响学生对机构督导的认同程度。对于机构督导的满意状况，只有 5.6% 的学生对机构督导的作业要求表示失望。可见，机构督导的满意程度与机构督导所提供的作业要求并无太大关系。

3. 行政工作满意度

对现有的 248 份有效问卷中的行政工作项目设计指标评分进行汇总（见表 3-13）。

表 3-13　行政工作指标评分表

指　　标	非常满意	满意	一般	不满意	非常不满意
学校在实习安排上的行政工作	0.073	0.323	0.452	0.113	0.040
学校实习行政对解决你的问题上	0.052	0.375	0.456	0.093	0.024
学校实习行政与实习机构协调功能	0.085	0.367	0.448	0.081	0.020

通过调查学生对行政工作各项指标的重视程度，其权重依次为：0.3、0.3、0.4。

则可算出"非常满意"的加权比例为：

$0.073 \times 0.3 + 0.052 \times 0.3 + 0.085 \times 0.4 = 0.0715$

同理可得"满意"的加权比例为：

$0.323 \times 0.3 + 0.375 \times 0.3 + 0.367 \times 0.4 = 0.3562$

"一般"的加权比例为：

$0.452 \times 0.3 + 0.456 \times 0.3 + 0.448 \times 0.4 = 0.4516$

"不满意"的加权比例为：

$0.113 \times 0.3 + 0.093 \times 0.3 + 0.081 \times 0.4 = 0.0942$

"非常不满意"的加权比例为：

$0.040 \times 0.3 + 0.024 \times 0.3 + 0.020 \times 0.4 = 0.0272$

将 Likert 量表的 5 项测量程度的指标按以下方式计分：

非常满意，90~100 分，中值 95 分；

满意，80~89 分，中值 85 分；

一般，60~79 分，中值 70 分；

不满意，30~59 分，中值 45 分；

非常不满意，0~29 分，中值 15 分。

则，可以计算出实习学生对实习中行政工作的满意度总分为：

$95 \times 0.0715 + 85 \times 0.3562 + 70 \times 0.4516 + 45 \times 0.0942 + 15 \times 0.0272 = 73.3285$

4. 实习环境

对现有的 248 份有效问卷中的实习环境项目设计指标评分进

行汇总（见表 3 – 14）。

表 3 – 14 实习环境指标评分表

指　　标	非常满意	满意	一般	不满意	非常不满意
实习机构的设备环境	0.101	0.335	0.435	0.105	0.024
实习机构的设备利用方便度	0.145	0.274	0.415	0.129	0.036
实习机构的交通环境	0.145	0.323	0.387	0.121	0.024
到实习机构的交通方便度	0.149	0.315	0.355	0.129	0.052

通过调查学生对实习环境各项指标的重视程度，其权重均为 0.25。

则可算出"非常满意"的加权比例为：

$0.101 \times 0.25 + 0.145 \times 0.25 + 0.145 \times 0.25 + 0.149 \times 0.25 = 0.135$

同理可得"满意"的加权比例为：

$0.335 \times 0.25 + 0.274 \times 0.25 + 0.323 \times 0.25 + 0.315 \times 0.25 = 0.3118$

"一般"的加权比例为：

$0.435 \times 0.25 + 0.415 \times 0.25 + 0.387 \times 0.25 + 0.355 \times 0.25 = 0.398$

"不满意"的加权比例为：

$0.105 \times 0.25 + 0.129 \times 0.25 + 0.121 \times 0.25 + 0.129 \times 0.25 = 0.121$

"非常不满意"的加权比例为：

$0.024 \times 0.25 + 0.036 \times 0.25 + 0.024 \times 0.25 + 0.052 \times 0.25 = 0.034$

将 Likert 量表的 5 项测量程度的指标按以下方式计分：

非常满意，90～100 分，中值 95 分；

满意，80～89 分，中值 85 分；

一般，60～79 分，中值 70 分；

不满意，30～59 分，中值 45 分；

非常不满意，0～29 分，中值 15 分。

则，可以计算出实习学生对实习环境的满意度总分为：

$95 \times 0.135 + 85 \times 0.3118 + 70 \times 0.398 + 45 \times 0.121 + 15 \times 0.034 = 73.143$

5. 实习成果

对现有的 248 份有效问卷中的实习成果项目设计指标评分进行汇总（见表 3-15）。

表 3-15 实习成果指标评分表

指标	非常满意	满意	一般	不满意	非常不满意
实习对专业知识成长方面	0.133	0.375	0.359	0.097	0.036
实习对专业技能成长方面	0.121	0.359	0.383	0.101	0.036
实习时学习运用的工作方法	0.133	0.262	0.452	0.125	0.028
实习经验将有助于未来工作	0.113	0.415	0.387	0.065	0.020
实习对适应社会能力	0.141	0.536	0.290	0.024	0.008

通过调查学生对"实习成果"各项指标的重视程度，其权重依次为：0.2、0.2、0.2、0.2、0.2。

则可算出"非常满意"的加权比例为：

$0.133 \times 0.2 + 0.121 \times 0.2 + 0.133 \times 0.2 + 0.113 \times 0.2 + 0.141 \times 0.2 = 0.1282$

同理可得"满意"的加权比例为：

$0.375 \times 0.2 + 0.359 \times 0.2 + 0.262 \times 0.2 + 0.415 \times 0.2 + 0.536 \times 0.2 = 0.3894$

"一般"的加权比例为：

$0.359 \times 0.2 + 0.383 \times 0.2 + 0.452 \times 0.2 + 0.387 \times 0.2 + 0.290 \times 0.2 = 0.3742$

"不满意"的加权比例为：

$0.097 \times 0.2 + 0.101 \times 0.2 + 0.125 \times 0.2 + 0.065 \times 0.2 + 0.024 \times 0.2 = 0.0824$

"非常不满意"的加权比例为：

$0.036 \times 0.2 + 0.036 \times 0.2 + 0.028 \times 0.2 + 0.020 \times 0.2 + 0.008 \times 0.2 = 0.0256$

将 Likert 量表的 5 项测量程度的指标按以下方式计分：

非常满意，90~100 分，中值 95 分；

满意，80~89 分，中值 85 分；

一般，60~79 分，中值 70 分；

不满意，30~59 分，中值 45 分；

非常不满意，0~29 分，中值 15 分。

则，可以计算出实习学生对实习成果的满意度总分为：

95×0.1282 + 85×0.3894 + 70×0.3742 + 45×0.0824 + 15×0.0256 = 75.564

（四）实习满意度分析

1. 实习满意度图示分析

通过雷达图和分布图发现，社会工作专业本科生对机构督导满意度最高，其次是对实习成果的满意度，达 75.564 分；其三是对行政工作的满意度，达 73.3285 分；其四是对实习环境的满意度，分值为 73.143；最低是对学校督导的满意度，分值仅为 72.411 分（见图 3-3、图 3-4）。

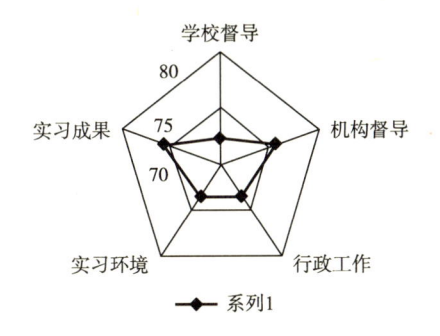

图 3-3　各要素满意度得分水平对比雷达

2. 实习满意度访谈分析

通过对学生的实地访谈，也可以从侧面反映了实习满意度一些基本情况。

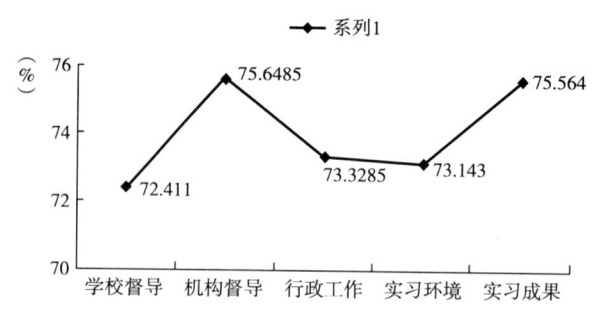

图 3-4　各要素满意度得分分布

（1）对学校督导的评价。绝大多数同学认为学校督导普遍工作认真，对学生负责，学校督导还是值得信任的。但也认为，学校督导的内容可以是多方面的，如增加实习生在工作岗位上的专业技能、加强为人处世道理的传授以及强调实习的工作态度和实习的目标性等。督导方式也不一定是一成不变的，可以结合个人督导和集体督导两种不同风格。督导频率也可以灵活处理，当遇到重大问题或在关键时刻，学校督导可以频繁来访指导，当一切顺利时，学校督导可以作短时间逗留指导。

（2）对于机构督导的评价。根据实习学生的反映，社会工作实习的机构督导虽然为数不多，但是由于他们有长期工作经验的积累，现有的机构督导还是有能力指导实习生的实践，并且能让实习生对其产生好感并愿意学习。实际上，机构督导对实习生往往比较友好，他们对实习生的生活和工作问题都比较关心，以至在实习结束时机构督导与实习生之间建立了友谊关系，在实习期结束后也表达出他们对机构督导和实习工作的怀念。

（3）对行政工作的评价。大部分实习生认为，学校在资金补助方面应根据不同的实习单位所在区域的消费水平，以及到实习单位所需的交通工具等情况来制订补助计划，以真正体现学校行政对学生实习工作的支持。他们认为，行政工作无论从实习前学校主动联系实习机构并与实习机构共同制订实习计划，还是实习期间学校行政与实习机构的良好沟通，对于实习生来说都是有百利而无一害。

（4）对实习环境的评价。大部分同学认为，利用实习单位的资源非常便利，由于实习生所在的实习单位都是学生从学校督导提供的数个实习机构中自由地挑选，所以绝大多数学生都会考虑到离自己住所较近的机构或者是处于交通较为便利的机构去实习，只有少部分学生更乐意选择自己喜欢的机构而不把交通便利放在考虑的首位。

（5）对实习成果的评价。小部分同学认为实习对自身的专业知识和技能成长方面有显著作用。在实习过程中，真正运用专业技能和专业工作手法进行社区工作、小组工作和个案工作的机会不多，他们大多数时间只是在机械地处理简单的文件输出与输入的文职工作，往往找不到真正锻炼自己的机会。但是也有一些积极的效果，如职场的为人处世方式得到一定的提高，实习使学生体会到社会工作专业和职业的现实状况，这对于他们将来走向社会是有所帮助的。在实习成果展示方面，他们认为除了写文字报告之外，还可以通过生动真实的图片或影像记录等方式进行汇报。

（五）教育实践的特点

1. 行政化和形式化

根据上述调查结果，目前，中国大陆社会工作实习具有一些内在专业实习模式的特点，它在某种程度上是低效能的形式主义，进而使得学生常常体验到无助感，即他们很可能从实习中形成一些心理预期。由于自己的行动很少产生有用的结果，将会使得他们在其他情境中也会放弃学习有用的行为方式，继而可能全面丧失学习动机，并在思考、学习过程中变得焦急而沮丧（Payne, 2005）。就大陆实习教学而言，一方面社会工作专业教师本身就缺乏相应的实践训练，不一定能担负起学生实践教学的重任。即使实习单位有相应的工作人员协助学生完成实习，但很多从事社会工作的人士对社会工作实习的各个环节和具体的实习进度缺乏专业化的有效督导，社会工作实习没有体现出专业特色，而沦为一般义务劳动或公益服务。另一方面，党政机关及其延伸机构包揽了大部分传统社会工作，政府替代社会，民政代位民治，专业社会工作者的实践空间相对有限。此外，社会转型形成的社会新空白以及党政部门权力边沿的"真空地带"，有诸多领域需要社会工作，但政府及相关政策尚未跟进，介入难度很大，实践渠道建设成本太高。

2. 理论课与实践课教学的不平衡

目前国内一般的社会工作专业缺乏有实务经验的实习督导教师和实践基地，往往偏重理论教学，实践课程分配的学时较少。以某高校 2006 年版课程设计为例，其中理论课学分为 159 分，占总学分的 82.7%；实践课学分仅为 33 分，占总学分的 17.3%，其中还包括毕业设计等内容。尽管部分理论课程内部也包含一定数量的实践内容，但可操作性不强且局限于发现问题的层面，涉及解决问题和锻炼职业能力的内容较少（周晓焱，2009）。

二 大陆、香港与台湾实习教学比较

（一）实习课时比较

英国和美国对社会工作教育实习有非常严格的规定，如果要成为专业的社会工作者，社会工作教育课程中一定要设置实习，而且实习时一定要有专业督导，并且对实习课时有硬性要求。美国社会工作教育是应实务发展的需要而举办的，其目的是研究和解决社会工作实务遇到的问题，提高社会工作实务的水平。在美国社会工作硕士实践教学中，CSWE 的认证标准规定承担硕士教育的学校必须提供能够显示项目资格和能力的高级实习机会，如密歇根大学要求学生完成 912 小时的实习和实践，实践教学一般由具有丰富经验的实习督导来指导，通过实践课程整合学生课堂

第三章 社会工作教育培养模式、核心课程设置与实习教学比较

知识和实务技巧。1997年,香港出台的注册条例规定,如果是本科毕业的社会工作者,要取得社会工作者的注册证书,实习的时间必须要达到800个小时,而且要有专业督导的社会工作实务训练。如果是属于社会工作教育文凭课程,至少也要达到600个小时的实习。目前,根据国际通行标准,社会工作本科专业实习一般为不少于800个小时,社会工作硕士的实习不得少于900个小时,以保证学生的实际工作能力。

1998年,教育部高教司编印颁布的《普通高等学校本科专业目录和专业介绍》对社会工作专业的实习时间要求达到14~16周,大约在600小时,虽然与800小时的国际标准尚有一些差距,但同其他一些专业相比,安排实习的时间还是比较高的(刘春燕、李丹,2009)。实际上,尽管已有200多所高等院校提供社会工作本科教育,大多数学校都达不到这个要求,基本上仍然沿袭传统的和社会学等专业相差不多的实习模式(李迎生,2008)。实习环节上出现严重不足的现象,即使在数量上达到了要求,但在质量上也难以保证。很多学生在实习单位是以打杂和文字处理工作为主的,几乎很难做到与服务对象进行面对面的交流,更谈不上运用专业的方法和技巧去帮助服务对象了(郑蓉,2010)。

(二)社会工作教育和社会工作实践关系的比较

美国和中国香港在社会工作教育与社会工作实务之间就像旋转门一样可以自由转换,在两者之间提供了自由选择进出的机会,社会工作教育与市场需求紧密地挂钩在一起(王卓圣,2003)。例如香港理工大学社会工作课程设置理念就是从实践到理论,然后再回到实践中去。第一年主要开设社会科学理论的课程,并在暑假进行基础实习,一般为10周,每周5天;第二、第三年开设社会工作理论与技巧课,采取并行式的专业实习(一般为"5+2"的模式),每周实习2天,每天8个小时,由学院安排,专业导师督导,一般1个老师督导4个学生。目前,中国台

湾的社会工作实践在时数上并无差异，但在实习质量、理论与实务教学之间存在着一些不足。

在中国大陆，由于社会工作教育的发展不是或者主要不是以社会工作实务为基础，从事社会工作教育的人士绝大多数没有接受过社会工作的专业训练，没有实务经验。而且，在国内要寻找到能为学生提供理想的专业成长的社会工作机构除广东、上海与北京等发达城市高校之外，其他城市高校专业实习基地和场所严重不足。所以，许多学校只好把学生安排在承担着当前中国社会福利和服务的一些政府机构或社会团体中实习，如民政部门、司法部门、工会、妇联、共青团、残联、社区服务中心、街道、居民委员、学校、青少年活动中心、福利院和劳教所等（钱雪飞，2010）。许多高校的专业学生在进行专业实习时，很多人扮演的都是勤杂人员和助手的角色，很少有机会扮演社会工作者的角色，这不利于学生职业技能的培养和实务技能的提高。目前，尽管一些学校都会（或者说是尽量）建立几个实习基地，也可以说成是签署了协议，挂了牌。但这些"基地"的实际运作状况，很少能达到实习要求，社会工作教育在一定程度上变成了以学术为导向的"课堂教育"。

（三）实习特点比较

美国与中国香港的社会工作专业实习已经实现了规范化和制度化，社会工作实习教育的标准已经达到高度一致的认同，高校建立了社会工作实务教育统一标准和考核体系。因此，不同的学校大多有类似的实习课程、教学方法、实践要求和学习期限，学生社会工作实务能力的评定已经量化为一个个具体的，且具有可操作性的实践活动，由社会工作教育协会等机构制定并颁布施行（颜翠芳，2008）。一些学校也出台了配套的实习制度来加强实习教育，下面是台湾大学社会工作学系社会工作实习规章。

第三章
社会工作教育培养模式、核心课程设置与实习教学比较

1. 实习宗旨：社会工作实习为社会工作学系学生之必修课程，目的在使学生于实地工作中，以实务验证理论，并增进其专业技术及专业精神。

2. 实习安排：（1）为落实实习教育目的，本系得设置实习教学协调教师（即当学年开授社会工作实习指引之教师）一人，由系主任聘任之，协助办理实习机构联系、评鉴及学生实习指导会等事宜。（2）社会工作实习课程规定应修二次，分别于三年级升四年级之暑假（计入四上学分）与四年级上学期（计入四下学分）实施，各为三学分，社会工作组学生需修满六学分且成绩及格者始得申请毕业。（3）实习之时数，暑期中以至少连续六周，每周四十小时，合计二百四十小时为原则（但有特殊理由并经系主任同意者，不在此限）；学期中以每周十二小时，合计一百九十二小时为原则。任课老师之定期指导时数均不计算在内。（4）实习开始之前，未完成规定之社会工作先修课程之学生，不予安排实习，先修课程办法另订之。（5）实习机构之分发以所填志愿为优先分配，倘第一次分发无法如愿者，须由系上公告之机构中重新登记，一经分发则不得变更。但因机构过失而无法实习者，得经实习教学协调教师同意后变更之。

3. 实习机构：（1）实习机构之选择，应以聘有社会工作相关专业人员，并提供学生实习督导之立案公私立社会工作、社会福利相关机构或团体为原则。（2）为贯彻实习宗旨，确保实习学生合法地位，本系得与各机构订立实习备忘录，阐明双方之要求条件及实习相关事宜，本系并应对机构之实习督导人员发给督导聘书。（3）实习期间学校与实习机构之联系，由社会工作实习任课老师分别担任之。此项工作之分派，应以教师之专长与机构性质相近者为优先。（4）为提升实习教学功能，应定期举办实习机构评鉴且应尽量提供实习机构人员使用本系之教学资源（图书仪器及课程）。

4. 实习指导：（1）本系应于每学年实习开始之前由实习教学协调教师开授《社会工作实习指引》课程，解释有关实习规

定，并说明所开放之机构性质和实习程序。（2）任课教师于学期间每隔周至少督导一次，暑期期间则每周至少督导一次为原则。（3）任课教师应经常与机构保持联系，必要时得赴机构与督导研商学生之实习成效。

5. 实习评价：（1）学生于实习期间应依任课教师规定接受督导，需依规定提出实习报告，以作为成绩考核之依据。（2）重视实习，教学灵活多元化。学生在二年级和三年级时，在实习督导师的个别督导下，到福利机构实习至少八百小时，以帮助学生将个人信念与社会的价值观、理论和技巧结合起来付诸实践。除课堂讲授外，亦十分重视小组学习。透过收集资料、专题研讨、角色扮演、探访小区等多种教学模式，让学生在各方面都有良好发展。

（二零零二年九月二十六日系务会议通过）

大陆的实习教育呈现出"非制度化"与"非规范化"特点，许多学校因为没有严格的制度保障，实习活动存在很大的随意性，学生积极性不高，参与意识不强，机构督导的指导不及时，学校的评估不到位（许爱花，2008）。而且，许多院校的社会工作专业课程中没有设置"社会工作实习教学"课程，没有专门讲授社会工作实习教育在专业教育中的地位与功能，如实习教育的基本概念、目标和意义，实习教学的原理、方法、技巧，以及实习教学过程中出现的问题，如实习机构的选择、督导的运用、实习教学的具体要求、实习教学评估指标和方法等，作为学生实地实习前的预备训练。尽管中国大陆目前开设社会工作教育的机构不少，但它们在具体的实习时间设置、所占课时比重和实习督导方式等诸多方面各不相同，没有形成规范化和制度化的专业实习模式。

（四）模拟实习与机构实习比较

香港实习方式分为两个阶段：第一阶段是模拟实习，即学生在实验课堂内接受各种社会工作基本技巧的训练,如会谈及带领小组的技巧等;第二阶段是到机构实地实习,即学生前往各福利机构,进行为期300~500小时的实习。通常每位学生都会安排至少2~3次的实习机会,使学生能将课堂上学到的理论知识通过实习机会加以印证整合,所以在香港社会工作教育训练过程中实习导师和在课堂上讲授理论的老师是同等重要的(王卓圣,2003)。

在大陆,大多数高校由于经费缺乏而没有自己的实验室,学生在机构实习之前没有经过模拟实习而直接进入实习机构实习。由于缺乏模拟实习,学生直接面对案主时,往往不能马上投入工作,甚至出现无所适从的现象。尤其在缺乏对口实习基地的情况下,模拟实验室的建立就更为重要了。目前,与其说大陆缺乏机构实习,不如说在一定程度上更缺乏模拟实习。因此,与其抱怨对口实习基地缺乏,不如大力加强实验室建设,加强模拟教学力度与教学时数,也不失为解决当前实习教学不足的问题。当然,这只是一时之计,当社会发展到能够提供足够多的专业实习基地之后,还是要以机构实习为主,模拟实习为辅,但模拟实习在前、机构实习在后这一程序还是必不可少的。

(五)间隔式实习和并行式实习比较

在实习安排上,台湾和香港社会工作教育大多是采取间隔式实习和并行式实习方式相结合的方式。并行式实习有利于学生将实习过程中所遇到的问题带回学校与同学或老师讨论,并且能够验证来自课堂上的概念、知识、原则与实务工作取向(曾华源,1987)。然而并行式实习也存在着一些局限,因为要顾及学生每周仍然需要回学校上课,因此,限制了学生选择实习机构的权利,使实习生只能选择离学校较近的实习机构。采取并行式实习的学校,因为学生在每星期有固定的时间到机构实习,容易错失一些机构中特殊的且不定期的实务事件。有些机构以提供短期服务为主,工作者必须每天全身心付出,才能提供完善的服务,而采取并行式实习的学校,因为学生并非天天在机构中提供服务,因此无法完成这些服务。例如:医院社会工作服务中的短期住院病人可能在实习生下周到机构实习时,该病人已经出院或者转院治疗,使得实习生为病人所提供的服务是中断且不连续的(周虹君,2003)。比较而言,香港将间隔式与并行式实习互为补充,相得益彰。在台湾,这两种实习模式虽然也取得了一些成果,但也存在着一些问题。在大陆,由于专业实践自身存在的问题,这两种实习方式虽然也被大多数院校采取,但由于实习基地和实习督导相对缺乏等因素,这两种方式未能发挥应有的作用。

(六) 实习督导比较

实习督导在社会工作实习中具有非常重要的地位,米诺(Cimino,1982)对社会工作专业学生所进行的实习满意度的研究发现了学生与机构教学者之间的关系、学生对于机构的归属感、实习督导的质量都会影响学生的实习满意度。拉斯金(Raskin,1982)则发现学生对于实习目标的达成度、实习督导及实习机构的工作气氛最能影响学生的实习满意度。阿尔佩林(Alperin,1998)对在与儿童福利相关机构实习的学生所做的实习满意度进行了研究,发现学生的性别、实习前所接受的相关课程、实习前是否有过面谈、实习机构是否为实习生的第一选择、督导的形式、在机构中所参与的实习方案、与实习教学者之间的关系等都会影响学生的学习满意度(周虹君,2003)。在社会工作实践教学中督导有两种模式,一种是学院督导,另一种是机构督导。学院督导主要由学校的专业教师担任,机构督导主要由机构人员担任(李飞虎,2009)。

1. 学院督导比较

台湾对学院督导的资格有较为严格的规定,每个学校的社会工作教师都有明确的资格规定,如东海大学规定了必须具备教育部研究所教师资格者、相关领域硕士以上学位者、从事实务工作

第三章
社会工作教育培养模式、核心课程设置与实习教学比较

5 年以上相关专业经验者才可以进行督导。由于学院对督导有较为严格的规定与限制，保证了学院督导的质量（周虹君，2003）。香港专门设有负责实习安排的老师和负责实习督导的导师，香港社会工作教育提倡先学习理论，再到实践中运用，认为实习的本质不过是印证学校理论知识的案例而已。香港社会工作起源于20世纪40年代，到了70年代开始形成专业社会工作。社会工作教育纳入高等教育体系，经费则来自政府。每个学院都有自己专门负责实习安排的老师和负责实习督导的导师，实习督导导师属于学院教学人员，他们都拥有至少 2~3 年社会工作的实践经验，并受过督导训练。

大陆则缺少专业督导，由于内地社会工作专业教育起步较晚，社会工作专业教师多是转行过来的，受过社会工作督导训练的人更是凤毛麟角，存在着在象牙塔里做学问的倾向，因此很难将理论与实践相结合并开展实务督导。在专业实习过程中，督导只起到了一个简单的督促和协调作用，有的甚至处于"督"而"不导"的状态。社会工作督导主要是"教育+提供必要的知识学习"及提供"支持+心理和人际关系支持"，这些都需要通过学校教师的督导来完成（孙莹，2005），因此，缺少了学院督导的环节，实习的效果将会大打折扣，甚至降低了学生对专业的认同。

2. 机构督导比较

在台湾，由机构负责人或实务经验丰富的工作人员担任实习教学督导。而且，机构督导一般是在搭配学生实习目标与个人兴趣后所选择的，这使得实习具有较强的针对性。但在很多情况下，机构负责人如果不是与社会工作相关专业毕业的，很难找到完全符合要求的机构督导者（周虹君，2003）。而且在实习课程中，社会工作实务与社会工作理论的整合应由学校督导老师与机构教学者共同合作来完成。然而，在实习课程中大多数教学活动是在实习机构中进行，机构教学者大多是社会工作实务工作者，其对教学方法的运用与了解不如学校老师熟悉,他们需要学习教学技巧,毕竟机构教学者对学生实习目标的认识与学校教育目标不相同(周虹君,2003)。此外,在学生实习过程中,学院督导与机构督导的联系多止于实习中或实习结束前的相互拜访,而学院督导也多是利用学生回学校的时间来进行学生实习内容的督导,以此来整合学生实习经验(周虹君,2003)。

大陆机构督导的问题更多,由于大部分社会福利机构的工作人员没有受过社会工作专业训练,对学生只能提供工作安排等方面的帮助,无法在专业上给予支持与有效指导。而机构的实习督导对实习学生主要发挥的是行政功能,机构督导理论知识的欠缺使其不能充分考虑学生的专业需求,致使学生参与工作的层次低,很难真正融入到机构的实际工作中去。

(七) 团体督导与个别督导比较

在台湾,学校督导老师比较倾向用团体督导的方式进行,机构教学者则倾向以个别督导的方式进行。学校督导老师与实习机构教学者不论是采用个别督导还是团体督导的形式,多数会在1~2周进行一次督导,每一次督导时间会因督导模式的不同而有所不同。在实习作业要求上,不论是学校督导教师或者实习机构教学者,最常见的是要求学生写周志与实习总报告两项。学校督导教师采用个别督导形式的,学生对其实习相关行政工作的满意程度较高。学校督导教师如果采用团体督导的模式,且团体督导进行的时间越久,则学生对学习成果的满意度就越低。学校督导教师所发挥的功能越多及机构教学者所发挥的功能越多,则学生对与实习相关的行政工作满意度越高(周虹君,2003)。

比较而言,在香港由于学院督导与专业教学教师同等重要,相互分工,而且有一套适当的评价体系,使得学院的专业督导能够全身心投入到督导工作中。而且,在香港许多学院督导采取的是个别督导的方式,学生对学院督导的满意度也较高,而且,即便是实行团体督导,也因为有专职实习督导,督导的效果也比台湾显著。

在大陆,由于学生数量多,学院督导严重不足,经常出现僧多粥少的局面。因此,学院督导一般都采取团体督导的方式,从本研究的调查中也反映出学生在实习过程中最不满意的地方就是学院督导及其团体督导方式。一些院校由于督导教师指导学生人数众多,导致出现了"督"而不"导"的情形,再加上督导者本身的实务经验又比较缺乏,因此,督导效果是显而易见的。同时,机构督导对学校的实践教学目的不清楚,自身也缺乏教学经验和相关知识,虽然一些机构督导也实行了个别督导方式,但给实习生安排的是一些与学习教学不相关的事情或任务,往往无法满足学生实习的目的。如果机构督导实行团体督导的话,问题则会更多。

对于三地来说,学生最希望学校督导采用个别督导的方式,如果这样,学生对学校督导老师与学习成果的满意度就会提高。因此,学校督导适宜采取个别督导方式,而且每次督导的间隔时间不宜太长,才能有效针对学生实习内容给予及时回馈,并能适时解决学生在实习过程中所遇到的问题。

(八)可借鉴的香港经验:理论教学与实践教学教师的分工

一些学者认为教师要改变以往"空谈理论"的教育导向,形成以"实践为导向"的社会工作教育模式,社会工作教师是实践的社会科学家,不能做图书馆式的学者,必须深入社会服务的实践领域,要以解决问题为目标,推动社会工作教育的发展。这种观点本身没什么问题,但在目前情形下很难实现。专任教师既要完成大量的学术研究、课堂教学任务以及学术上的各种考核指标,又要抽出大量时间参与社会实践的指导,这无形中增加了教师的工作任务,他们往往无法同时完成课堂教学、学术研究和实践指导的三重任务。

由于实务教学在社会工作教育中的重要性,内地可以学习和借鉴香港的督导经验,即设立专门联系实习机构的专任教师和专职督导教师,将理论教学教师与实务督导教师区分开来,并且建立对专职实习督导教师的科学评价体系,是克服中国大陆实习困境的一种有效途径。就美国而言,博士学位侧重于学术研究人才,而非实务人才,理论教师从事理论研究而非实务工作,而实务教师重视实务工作而非理论研究,两者同等重要,互为补充。这并不意味着从事理论研究的教师可以不重视或不需要实务操作,实务指导教师也不需要理论,只是侧重点不同而已。因此,对理论教师和实务教师进行明确的角色区分,并建立相应的绩效评估体制,有利于克服目前实践督导的困境。否则,社会工作教师既要从事课堂教学和科研,还要从事实习督导,造成教师的角色模糊和角色冲突,这样既不能静下心来做学问,也不能很好地从事实务教学工作。当然,也可以考虑聘用实务界资深人士或其他机构人员来加强实习督导,但理论教师与实践教师分工体制的建立和角色区分是未来较为切实可行的途径。

第四章
社会工作教育与政府部门关系比较

第一节 社会工作教育与政府关系的比较

社会工作教育在大陆经历了曲折的发展过程，但现今已受到国家和社会的逐渐重视。劳动和社会保障部《社会工作者国家职业标准》、民政部《关于开展社会工作人才队伍建设试点工作的通知》、民政部和人事部《社会工作者职业水平评价暂行规定》和《助理社会工作师、社会工作师职业水平考试实施办法》等规定和办法的实施，都直接推动了大陆社会工作教育发展进程。

一 中国大陆社会工作教育与政府关系

（一）中国大陆政治背景下社会工作教育的发展

一个国家或地区的教育发展与其政治文化因素是分不开的，而且政治文化对教育的发展具有决定性作用的。社会工作教育作为教育体系的组成部分也不例外，必须要遵循政治文化对教育的普遍影响效应，社会工作教育者要清楚社会工作教育的特殊性。社会工作教育目标是要培养社会服务和社会管理人才，发挥调整社会关系，完善社会制度，推进社会建设，促进社会稳定发展的作用。

在大陆，教育事业一直以来都是政府投资和管理的，政府在教育服务中担当着办学者、管理者与投资者"三位一体"的角色。虽然政府"三位一体"角色在社会现实中已暴露出种种弊端，政府也注重在教育服务中加入市场机制，给予各级各类学校更多自主权，但中国的历史传统及本土特色的社会主义文化因素决定了国内教育是政府统筹和主导的本质，只是会随着社会发展而采取适应社会发展的管理手段而已。

随着高等教育体制改革加速，带动了专业结构调整和招生数量迅速扩大。在这种情况下，各个学校都在积极调整专业结构，并且扩大招生数量。在20世纪90年代中期以前，高等院校调整专业结构时，各个学校一般都注重大力发展经济、管理和法律等专业，而对社会工作专业重视不够。近年来，由于前期的一些"热门"专业进一步发展的空间已经有限，在高校扩大招生的压力下，各个学校开始注重社会工作等应用性专业。同时，由于各个学校和教育主管部门对开办社会工作专业所需求的硬件（设备等）和软件（专业师资资格）条件要求比较宽松，开办社会工作专业相对比较容易，进一步推动了许多院校积极开办社会工作专业。加上政府主管部门的政策引导也推动了社会工作教育的大发展，一方面政府教育主管部门将社会工作专业列入适应未来社会发展需求的应用性专业，对此采取了扶持发展的政策；另一方面对社会学等专业采取了限制发展的政策，使许多学校转向办社会工作专业，这从表4-1中可见一斑，表4-1是针对各院校纷纷设置社会工作专业的认同程度的分析。

其中表示"同意"的占97.6%，可见政府对社会工作教育发展具有非常重要的促进作用，尤其在社会工作教育初期发展阶段作用更为明显。

第四章 社会工作教育与政府部门关系比较

表 4-1 对高等院校设置社会工作专业教育的看法

单位：人,%

选项	人数	百分比	有效百分比	累积百分比
不大同意	6	2.4	2.4	2.4
一般	40	16.0	16.0	18.4
比较同意	194	77.6	77.6	96.0
完全同意	10	4.0	4.0	100.0
总计	250	100.0	100.0	

注：本表以调查 G 地区 5 个高校社会工作专业的学生为研究对象，总计发出 350 份问卷，截至 2009 年 2 月 24 日，回收 341 份问卷，有效问卷 336 份，有效回收率为 96.00%，本节所使用数据皆来自这次调查。

表 4-2 反映出学生对教育资金与物资特别是实践资源（经费、基地、督导）的不认同度达到 31.7%，持"一般"态度的达到 49.0% 两项合计为 80.7%。因此，社会工作教育者应清楚认识到扩招政策对社会工作教育具有两面性，一方面对于促进内地社会工作教育发展具有重要意义，另一方面会在不同程度上使得一些本来不具备条件的学校也开设社会工作专业，从而引发一系列如师资、教育资金和物资等问题，尤其是实践资源不足，极大地妨碍了社会工作教育质量的提高。

表 4-2 社会工作教育资金物资满意度评价

单位：人,%

选项	人数	百分比	个案百分比
很不认同	128	7.3	51.2
不认同	427	24.4	170.8
一般	858	49.0	343.2
比较认同	332	19.0	132.8
很认同	5	0.3	2.0
总计	1750	100.0	700.0

同时，学生普遍认为政府对社会工作专业发展不够重视，调查结果显示，52.42%的学生认为政府对社会工作的宣传工作做得"一般"，39.01%的学生则认为做得"不够理想"；14.28%的学生认为政府给予社会工作资金上的支持是"非常不够"的，49.74%的学生认为"不太够"，35.93%的学生则认为"一般"；30.67%的学生认为政府促进社会工作发展的措施"比较少"，13.11%的学生认为"很少"，39.28%的学生则认为"一般"。通过从宣传、资金和发展措施3个方面来调查政府在社会工作专业发展过程中的作用及印象，结果是25.0%的学生认为政府是"比较重视"社会工作的，但也有33.6%的学生认为政府"不太重视"，36.9%的学生则认为"一般"，这说明在大部分学生心目中政府是不够重视社会工作的（见表4-3）。

表4-3 你认为政府重视社会工作吗？

单位：人，%

选项	人数	百分比	有效百分比	累计百分比
十分重视	9	2.7	2.7	2.7
比较重视	84	25.0	25.0	27.7
一般	124	36.9	36.9	64.6
不太重视	113	33.6	33.6	98.2
不重视	6	1.8	1.8	100.0
总计	336	100.0	100.0	

政府和社会不太重视社会工作的态度，影响了学生专业学习的积极性，并且对学生的就业意愿也产生了极大的影响。根据调查，55.65%的学生认为政府和社会对本专业的态度"十分影响"自己专业学习的积极性，32.44%的学生则认为"比较有影响"，52.98%的学生表示受政府和社会对本专业态度的影响，"不太愿意"将社会工作作为自己的第一职业，22.92%的学生则更加明确地表态"不愿意"将社会工作作为第一职业。

如果政府和社会改变对社会工作态度,大力支持和发展社会工作的话,大部分学生则表示"愿意"成为职业社会工作者,如 19.94% 的学生表示在政府"十分重视"且大力发展社会工作的前提下"十分愿意"成为职业社会工作者,37.50% 的学生则表示"比较愿意"(见图 4-1)。

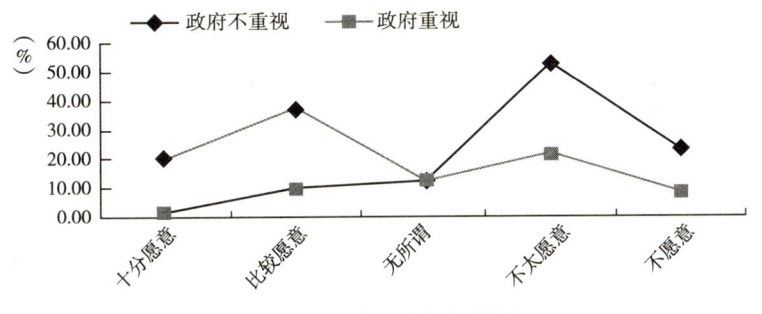

图 4-1 学生就业意愿图

调查显示,39.01% 的学生认为政府和社会对于社会工作的宣传工作做得"不够理想",49.74% 的学生认为政府给予社会工作资金上的支持是"不够"的,30.67% 的学生认为政府促进社会工作发展的措施"比较少",33.6% 的学生认为政府"不太重视"社会工作。因此,在社会工作教育发展过程中,政府责无旁贷,应该大力支持社会工作教育的发展,从政策倡导角度提高社会工作自我认同和专业认同。

(二)大陆政府推动社会工作教育的发展历程

1. 民政部与社会工作学科地位的确定

20 世纪 80 年代,时任民政部部长崔乃夫提倡民政工作系统引进社会学和社会工作人才。1987 年,民政部进行社会工作教育认证会,确定了社会工作的学科地位。同年,民政部为了推进民政工作和社会工作的开展,在发展民政教育的同时,支持北京大学开办社会工作与管理专业,1988 年国家教委批准北京大学设立社会工作专业，可以认为，这是当代中国社会工作专业教育的发端（王思斌，1995）。

2. 2006年党和国家对社会工作的支持和推动，被视为"中国大陆当代社会工作教育发展历史的分水岭"

2006年10月，中共中央十六届六中全会的《决定》指出"建设宏大的社会工作人才队伍，造就一支结构合理、素质优良的社会工作人才队伍，是构建社会主义和谐社会的迫切需要"，明确了建设宏大社会工作人才队伍的重大战略部署，提出建立健全社会工作人才培养、评价、使用、激励的政策措施和制度保障。2006年12月13日，曾庆红同志在全国组织部长会议上进一步指出"全党要增强责任感、紧迫感，高度重视社会工作队伍的建设和人才培养，要像十一届三中全会高度重视经济人才和科技人才一样，高度重视社会工作人才"（杨柳，2009），这次会议提出以建设宏大社会工作人才队伍为着力点，进一步加强人才队伍建设。2008年温家宝总理在考察都江堰"勤俭人家"社会工作站时，强调指出社会工作对于促进和谐社会建设具有重要作用。同年，中国社会工作教育协会年会召开，民政部到会致辞，对社会工作及社会工作教育的给予充分认可和大力扶持（史柏年、靳利飞，2009），政府对社会工作教育的关注必将进一步带动社会工作专业教育质和量的提升（刘斌志，2009）。为贯彻落实中央提出的"建设宏大的社会工作人才队伍"的要求，民政、卫生、劳动和工青妇等社会管理和社会服务部门的社会工作人员培训也得到了快速发展。社会工作教育无论是在人才培养方面，还是在人员培训方面都进入了空前扩张的阶段。正如民政部人事教育司万建军所言，是"社会工作人才队伍建设的春天"（张敏杰，2005）。

二 香港社会工作教育与政府关系

1. 香港政府的宏观管理与指导

香港政府在制定社会福利政策、社会工作法规和条例、专业社会工作者注册制度和考核评估各项社会工作服务质量等方面负有宏观管理与指导的责任,社会福利政策和财政资助是香港社会工作不断发展的基础和前提。近些年来,香港社会工作出现了管理主义潮流,政府与公众对社会工作教育有了更多的要求,最重要的要求就是实行社会工作教育的交代制度(即评估教育效果),交代制度通常很严格,如教学水平、教学素质、研究成果和学术管理等都需要交代,而且招生规模和学生就业等也需要交代。通过对社会工作教育进行多项评估,政府加强了对社会工作教育的宏观指导和监督作用。

2. 社会工作专业发展历程中的前导变项

香港政府可以说是香港社会工作专业发展过程中的中心变项,尤其体现在香港社会工作专业发展的政策制定及推行方面,香港政府积极而具体的行政作为表现在对策、资源及组织等方面,如制定社会工作专业发展的对策、民间社会福利机构的补助制度、邀请国外专家学者到港提出有关社会工作教育与训练的报告书以及调整社会福利署行政组织等。换句话说,在香港社会工作专业发展历程中,香港政府的角色是在"中心"主轴位置且具有"自主性"的特质,很符合斯考切波(Skocpol,1985)所谓的"国家中心论"及"国家自主性"理论(王卓圣,2004)。

3. 香港政府专门成立"社会工作训练咨询委员会"

"社会工作训练咨询委员会"主要任务是为香港各大学及学院的社会工作教育提供交流及合作的机会,并对现行的教育课程提供意见及引导未来的发展。另外,委员会也负责"社会工作训练基金委员会"的管理,鼓励编撰香港本土教材,宣传社会工作者的任务,联络外国有关组织及专家,邀请他们到港担任顾问以及探讨香港大学及学院进行的社会工作研究等。1973年,香港政府重新制定了"社会工作训练咨询委员会"的任务,除前述的责任外,还增加了统筹各学校的教育课程,并建立了社会工作课程鉴定和审核的程序,使得香港的社会工作专业水平达到了国际认可的要求（周永新，1992）。"社会工作训练咨询委员会"目前已改名为"社会工作训练及人力策划咨询委员会"，除前述的任务外，还增加了有关香港社会工作人力需求的策划及研究（王卓圣，2003）。

三　台湾社会工作教育与政府关系

目前，台湾社会工作界对于自身专业化过程的各类考察（林万亿，1994、2002；陶蕃瀛、简春安，1997），必然会谈到"政府社会工作员制度的形成"与"社会工作师法的立法"。由于政府基层社会工作人员属于体制外的聘任制，这给基层社会工作人员带来劳动条件不稳定的生存危机。再加上社会工作学界对"专业化"的呼吁，通过自下而上的合法性抗争，在1990年前后形成了《社会工作师法》的立法动力，促成专业组织的成立与立法运动的开展，最后成功促成了社会工作专业证照化，台湾社会工作教育专业化建制初步成形，以此来保障社会工作人员的合法权益。

（一）政府体制内纳入编制过程

1. 政府主导与推动

台湾虽然在20世纪50年代相继在社会工作系所进行社会工作专业训练，但早期许多受社会工作完整教育的人，大多从事学术或高层次的行政工作，很少有直接从事服务工作的。到了60年代，虽然学院逐渐制度化，但投入社会工作界的毕业生仍然相当有限。台湾社会工作教育的起步可以说是由政府实施《约聘社会工作员实验计划》开始的，政府部门只遴选曾经接受过社会工作相关训练的大学毕业生担任社会工作人员，这对社会工作就业市场具有导向意义，促使社会工作与社会学的分组教学，使社会工作逐渐从附属迈向自主。例如1972年台湾的"小康计划"与

1973年台北市的"安康计划",政府部门只遴选曾经接受过社会工作相关训练的大学毕业生担任社会工作人员,政府实验性地引进社会工作人员,使社会工作首次与政府的济贫工作结合,开创了社会工作与政府合作的先河。

由于工作成效不错,因此台湾当局与台北、高雄两市分别实施吸纳社会工作实验计划,尝试设置政府内部编制,这在社会工作就业市场中具有导向意义(陶蕃瀛、简春安,1997),由于只聘用与社会工作相关学系的毕业生,因此带动了社会工作专业教育的发展(许展耀,2005)。可以说,在社会工作职业化初期阶段,正是由于政府将社会工作人员纳入体制内部(1970年在行政体制内部开辟出社会工作员空间),因此对社会工作专业的发展起到了较为突出的推进作用。

2. 社会工作制度法律化草案的拟定

20世纪80~90年代初,社会"立法"显著增加,也为社会工作相关法令的出台铺平了道路,如1980年颁布了《老人福利法》与《社会救济助法》,后来又陆续颁布相应的实施细则及《少年福利法》与《农民健康保险条例》,1990年修正了《残障福利法》,1993年修正了《儿童福利法》,1994年制定了《全民健康保险法》,1995年制定了《身心障碍者保护法》与《儿童及少年性交易防治条例》,1996年制定了《性侵害犯罪防治法》等。

随着相关社会立法的增加,这一时期社会工作立法也取得了长足进展。1983年"内政部"应台湾当局请求,研究拟定《建立社会工作员制度实施方案》草案,内容包括社会工作员的资格审核、专业证照、聘用升迁制度和社会工作师分级制等,主要重心放在"政府部门的社会工作员",而没有涵盖民间社会工作员制度的建构(林万亿,1991;杨玫莹,2000)。然而"纳编案"多次被"行政院"退回,经过多次往返讨论修订,"行政院"于1990年决议让社会工作人员"纳编",分3年上报任用计划,并允许加入普考或基层特考办理。然而该命令引发基层社会工作者的强烈不满，主要是在职社会工作人员离开学校已久，工作繁忙之余准备普考很难与年轻的一辈竞争；3年之内无法考取者将不再聘用，引发了社会工作人员失业的不安全感，也影响工作质量，这就促进了社会工作专业协会的成立，以组织的力量通过抗争与其他方式争取社会工作人员的生存权益。因此，1993年"行政院"将3年考核的限制取消（杨玫莹，2000）。

3. 地方政府自行决定社会工作人员纳入编制事项

1991年与1993年，台北、高雄两市社会工作人员分别进行纳入编制工作，而各县市政府在精简后，在2000年根据法律各自决定社会工作人员纳入编制事项。虽然这一时期，地方政府能够自由决定聘任社会工作人员，但是由于台湾各地政府编制的收缩，编制内聘任社会工作人员也受到了极大的限制，聘任的人数有限。目前，台湾社会工作人员的聘任大多仍然是编制外的。

（二）《社会工作师法》的制定

1. 对政府产生一定的影响

在国民党统治时代，如果能让其了解设立社会工作学系（组）的必要性并形成政策主张，"教育部"便没有不遵循的道理。于是，以张鸿钧为首的社会工作界人士，便借着国民党召开"中央社会工作会议"（1971年4月22～24日）的机会，以党员的身份正式向大会提交议案，张鸿钧等14人建议应在各大学中设立社会工作学系。在没有社会工作学系之前应将社会学系分为社会学组及社会工作组，分组招生，分组教学，同时设置社会工作研究所，迅速修订各大学社会工作组及社会工作系的全部课程。丁碧云等11人建议在中山奖学金考试中增设社会工作学科提案，两份提案经过讨论后决议为"照审查意见通过"。从时间点上来看，"社会工作教学做一贯研讨会正式会议"是在1971年2月3～6日召开，而国民党的"中央社会工作会议"则是1971

年4月22～24日举办,这两个会议之后才有台湾当局"教育部"所颁布的社会工作系(组)课程标准,以及在社会学系内进行"社会学理论组"和"社会工作学组"分组招生,可见这两个密集的会议成功地凸显出社会工作教育的重要性,对当时的党政部门产生了一定的影响(郑怡世,2006)。

2. 推动立法的关键组织:社会工作专业人员协会

在1987年社会工作教育研讨会上,许多学者正好遇上"行政院"组织法可能涉及"社会福利部"议题,学者们企图通过正式组织的形成对外表达社会工作界的看法与期待。当时"行政院"草拟"卫生福利部"的构想是在"纳编"案之外。而对社会工作界的冲击较大的另一件事就是学界担心"行政院"组织修订编制后,"卫生福利部"将导致"卫生大、福利小"的后遗症。基层社会工作人员关心的则是上述的"纳编"问题,希望能通过不考试或考核方式被纳入政府的正式编制。这两股因为不同的议题而形成的力量在偶然的人际网络的互动下,因势利导地结合成为正式的"中华民国社会工作专业人员协会"(简称"专协")。不过,这一时期的专业化仍然不是"专协"的主要目标或议题,"专协"存在的基础仍然是替基层社会工作人员争取权益的"纳编"事务,在此期间多次召开研讨会、座谈会并发动抗争,最后促使人事单位妥协,取消原定的3年考核限制(杨玫莹,2000)。正是由于"纳编"案受挫,才转而倾向研究拟定专业法规,希望能通过证照的取得,开辟另一个进入政府正式编制的通道(郑怡世,2006)。

3.《社会工作师法》:"任用与编制"并存

在学界与基层不同心态的担忧下,《社会工作师法》的研讨会才由原先的"专业证照"又加入了"任用与编制"的内容。"专协"在1990年4月召开的小型座谈会中请林万亿教授成立一个社会工作师法研究拟定小组,并征得"医务社会工作协会"的同意,两会合作进行。值得一提的是在最早出炉的1991年版本中，并没有混淆"纳编"与"专业证照"不同的意涵。因此，当时就确定不以社会工作人员纳入编制为立法的核心问题，而是朝着社会工作专业证照制度方向进行，因为《社会工作师法》并不适应政府公务人员的任用与编制，也不适应社会福利机构，因此该版本的38条只界定了社会工作师的职责，规定了社会工作师要经过考试或考核才能取得，规定了独立执业证书取得的年限资格及专业团体的强制加入等（林万亿，2002）。由于一些社会工作人员无法接受这一版本（这一版本没有列入关于"任用"的规定），因而于1993年提出了另一个版本，这个版本结合了"证照制度"与"任用条例"，这表明即使推动了证照立法的过程，而"纳编"问题仍然是持续受到关注的议题或是社会工作人员的焦虑。

"纳编"与"社会工作师法"是完全不同的事情，前者涉及政府行政人员的规章制度，后者则是专门技术法，然而当时为了解决学界与基层各自的问题，不同事物的内涵被混淆在社会工作师法的立法运动中。其中，学界较为关心的是社会工作师法与专业化的关系，基层社会工作人员更关心的是能否因此被纳入编制，学界以专业化看待社会工作师法，政府社会工作人员则是以纳入编制来期待社会工作师法（杨玫莹，2000）。虽然立法运动集结的能量主要来自学界与政府基层社会工作人员，然而当时对于证照与专业的认识仍然相当模糊，专业化议题与讨论也不是推动立法的"专协"的首要事情。从"专协"的章程来看，"证照制度"基本上还是被视为解决社会工作人员任用问题的药方来理解，立法运动仍然带有"纳编"的色彩（郑怡世，2006）。

（三）政府服务定位准确

在台湾，主管社会工作的部门是"内政部"社会司（主管儿童、青少年社会工作以外的社会工作）和儿童局（主管儿童、青

第四章
社会工作教育与政府部门关系比较

少年社会工作，即18周岁以下人群的社会福利服务），在市和县是社会局。社会司（局）是顺应社会问题的产生和社会福利服务的发展而从民政局中独立出来的。县（市）的社会局一般下设5个科（第一科是社团、庆典、合作社，第二科是社会救助，第三科是老人福利，第四科是身心障碍福利，第五科是社区发展、妇幼福利）和一个社会工作室，社会工作室的主要职能有三项，即社会工作、少年福利和志愿服务。

台湾当局在社会工作管理中的职能主要凸显在两个方面，一是保证社会工作人员的服务质量，不让服务对象受到侵害；二是保证社会工作人员的正常运转，不让服务对象无服务可寻。他们认为，训练、督导和考核是保证社会工作服务质量和社会工作人员正常运转的关键。其中最核心的是督导，这是保障社会工作人员可持续发展的重要手段，也是社会工作的精髓所在。因此，政府在社会工作管理中十分重视社会工作督导系统的建立。督导的作用主要体现在三个方面，即管理功能、教育功能和支持功能。

管理功能是为了保障社会工作服务的规范化。如通过制定《社会工作记录内容撰制注意事项》（1998年）来规范社会工作人员的服务流程，对开展服务时所编制记录的种类和重点内容等事项进行规范，服务过程尽量做到标准化管理，希望以此来建立本土化的社会工作模式。另外，通过各种品质考核和绩效评估，评估社会工作服务的过程和保证社会工作服务的质量。

教育功能是为了促进社会工作服务的专业化。规定在岗的社会工作人员，每年必须接受70小时以上的在职训练，以此弥补学校实务教育的不足，提供新的知识、技术和方法，提高服务品质和工作效率。这种训练实行分课和分级管理，即社会工作员和社会工作督导培训的内容不同，在不同领域服务的社会工作人员的训练内容也不同。因此，各县（市）社会局每年都会制定相当数量的培训课程。在职训练主要措施有，一是通过遴选富有经验的社会工作人员做督导，指导社会工作人员开展服务；二是通过开展社会工作专业知识的技能训练、个人督导与团队督导及个案讨论等形式，提升社会工作人员的服务质量。

支持功能是保障社会工作人员服务的可持续性。支持功能主要体现在精神和物质两个层面。由于在一线服务的社会工作人员个案服务量非常大，因此他们的工作压力也非常大。政府通过立法等手段设置或增设社会工作岗位，或者将更多的社会工作岗位纳入公务人员序列来缓解他们的工作压力。另外，通过资助民间机构的社会工作人员和表扬、奖励优秀社会工作人员等措施来改善他们的经济待遇，提高基层社会工作人员的工作动力。台湾专门设有"推展社会工作补助经费申请补助项目"，补助对象是社会团体和学术单位，补助内容是办理社会工作专业宣传、研讨会、社会工作专业人员研习和教育训练等活动，最高的补助额度达30万元。

台湾的很多知名教授、学者和政府部门的领导人，早年都曾在美国留学，取得了社会工作和社会福利等专业硕士和博士学位。这些人学成归来，几乎都成为各行各业特别是政策制定部门的重要人物。再加上台湾自己培养的社会工作专业毕业生也一批批地走上了领导岗位，他们理解社会工作的理念，懂得社会工作的意义，因此，能从不同的层面支持社会工作教育，对推动台湾社会工作教育的发展起着不可忽视的影响和作用。

四 美国社会工作教育与政府关系

（一）最初由民间创立，到后来政府积极参与

美国社会工作教育的形成由最初的民间创立，到后来的政府积极参与，形成推动社会工作教育发展的强大动力，这也可以解释目前美国社区工作比较发达的原因（常建英、刘贞龙，2008）。由于政府部门的积极参与，教育机构、社会工作团体、相关法律制度及政府之间共同组成了相互协调、相互支持的社会工作发展

运作体系和机制，形成了推动社会工作发展的强大合力。

(二) 政策和财政支持

在财政上，美国政府的拨款是很多的，"社会福利用途"上的资金从 1950 年的 140 亿美元上升到 1994 年的近 14340 亿美元，具体的教育投入没有确切的记载。在美国，一些法律如在精神健康方面有具体的规定，精神病人要受到很好的照顾，如果得不到很好的照顾，其家人和社区就要负责任。这些法律条例不同程度地影响着社会工作教育的发展。同时，民间对社会工作教育的支持也促使了美国社会工作教育的发展。从社会工作的出现来看，慈善机构自发建立起社会工作教育向专业化和科学化转化过程中民间机构的联合探索对社会工作教育推动很大（常建英、刘贞龙，2008）。

在英国，政府也始终是社会服务工作的主要推动者，其社会工作制度的权威基础都是来自政府力量的直接支持，即英国社会工作专业的权威地位是通过政府自上而下推动而获得的。显然，作为一种制度的社会工作专业化进程是受到它的生存环境的影响，特别是社会体制的影响和制约（孙莹，2000）。英国政府对社会工作教育也提供了财政支持，如英格兰的大学毕业生如果想从事儿童社会工作，可以申请加入由政府出资建立的新项目，如果申请成功，申请者可以从政府得到 15000 英镑的资助，用于社会工作的培训及学习，这个项目叫做"走向社会工作"（Step Up Social Work），由幼儿照顾和教育工作者委员会（Children's Workforce Development Council，CWDC）发起，由英国儿童、学校及家庭部（Department for Children, Schools and Families）出资，旨在资助和鼓励英国的优秀本科毕业生从事社会工作研究生课程的学习。该项目对申请者提出的要求是获得二等一级学士学位，并有儿童及家庭社会工作的相关经验，CWDC 将为每位成功的申请者提供 15000 英镑，而资金具体如何使用由各地方政府部门决定。

此外，为了提高社会工作的标准和道德观，英国政府还提出了一系列倡议。

五 三地的比较

从国外和中国的大陆、香港、台湾以及澳门等地社会工作发展对社会稳定都取得了明显的效果，成为可借鉴的经验。发达国家的社会工作是由政府首先发起实践，然后，学校才设置了专业，由于社会工作发挥了解决社会矛盾、稳定社会秩序等作用，因而反过来又得到政府的大力支持。

（一）政府支持与社会工作教育的起步

根据香港和台湾的发展经验，虽然一开始是由于慈善与社会救助事业的发展促使了社会工作的出现与发展，但也得到了政府的大力支持。

香港政府请来外国专家指导社会工作教育的发展，而且，政府大力支持与购买社会工作服务，正是由于政府在财力和教育等方面的大力支持，香港社会工作教育才有了非常良好的发展基础。

在中国台湾，自20世纪70年代末以来，已有13个县（市）试办了"社会工作员制度"。台北市社会局、台湾社会处与高雄市社会局先后成立了"社会工作室"，各自招考与聘任社会工作员，之后，又招考了山地社会工作员和社会工作督导员。同时，在各公、私立医院成立了服务部或社会工作组专门招收社会工作人员。此外，各公立社会事业机构如少年观护所、少年抚育院和儿童福利中心等都聘任受过专业训练的社会工作人员。由于各地方政府大力聘用社会工作人员，对社会工作教育发展起到非常积极的促进作用。而且，当时经过社会工作界的争取，得到了政府的支持。

第四章
社会工作教育与政府部门关系比较

在美国，虽然由于职业化发展导致了社会工作教育的出现，但也得到了政府的大力支持，没有政府财经和政策的支持，社会工作教育专业化就失去了重要的外部保障。尤其是政府对社会工作教育的投资会直接影响社会工作教育步伐的大小。在20世纪80年代，香港政府对社会工作教育投了几笔巨资，加速了社会工作专业人才的培养。美国政府也有过好几次拨款。

大陆社会工作教育发展更是在政府的大力支持下起步的。社会工作教育于20世纪80年代的起步正是得益于政府的大力支持，或者说是由政府运用行政手段推动的。例如，为了支持社会工作专业的发展，民政部在当时向北京大学投资1万元，成为机构与学校联合办学的典型。在教师聘用、野外实习、课题研究和职业培训等领域中，学校与政府机构形成了良好的伙伴关系，这有利于社会工作人才的培养与就业（夏学銮，1996）。政府通过社会福利资源和直接的经费支持，加强社会工作教学与研究，为学生提供实习机会，对社会工作教育起到了非常积极的推动作用。

（二）三地政府：社会工作教育的间接促进者

通过对中国台湾、中国香港以及美国的比较可以看出，政府是社会工作的支持者、使用者和购买者，它是目前中国大陆社会工作专业发展的必要条件。政府在考虑社会工作时，必须注意改变原有的传统看法，社会工作不是行政工作，也不仅是救急救贫的一种临时性补救措施，而是和乐善好施、扶危济贫、开发人的潜能、维护人的尊严和保障社会公平等方面有机结合，把社会工作作为社会可持续、全面发展模式的一个重要组成部分，作为和谐社会建设的一个有效机制。

政府可以借助购买服务，依托旧有行政性力量，提高市场化需求推动社会工作职业化、市场化进程。从中国大陆的情况看，要使某类人员得到大面积使用，采取自上而下的行政手段进行岗位人员配备是必要的。如先在一些社会工作属性较为明确的机构中设置社会工作职业岗位，在社区、养老院、监狱、医院、学校以及公益性社团组织中，明确哪些岗位是专业社会工作岗位，以后还可以扩大到国有企业和非国有企业中，让"社会工作"参与企业诸如劳资关系、员工福利和员工教育培训等方面的人事管理工作，用社会工作的理念参与企业管理（罗竖元，李萍，2010）。政府对社会工作职业化的支持与规划就是对社会工作教育最大的帮助，社会工作职业化的繁荣与发展必然会促进社会工作教育的健康发展。值得一提的是，近年来地方政府购买社会工作服务的现象逐渐增加，尤其是东部沿海发达地区，已有一些城市进行购买社会工作服务的试点，并以家庭综合服务中心的形式进行了初步的尝试，试点之后即全面推开，这不仅解决了社会工作发展资金匮乏的最大难题，也拓宽了社会工作人才的就业市场，使得社会工作向职业化迈出了坚实的一步，对社会工作专业教育发展也有积极的推动作用。但是，这种以政府政策为蓝图的发展模式究竟如何影响社会工作教育发展的路径，政府支持会不会使得社会工作职业和社会工作教育成为配合政府政策推行的机制？这些都是需要值得深思的。

（三）政府政策与理论导向：社会工作教育发展的重要动力

政府政策的制定可以为社会工作教育提供方向支持，教育机构只有在处理和运用好政府政策的基础上，才能获得迅速发展，在中国大陆尤其如此。政府对社会工作教育的政策导向是各个学校研究领域和社会教育发展的最低基线，认证标准则是解读"教育政策"导向的具体表现，它能确保学校认识到政府政策是"必须"的，并且确认一个课程是否有能力符合认证标准。因此，在香港和台湾，政府不仅直接购买社会工作服务，而且，还通过政策导向与法制建设等途径进一步规范社会工作教育的发展，以保

第四章
社会工作教育与政府部门关系比较

障社会工作人员的合法权益。如香港立法局通过《社会工作注册条例》，规定每一个社会工作职位的人都要受过社会工作专业培训，这一政策极大地影响了社会工作教育的发展，中国台湾"立法院"1997年通过的《社会工作师法》，也具有类似的导向作用和影响。

在美国，一些政策法律，如精神健康的条例规定，精神病人要受到很好的照顾，如果得不到良好照顾，其家人与团体就要负责任，政府的一些条例在不同层面影响了社会工作教育的发展。政府制定的社会工作教育政策认为评估是"能力为本"教育的不可分割的重要组成部分，一套系统性的评估是教育系统的核心，从评估中得到的数据将促使课程设置得到显性和隐性的变化，进而提高课程达标的能力。

例如，美国CSWE教育政策的核心理念和认证标准，一是课程必须具有能力本位，重点是有能力"做"社会工作。而且能力是一种可以量度的实践行为，具体的能力集合了知识、价值观念和技能，学生通过实习去证明自身能力的集合；二是批判性思维是所有学习的关键组成部分，批判性思维并不是凡事批判和对抗，而是凡事问为什么；三是外地实习是能力本位教育的核心；四是学生必须修读显性课程；五是隐性课程是指在学院范围内建立的教育环境。CSWE教育政策和认证标准确定了10个方面的能力：作为一个社会工作者要据此采取行动；在实践中应用社会工作的道德操守；在做决定时应采用批判性思维；在实践中能容纳多样性和差异性；促进人权、社会和经济正义；从事信息研究与实践；在社会环境中应用人类行为学的知识；参与政策的实践，推动社会和经济福祉；对现状做出回应并加强实践；对个人、家庭、群体和小区做出分析评估并适当介入。

中国大陆社会工作教育的发展也同样受到政府政策导向的影响。1999年，政府开始推行教育产业化，高校开始增设新专业，社会工作在此背景下兴起。后来，政府出台了一系列教育政策、社会福利政策和社会工作政策，在此背景下社会工作教育形成了"大跃进"局面，充分反映出政策引导对社会工作教育发展的积极推动作用。虽然政府也出台了一些政策文件，但还没有上升到法制层次。目前，中国大陆社会工作教育仍然处于起步阶段，教育资源缺乏，更需要争取政府在福利政策、人事制度、就业岗位和财政政策等方面的制度性支持（马亚静，2007）。从当前大陆的实际情况来看，《社会工作者国家职业标准》的实施需要各相关部门的共识，需要促成相关部门共同签署文件推动社会工作职业化。政府应出台相应的法律、政策来确定社会工作者的职业领域、职业地位和职业标准，为这项工作的开展提供权威性的基础。同时在相关法律基础之上，有关部门还要根据具体情况制定出可操作的实施细则（罗竖元、李萍，2010）。政府有关部门要加强人事制度改革，注重岗位设置的调整，解决相应的编制和待遇等问题，使社会工作者能够进入相应领域（李绍伟、于海平，2008）。总之，通过政府的政策支持，提高社会对社会工作地位和作用的认识。在社会工作职业化取得政府和社会的广泛认同后，社会工作教育发展才会有深厚的职业土壤。

（四）社会工作纳入社会福利体系与社会工作教育的发展

无论是美国，还是中国的台湾和香港，政府都是社会工作服务购买的主要对象，甚至占据主导地位。因此，对于中国大陆来说，在社会发育不够成熟的情况下，政府更应成为社会工作服务的主要购买者。政府应当重新设计现有的社会福利框架体系，要从发展社会福利事业的角度设置新的社会工作职业岗位，扶持社会工作专业和社会福利专业，下决心实行社会福利工作的准入制度，进而将社会工作教育纳入社会福利工作体系，推动社会工作专业教育的发展。

第四章 社会工作教育与政府部门关系比较

政府要根据社会福利体系的要求,在社区建立福利工作员制度,规定必须有大专以上社会工作和社会福利专业文凭的人才能成为社会工作者或社会福利工作者,这样不仅可以促进与社会福利相关专业的发展,还能提升社区福利工作的质量。政府必须重新思考和定位自身在社会福利提供方面的责任范围,弱化自身在福利服务方面的具体操作职能,强化对福利服务的宏观规划和监管职能。同时,发展和培养非政府组织,让非政府组织承担更多的具体的微观层面的社会福利服务功能,尽快培育一个良好的社会工作专业的人才消费市场(郑蓉,2010)。

(五) 体制剥离对社会工作教育的促进

在台湾,福利意识形态对社会政策的影响不可忽视,福利多元主义一直是台湾社会讨论的主题。虽然在20世纪90年代已经出现了福利私有化,以及提出福利小区化政策及实验方案,但这一福利政策一直未能全面实施。而且,在福利意识形态上,国民党与民进党存在着明显差异。国民党一直以来比较重视家庭功能,强调对弱势群体提供必要的照顾,政府不应取代家庭角色,属于典型的补救式社会福利政策。民进党则重视政府角色并主张推开普遍性津贴政策,属于"国家福利型"政策。虽然,政党政治的差异可能会造成社会福利政策的不同,也会间接影响社会工作教育的发展。但是台湾社会工作职业化的基础就在于"政社分离",政党虽然政见不同,但政府并没有包办社会事务,而是通过购买社会服务将社会事务交给社会团体来举办,中国香港和美国也是类似情形。

中国大陆目前在社会福利服务领域存在着"以政代社"、"政社不分"、资源浪费和效率低下等问题,党政机关及其延伸机构包揽了大部分传统的社会工作,政府替代社会,民政代位民治,专业社会工作者的实践空间有限,社会工作职业化、专业化与旧的体制、观念和工作方法之间的矛盾,反映出大陆的社会工作事业还不适应经济与社会发展的要求（史柏年，2004）。因此，政府的旧有体制也是社会工作专业社会认同度低的原因之一。民政、公安、司法和社会保障等部门全是公务员编制，妇联、共青团基本也是公务员编制，在当前国家机构人员精简的情况下，进入公务员系统有相当大的困难，政府基层组织、街道和区一级没有引进社会工作专业人才的机制（石松平，2005）。

因此，转变的关键是政府从具体的社会事务中淡化出来，权力下放，让社会工作各个职能部门、社会团体担当起自身应负的责任，做到权责明确。同时，政府机构还让渡一些监管权力给行业协会，利用行业协会对整个行业进行引导与规范，使行业协会具有对从业人员和业内机构的注册权、监管权和考核权，以促进行业的规范化和正规化（罗竖元，李萍，2010）。只有政府实现了体制剥离，政治和社会分开，社会工作职业才有生存和发展的空间，社会工作教育也才有了真正的发展动力。

第二节 政府对社会工作职业化与专业化的影响比较

社会工作教育的发展一般都是建立在社会工作职业发展的基础上，社会工作既是一种专业，也是一种职业，专业教育必须与职业规划有机结合，与社会需求的岗位开发紧密联系。专业化和职业化始终是制约中国社会工作教育发展的两个瓶颈问题，所谓社会工作职业化是指社会工作被社会认定为是一种职业，其工作任务日益专业化，并被接纳为现代社会分工体系的一个组成部分。社会工作专业化、职业化和社会工作教育是相辅相成的关系，专业教育质量高，学生专业能力强，职业化进程的推进速度相对就快。而职业化制度体系的建构又会促使社会工作教育的专业化和规范化发展，从而真正推进专业教育质量的提升（张曙，

2007)。专业化概念本身就强调专业知识在特定社会领域的应用,所以社会工作职业化特征的核心和根本是社会工作教育体系的建构及其在大学和学院中的教育基础,在中国的社会文化背景下,对于社会工作职业化的成熟、完善以及其职能的发挥,专业化仍然是不可或缺的重要推动力。一种职业的形成不仅要求有大量的人员致力于获取和改进其专业知识,而且还在于把这些知识按照伦理道德规范进行实践应用以增加个人的福利和维持社会秩序。因此,社会工作职业本身就是建立在大量社会工作专业知识基础上的实践体系,在实践中社会工作专业知识得到不断扩展和完善,并被应用到最广泛的人类和社会问题的解决之中。

一 大陆政府对社会工作职业化与专业化的影响

(一)职业化的过程

当前,中国的社会工作学科建设与社会工作教育发展进入了新的阶段,具体表现在以下三个方面(见表4-4)。

表4-4 中国大陆社会工作职业化历程

年 份	主要内容
2003	上海第一次以政府文件确立了"社会工作者"职业名称和职业形象
2004	"社会工作者"被正式认定为新职业
2006	专业技术人员职业资格证书考试制度,社会工作者职业水平评价制度的正式建立
2008	首次举行全国性的社会工作师职业水平考试

1. 上海第一次以政府文件确立了"社会工作者"职业名称和职业形象

2003年3月16日,上海市人事局和民政局联合发布《上海市社会工作者职业资格认证暂行办法》,率先实施社会工作专业职业资质认定和岗位准入制度,把社会帮扶(救助)、社会福利、社会矫治、心理疏导、婚姻介绍和殡葬服务等行业纳入社会工作专业化序列，并根据《上海市社会工作者职业资格认证暂行办法》通过考试取得从业资格。2003年11月22日，5586名考生首次走进了上海社会工作职业资格考试的考场；到2005年，通过上海社会工作职业资格考试的人数只有1462人，考试合格率仅为19%。上海市政府关于社会工作职业化在全国先行一步，初步建立起社会工作的职业资格认证制度和注册管理制度，打造"专业社会工作"这一全新行业。

2. "社会工作者"被正式认定为新职业

随着改革开放的不断深入，传统的计划经济正逐渐被市场经济所取代，大量的"单位人"向"社会人"、"社区人"转变。同时，"单位"剥离的社会职能，大部分转移到由城市社区承担。在社会转型的过程中，社区已成为解决社会问题的"托盘"。因此，需要大量的专业社会工作者。在这种形势下，2004年7月1日，劳动和社会保障部颁布了第九批国家职业标准，其中包括了《社会工作者国家职业标准》，"社会工作者"首次被载入中国职业标准目录，被正式认定为中国大陆的新职业（李迎生，2008）。这个曾经在中国有实无名的行业，终于获得政府认可，正式成为一门新职业，走上了专业化、职业化的发展道路（汪慧，2007）。

3. 社会工作者职业水平评价制度正式建立，是中国大陆社会工作职业化发展史上具有里程碑意义的大事

2006年7月20日，人事部、民政部联合颁发的《社会工作者职业水平评价暂行规定》（简称《规定》）和《助理社会工作师、社会工作师职业水平考试实施办法》（简称《考试实施办法》），将社会工作纳入全国专业技术人员职业资格证书制度进行统一管理，这从制度上解决了社会工作者的职业地位问题，标志着中国大陆社会工作者职业水平评价制度正式建立。根据《规定》和《考试实施办法》中"取得高中或者中专学历并取得助理社会工作师职业水平证书后，从事社会工作满6年。取得社会工

作专业大专学历，从事社会工作满 4 年，取得社会工作专业大学本科学历，从事社会工作满 3 年"才能参加社会工作师考试（张瑞凯，2008）。

2008 年 6 月，人事部、民政部联合下发通知，进行首次全国性的社会工作师职业水平考试。8 月诞生了首批社会工作者，有 20086 人取得助理社会工作职业水平证书，4105 人取得社会工作师职业水平证书，这是中国大陆社会工作职业化的开端。据悉 600 万人口的香港拥有 2 万名专业社会工作人员，1800 万人口的上海却只有约 3000 名专业社会工作人员。目前大陆的社会工作者数量是远远不够的，对社会工作的专业能力和技术要求也急需开发。因此，中国大陆需要探索一条适合本国国情的社会工作专业化和职业化的道路（钱会娟、袁长蓉，2009）。

（二）职业化与专业教育的关系

1. 职业资格考试对专业教育的影响

2008 年 6 月，社会工作职业资格考试开始，社会工作职业化迎来了春天，对学生学习动力有着深远影响。调查结果显示，[1] 82.9% 的学生"愿意"参加社会工作职业资格考试，6% 的学生"不愿意"参加社会工作职业资格考试（见表 4 - 5）；66.4% 的学生认为社会工作职业资格考试能提升对本专业学习的动力，只有 4.6% 的学生认为社会工作职业资格考试不能提升对本专业学习的动力。

---

[1] 本节的数据除非有特殊说明，其余的所有数据都来自 2009 年 1 月份的调查（见附录二），本研究对 G 市设有社会工作专业的 5 所高校进行分层抽样调查研究，采取随机抽样的方式对社会工作专业的大二、大三、大四学生进行问卷调查。鉴于社会工作专业的学生只有在大二才开始接触专业实习，对社会工作专业的学习由浅入深，他们对专业的看法有明确的观点。因此，本研究选取大二以上的学生为研究对象，以性别、年级、学校作为分层指标，对 G 地区 5 所高校社会工作学生随机发放了问卷 300 份，回收 280 份，其中有效问卷 252 份，回收率为 93.3%，有效率为 90.0%。感谢王碧愈在问卷设计与调查等方面的帮助。

表4-5 社会工作本科生参加职业考试意愿表

单位：人,%

选 项	人 数	比 例	有效比例	累计百分比
十分愿意	95	43.8	43.8	43.8
比较愿意	85	39.2	39.2	82.9
一 般	24	11.1	11.1	94.0
不太愿意	6	2.8	2.8	96.8
不 愿意	7	3.2	3.2	100.0
总 计	217	100.0	100.0	

注：本次调查数据来自2009年1月份的调查（见附录二）。

社会工作职业资格考试的出现，说明社会工作专业教育日益迈向专业化和职业化结合的道路，有利于学生学习动力的提高和学习质量的上升。但社会工作职业化是一个过程，职业资格的颁布只是一个起点，它还没有从根本上改变我国社会工作的现状，只是社会工作教育发展的一个契机，社会工作职业化的道路仍然较为漫长，尤其要防止"泡沫效应"。可以预测，在未来几年时期内，中国社会工作教育将进入一个辉煌的发展期，各种培训、注册、考核和奖惩措施将逐步出现，专业的社会工作本科、研究生教育和培训也将在全国展开。但我们应慎重分析当前社会工作教育发展的空间，不应只是根据社会发展的一般性估计来做出判断，以防止社会工作教育发展中出现"泡沫效应"（张瑾，2007）。目前，社会工作专业制度虽然已经逐渐向法制化迈进，但如何在专业课程设计与实务应用上，缩短与西方发达国家甚至与中国香港和台湾的差距，也是面临的一大挑战。

2. 专业价值与职业期望

值得注意的是，就职业价值观而言，调查表明：人们越来越倾向于经济利益。这种指向的变化影响着当代学生的择业标准，从而影响着他们的就业意愿。本次调查中发现，绝大部分学生都侧重于发展兴趣爱好和享受高水平的物质生活，学生的个人职业期望与社会工作职业要求和专业价值出现了不同程度的差异,其中57.5%的学生认为"有差异,但可以接受";30.6%的学生认为"差异较大,存在一定心理落差";6%的学生甚至认为"与期望完全不同"(见表4-6)。

表4-6 社会工作职业要求与个人职业期望差异情况

单位:人,%

选项	人数	百分比	有效百分比	累积百分比
差异不大,与期望基本相同	15	6.0	6.0	6.0
有差异,但可以接受	145	57.5	57.5	63.5
差异较大,存在一定心理落差	77	30.6	30.6	94.0
与期望完全不同	15	6.0	6.0	100.0
合计	252	100.0	100.0	

社会工作职业要求与个人职业期望的差异体现出本科生从事社会工作意愿不太强烈。除了专业价值认同对学生就业意愿产生影响之外,专业的社会认同度也会影响学生的价值观和就业意愿。在调查学生对社会工作社会地位的认同情况时,超过一半的学生都表示社会工作的社会地位"一般"或者"不太高"。他们还表示社会对社会工作的认同程度会影响其对社会工作的认同。在社会认同与专业认同度的关系研究中发现,学生普遍认为专业的社会认同度对专业认同会产生"一定"的影响,仅有一小部分学生表示他们的专业认同不会受社会认同的影响。专业认同影响了学生从事社会工作的意愿,他们对专业的认同是因为社会认同度不高而降低,进而减弱了从事社会工作的意愿。

3. 社会工作学生的职业认同

一个专业走向职业化,至少有职业资格认定制度,设置职业岗位、职业薪酬体系、培训制度和职业人员的管理机构5个方面的内容。但从中国大陆社会工作职业发展的情况来看,这5个方面的内容显然还不够完善,而且一个专业走向职业化道路也意味着学生毕业后就业有所保障,然而中国大陆社会工作职业化道路仍然需要相当长一段时间,社会工作职业化程度低的现象会削减了学生对专业发展的信心,同时也会降低对专业的认同。

在调查学生对社会工作专业价值理念和专业性质等看法时,绝大多数都持肯定的态度,但个人职业倾向与专业价值方面出现冲突,则会降低从事社会工作的意愿。在调查"助人自助是社会工作的理念"时,95.2%的学生都持同意态度,在调查关于社会工作职业的性质时,94.1%的学生赞同"社会工作是一种服务性的职业",92.1%的学生赞同"社会工作是一种专业性的职业",94.1%的学生赞同"社会工作是一种新型的职业",74.8%的学生赞同"社会工作必须有责任心、同情心和爱心"的说法,有44.4%的学生否定"社会工作专业价值被社会各界认同"的说法。可以看出,社会工作专业的社会认同度较低,学生缺乏职业荣誉感(见表4-7)。

表4-7 对有关社会工作说法的认同情况

单位:人,%

选 项	很同意		比较同意		一 般		不太同意		不同意	
	人数	比例	人数	比例	人数	比例	人数	比例	人数	比例
助人自助是社会工作的理念	156	61.9	84	33.3	12	4.8	0	0	0	0
社会工作是一种服务性的职业	134	53.2	103	40.9	14	5.6	1	0.4	0	0
社会工作是一种专业性的职业	141	56.0	91	36.1	17	6.7	3	1.2	0	0
社会工作是一种新型的职业	140	55.6	97	38.5	14	5.6	1	0.4	0	0
社会工作专业价值被社会各界认同	1	0.4	17	6.7	122	48.4	87	34.5	25	9.9
社会工作必须有责任心、同情心和爱心	39	15.5	149	59.1	59	23.4	5	2.0	0	0

在西方，社会工作是一个获得广泛社会认同并受人尊重的职业，但是中国大陆尚处于起步阶段，许多人连社会工作为何物都不清楚，更不用说对社会工作专业特质的了解。尽管学生对专业价值理念和专业性质比较认同，但由于社会工作还没有被普通大众所认同，他们在择业过程中有时会考虑放弃本专业而去从事其他行业。

4."有专业无岗位"或"有岗位无职业序列"

根据国外社会工作教育的经验，社会工作有两个市场，二是公共市场，一是私人市场。公共市场主要吸纳社会工作专业学生在各级政府部门和公共服务部门就职，这是社会工作者就业的主渠道。私人市场包括社会工作者在非政府组织就业或自己创业，这是社会工作者就业的重要平台。一直以来，在中国各地不断发生的社会工作学生因就业难而改行的现象，所反映的一个基本事实是社会工作的这两个市场在中国都没有培育出来（夏学銮，2009）。

按照社会工作专业培养计划和目标，毕业生在选择对口就业时具体去向可以分为五类：一是公务员岗位系统，主要指民政、劳动和社会保障、教育、司法、卫生和公安等职能部门从事社会政策制定和执行等岗位；二是社会福利或社会保障类事业单位相关岗位；三是与社会保障或社会福利相关的社会团体和民间组织；四是社区居委会、街道办事处的工作岗位；五是近年来各种新成立的公益性非营利组织及政府购买的岗位服务。从理论上讲，中国大陆社会工作就业领域是很广阔的。但实际上，由于这些部门实行公务员编制，再加上行政机构改革、人员精减，导致专业社会工作人员很难进入政府体制内，即使有少量的用人名额也会被少数名牌大学的毕业生所垄断。

根据"中国城市居民职业声望表"的统计表明，社区服务人员的职业声望排在饭店厨师、出租车司机、邮递员和公交车司机的后面，略高于殡仪馆职工、商店售货员、保姆和建筑业民工等（汪慧，2007）。由于没有社会工作这一职业编制和职称系列，社会上了解社会工作专业的人很少，许多企业和单位都不愿意招聘这个专业的毕业生，使学生有就业压力，造成了"招生难、就业难"的客观事实。虽然教育有引导作用，有超前性，但最终不能脱离行业对教育的现实要求（张瑾，2007）。

　　社会工作这一新兴专业，目前在中国大陆作为一门职业受到社会的"冷落"，就业市场对社会工作的认同度低下，甚至有的学校毕业生专业对口率为零，很多毕业生选择报考公务员或其他专业的研究生。与此相应的是：一方面全国各大中城市从事协助青少年教育、妇女工作、残疾人康复辅导、心理咨询及社区服务等工作的社会工作从业者，大多数不具备相关专业素养和业务技能；另一方面社会工作者职业资格认证在中国大陆处于起步阶段，真正通过国家或地方统一组织的资格认证考试，并获得从业资格证书的人员寥寥无几。同时，中国大陆社会工作者的职业声望、社会地位和薪资报酬始终处于较低水平，这一现状也使一部分有志于从事社会工作的社会工作毕业生望而却步。而社会工作专业毕业生最大的雇主——政府却将工作机会给了工会、共青团和妇联等群团组织，以及民政和社会保障等部门的公务员。社会发展虽然急需大量的专业社会工作者，但社会工作专业毕业生的对口就业率并不高，专业化走在了职业化的前面，就业市场对社会工作的认同度低下，这是当前中国大陆社会工作专业毕业生面临的尴尬现状。

　　调查结果，63.69%的学生表示本专业的毕业生就业情况"不太理想"，21.43%的学生认为"不理想"。另外，大部分学生都表示对口单位、招募社会工作的信息及企事业单位对社会工作人才的需求量都"比较少"，甚至"很少"（见表4－8）。

第四章 社会工作教育与政府部门关系比较

表 4-8 社会工作就业形势

单位：人，%

选项	社会上与本专业对口的单位 人数	比例	媒体、招聘会和其他渠道上招募社会工作者的信息 人数	比例	企事业单位对社会工作人才的需求量 人数	比例
一般	83	24.70	48	14.29	47	13.99
比较少	175	52.08	121	36.01	107	31.85
很少	78	23.21	167	49.70	182	54.17

研究发现，社会工作本科生对本专业出路持怀疑态度，他们普遍认为社会上与本专业对口的单位、各种渠道招募社会工作人员的信息和用人单位对本专业人才的需求量"比较少"或"很少"，而且职位待遇也不太好，导致了社会工作本科生对专业出路的认同普遍偏低，从事社会工作的意愿也随之减弱，社会工作本科生对专业出路的认同与从事社会工作的就业意愿呈现出正相关性。

目前中国社会工作机构比较匮乏，虽然报道说经济的发展需要大量的社会工作者，可是能够提供的社会工作岗位还是很少，每年大批的社会工作毕业生从不同地区蜂拥而至广东、上海等东部发达城市，可是对口的社会工作岗位相对不足，出现了社会工作人才供过于求的现象。中国大陆实行社会工作试点的城市不多，全国各地的社会工作毕业生同时涌向这些城市，例如深圳、东莞和广州等城市，竞争更为激烈。目前深圳市是社会工作的试点城市，但深圳招聘社会工作人员的机构数量仍然有限。面对严峻的就业形势，社会工作学生对社会工作行业充满迷茫，迫于生计很多社会工作专业毕业的学生都不得不半路转行，另谋生路。

近几年来，高校系统社会工作专业呈现出蓬勃发展的现象，不断有学校开设社会工作专业，但毕业生就业情况并不乐观，在人才市场上找不到自己的位置。由于缺乏对口就业岗位，或已有的就业岗位也没有相关的职称序列和职业保障制度等原因，每年都有大批社会工作专业毕业生找不到对口的专业和岗位。这种"有岗位无职业序列"的状况极大地挫伤了社会工作专业学生学习的积极性，严重地制约了社会工作专业队伍的培养和壮大（戚欣，2007）。如果不能很好地解决职业问题，无疑会造成人才浪费和学非所用，导致人们对社会工作专业信心不足。

5. 本科教育介入社会服务领域定位模糊

相对而言，民政系统的社会工作教育定位比较清晰，培养目标具有明确的职业针对性，学生毕业后就可以直接上岗工作，教育职业化取向促进民政系统的社会工作职业化。而本科阶段的社会工作教育由于受到传统教育理念的影响，即注重综合素质和研究能力的培养，重视理论知识的灌输而轻视必要的职业能力训练，重视以"以个体服务为重"的微观理论和实务教育，而忽视宏观层面的介入教育与研究，与现阶段以发展性、宏观性社会工作的未来取向相背离（熊跃根，2005）。

在当今严峻的就业形势下，除了东部一些城市和地区的社会工作专业学生就业形势相对宽松之外。其他城市的社会工作毕业生迫于谋生，他们很多都放弃了从事社会工作行业而改做其他行业。2009年有部分社会工作专业的学生为了提升自我或为了暂时避开"金融风暴"所带来的就业寒冬而选择了考研深造。在调查社会工作学生的择业因素时发现，社会工作学生在择业过程中比较重视行业的发展空间、福利待遇、社会对专业的认同、个人性格和兴趣爱好等方面的因素，这些影响着其从事社会工作的意愿。调查数据显示，社会工作专业的学生在择业过程中，社会对行业的认同、行业的发展空间、福利待遇和兴趣爱好等因素将是选择这一职业的基本考虑因素（见表4-9）。

表4-9　各种因素对择业的影响

单位：人,%

选项	非常重视 人数	非常重视 比例	比较重视 人数	比较重视 比例	一般 人数	一般 比例	不太重视 人数	不太重视 比例	不重视 人数	不重视 比例
社会对专业的认同	161	63.9	65	25.8	21	8.3	5	2.0	0	0
行业发展空间	186	73.8	50	19.8	14	5.6	2	0.8	0	0
专业对口	26	10.3	98	38.9	77	30.6	41	16.3	10	4.0
福利待遇	169	67.1	71	28.2	11	4.4	1	0.4	0	0
自我价值实现	51	20.2	84	33.3	104	41.3	13	5.2	0	0

当前中国大陆社会工作仍然处于初步发展阶段，社会工作教育和社会工作职业都不成熟，社会工作教育发展遇到困难也在所难免的，但是这些因素的存在使社会工作专业的学生有了更多的担忧，他们对社会工作职业前景抱有不太乐观的态度。因而在择业时，也不太愿意从事社会工作行业。在询问毕业后是否愿意从事社会工作职业时，有36.9%的学生选择"不太愿意"，31.7%的学生选择"一般"，7.5%的学生选择"很不愿意"，只有23.8%的学生选择"愿意"从事社会工作职业（见表4-10）。

表4-10　社会工作专业学生对社会工作就业意向

单位：人,%

选项	人数	百分比	有效百分比	累积百分比
很愿意	10	4.0	4.0	4.0
比较愿意	50	19.8	19.8	23.8
一般	80	31.7	31.7	55.6
不太愿意	93	36.9	36.9	92.5
很不愿意	19	7.5	7.5	100.0
合计	252	100.0	100.0	

在对就业过程中可能遇到的困难和问题进行调查时，大部分学生认为在就业过程中遇到的问题有：社会工作专业的社会认同度不高、专门人才供大于求、社会工作机构提供的岗位总量少、

社会工作福利待遇过低和社会工作作者实际操作技能匮乏等。还有一些学生认为在就业过程中遇到社会工作机构少、分布不均、用人单位聘用过于挑剔、就业信息机制不健全、信息渠道不畅通以及信息不充分等，还有政府、学校、用人单位及学生之间相互沟通和了解不够等问题。

6. 社会工作专业教学缺乏职业性："半专业性社会工作"

第一，从教师的角度来看，社会工作教师普遍缺乏职业经验，造成个案工作、小组工作、社区工作等操作性、实务性比较强的学科在教学过程中只能照本宣科，教师无法传递给学生职业经验，从而使教学质量大打折扣，社会工作教育落后于社会工作的实际与需求。

第二，教育过程缺乏职业性。无论是综合大学、工科大学还是高职院校开设的社会工作专业职业性都不强，对学生的实务工作能力培养不到位，职业训练和专业技能的培养内容浮浅，深入社会的实际训练方面做得更差，致使学生在具体操作上很难做到位，职业技能自然也就无法养成。诚如国内学者所指出的那样：社会工作需要的是懂得社会福利政策、懂得对政策的具体实施与推动、懂得基层社会管理、懂得怎样调动及运用社会资源、懂得怎样组织活动的综合型、管理型、实务型、操作型的人才，而现有的课程却无法满足这样的要求（黄春梅，2009）。

第三，游离于福利体制之外的一种学术活动。中国社会工作专业的发展一直表现为以社会工作教育者为核心的学术界的强力推动，而这种推动对中国社会福利制度的影响十分有限，社会工作专业并没有成为社会福利体制内提供服务的主要专业。或者说由于中国社会福利体制基本上没有认清运用专业人力资源提供专业服务的重要性，从而导致社会工作专业成为游离于福利体制之外的一种学术活动，并非是实务性和职业性的活动（孙莹，2000）。

第四，应用学科不能应用。这是目前社会工作职业化教育中的重大弊端，由于学者和教育工作者缺乏职业经验，相当一部分学者往往只注重理论研究，使社会工作实务教育脱离社会实际，对学生的实务工作能力培养不到位，导致应用学科不能应用于社会。在职业化的背景下，社会工作教育如何应对职业化的要求和挑战以适应并解决中国的社会问题，如何在有理论偏好的中国高等教育体系中培养动手能力强的应用型人才，这是社会工作教育需要面对和解决的问题。当前社会工作教育并不是从职业发展的角度提出人才规格需求来定位学校的专业教育体系。因此，不可避免地造成了专业教育发展和社会职业成熟程度之间的脱离甚至背离（黄春梅，2009）。

对专业教学认同与就业意愿关系进行调查时，教学认同主要侧重于对专业教学模式、专业教材、专业师资队伍和具体专业知识等方面，调查发现，学生普遍认为当前社会工作专业教学主要还是采用传统教学模式，有237人选择传统模式，占总数的94.0%；选择实践教学的占4.8%；选择小组教学的仅占0.8%；选择个案教学的占0.8%（见表4-11）。

表4-11 专业教学模式、专业教材的认同观点

单位：人，%

	选项	人数	有效百分比
教学模式	传统模式	237	94.0
	小组教学	2	0.8
	实践教学	12	4.8
	以上三种都有	1	0.4
	合计	252	100
专业教材	理论性强	122	45.4
	知识面狭窄	8	3.2
	实用性强	36	14.3
	内容枯燥	86	34.1
	合计	252	100

数据显示，当前高校社会工作教学模式普遍以传统教学模式为主，专业实践教学为辅。在对专业教材看法的调查中，被调查者中有48.4%的人认为社会工作专业教材理论性强，34.1%的学生认为教材内容枯燥，14.3%的学生认为实用性强，3.2%的学生认为教材知识面狭窄。学生对专业教学模式和专业教材的满意度不高，这也影响了其对专业学习的兴趣，甚至对专业教学产生一些反感和抗拒，导致他们从事社会工作的意愿也大为减弱。

目前从事社会工作的人员大多集中在民政、劳动、人事、卫生、工会、共青团和妇联等部门和群众团体之中，这些人本来数量不多，尽管学历层次并不低，但是受专业社会工作教育的人很少，他们多数是一半时间做行政工作，一半时间做社会工作，无法全身心投入社会工作。造成了中国社会工作现阶段尴尬的状态，即从事实际社会工作的人员几乎都没有接受过社会工作专业训练，而接受过社会工作专业教育的大中专学生有很多人没有进入到社会工作领域，这一矛盾制约着中国大陆社会工作职业化与专业化的发展（向德平，2008）。而且，实际从事社会工作的人员由于没有正式的"社会工作"职业规范，因而得不到相应的专业培训（包括待遇），工作都停留在传统模式和方法上，水平和质量难以提高。因此，王思斌教授把这一特点概括为由政府负责的、非专业化的"社会工作教育"。

二 香港政府对社会工作职业化与专业化的影响

香港早在1947年就成立了"社会工作人员协会"，这是一个专业社会工作者组织，它的成立促进了香港社会工作的发展与职业化。20世纪70年代，在社会福利急速发展的同时，香港社会工作专业化、职业化也进入了快速发展时期。1972年，香港正式提出社会工作岗位严格的入职要求，规定凡从事社会服务的人员必须接受社会工作专业训练。1997年，《社会工作者注册条例》

获立法局通过，香港开始正式实行社会工作者注册制度（李迎生，2008）。在香港，专门职业的证照制度通常分为三种方式（见表4-12）。一是授证方式，审核单位、专业公会或者政府机构对于从事某种专业者审核专业智能与专业技能，如果合格再给予授证及准予使用"专业头衔"。二是执照方式，执照的申请及颁布是政府机关，领取专业执照者才可以从事法定的专业服务；没有领取执照者就不能从事专业的业务活动，否则政府部门可以依法取缔。三是登记方式，专业工作者只要符合某些基本资格即可向特定机关登记，通常有志愿登记及强制登记两种方式。

表4-12 香港社会工作职业证照制度内容及特点

职业证照	主要机构	检查内容	特点比较
授证方式	审核单位，专业公会或政府机构	专业智能与专业技能	次要的授证方式，较普遍采用，保证专业性
执照方式	政府机关	有专业执照者才可以从事专业的业务服务	最为严格，较普遍采用，保证专业性
登记方式	特定机关登记	符合某些基本资格；志愿登记及强制登记	最弱的方式

这三种取得职业证照的方式，以执照方式最为严格，其次是授证方式，最弱的是登记方式。大部分社会工作专业都采用执照方式或者授证方式，以促进和提高其专业地位（王卓圣，2004）。社会工作者注册局根据1997年6月6日生效的《社会工作者注册条例》（简称《条例》），于1998年1月16日成立，注册局财政独立，其权限受《条例》严格规定，《条例》制定旨在通过监管机制，监察社会工作者的素质，最终达到保障服务使用者及公众的利益。根据《条例》规定，任何没有名列在册的人士无权使用"社会工作者"的头衔或其他相关的称谓。社会工作者注册局由15名成员组成，其中8名由注册社会工作

人员担任、6 名由特区行政长官委任，另外 1 名是社会福利署署长或其代表，每届成员任期为年。《条例》规定，所有注册局成员不会因为该职务而获得酬金，他们都是以义务形式服务注册局。

截至 2006 年 3 月，香港注册社会工作人员已经达到 12354 人，占香港 700 万人口的 0.18%。香港地区的社会工作职业化起步早，注册制度健全，经验成熟，为中国大陆社会工作职业化提供了重要的参考和借鉴（李迎生，2008）。

三 台湾当局对社会工作职业化与专业化的影响

1.《社会工作师法》立法过程

由于日益重视个人社会权益的获得与保障，因此，台湾社会各界除了更加关注各种社会福利议题，积极参与社会发展之外，非营利组织也得到快速发展。服务与社会资源的竞争日益加剧，不但促进了专业服务领域分化、专业服务知识体系和专业伦理与技术的进一步发展，同时也加速了社会工作师专业证照立法和证照考试等专业服务体制的建立（黄慧娟，2004）。社会工作师的证照立法运动源于社会工作"学界"与"基层"的期待而汇合成立法力量，虽然在 20 世纪 70 年代就有社会工作学者呼吁应该研究制定证照法规来保障社会工作专业，但证照立法的动力直到 80 年代末的政府关于社会工作人员"纳编"问题受到挫折之后，才积极思考通过证照法来保护专业。

在 20 世纪 80 年代末，由于社会工作员"纳编"问题遭遇挫折，社会工作界开始反思，希望通过社会工作证照立法来建构社会工作专业。于是，1991 年"台湾社会工作专业人员协会"和"中华民国医务社会工作协会"联合推出第一个《社会工作师法》草案，1993 年又出现《社会工作专业人员法》的立法草拟版本，

第四章
社会工作教育与政府部门关系比较

它结合了证照制度与任用条例,这表明即使在推动证照立法的过程中,"纳编"问题仍然是持续受到密切关注的议题或者是社会工作实务界的普遍期待。因此,虽然是劳动条件的问题,但是在立法过程中社会工作界不断强调的是"社会工作专业"与"案主利益"之间的关联性问题。

1995年台湾社会工作专业人员协会举行"谁来保障受服务者的权益?——福利法规、硬件设施与人民权益可以画上等号吗?"的公听会,公听会强调了社会工作只有硬件的福利是不行的,更需要"专业社会工作的人力服务"来维护和保障受服务者的权益,把接受服务者扩大为全部案主及社会大众,希望将《社会工作师法》立法的目的扩大到全体社会福祉并加强公益的意涵,同时低调处理了《社会工作师法》本身的"私心"性质。此外,还联络记者发出新闻稿,选择争议性或冲突性议题接受记者访问,如志愿者能代替社会工作吗?社会福利经费与专业人力的关系等问题,并发动成员投稿"社会工作员日记",希望能引起媒体的关注。

1991~1995年,"立法院"先后拟定5个《社会工作师法》草案版本,其间社会工作专业人员协会与医务社会工作协会联合成立"社会工作师法推动联盟",通过联合社会工作界的力量推动立法进程,因此,进行了一连串的请愿和游说等行动。1996年6月举办了有关"社福经费与专业人力"的公听会,强调社会福利经费上升600倍,人力却不增反减;如何监督服务质量与经费流向应成为社会共同关注的重要议题(杨玫莹,1998;萧信彬,2006)。

1997年3月11日,《社会工作师法》终于在"立法院"的三审下正式通过。这个法案的通过,不只是在社会工作界联合的压力下而奏效,还在于法案中的意识形态没有涉及政党斗争与政治利益及当时"立法院"没有重大的政治争议(林万亿,2002;杨玫莹,1998;龙炜璇,2007)。《社会工作师法》在总则中提出："为建立社会工作专业服务体系，提升社会工作师专业地位，明定社会工作师权利义务，确保受服务对象之权益，特制定本法。"《社会工作师法》的出台正式确立了社会工作是一门有认证、有保障的专业。通过法律、组织及伦理的规范，使服务对象的权益得以维护，服务的质量得以控制，社会的公义更进一步获得维护。台湾社会工作职业群体仿佛从半专业的边缘地带向高度专业的核心领域迈进了一步，进入了崭新的发展时期（龙炜璇，2007）。《社会工作师法》的颁布日4月2日被定为每年的"社会工作日"，"社会工作日"的确立为宣传社会工作理念及社会福利观念，强化社会工作专业制度和推动社会工作职业化建设提供了一个良好的平台。《社会工作师法》的正式颁布（后于1999年、2002年和2003年进行3次修订）对社会工作师资格取得、检查、审核、执业及执业范围、开业等均作了明确规定，对社会工作师事务所和社会工作师公会的设立和运作等也作了具体的规定，《社会工作师法》是台湾建立社会工作专业制度的基础。

其后，《社会工作师法施行细则》（1999年）、《社会工作师事务所换照办法》（1998年）、《社会工作师证书执照收费办法》（1998年）、《社会工作师检核办法》（1997年）和《专门职业及技术人员高等考试社会工作师考试规则》（2000年颁布，至2006年共修订5次）等一系列社会工作专业法规相继颁布，对社会工作的运作与管理进一步作了具体的规定。为了解决社会工作界内部自律的问题，《社会工作师伦理守则》于1998年7月27日颁布。《社会工作师伦理守则》对社会工作师提供专业服务时对案主、同仁、其他专业人员以及对社会工作专业、自身、机构和社会责任等均作出明确规定，成为社会工作师在开展业务活动时必须遵守的伦理准则。至此，社会工作专业化的条件基本完备（见表4-13）。

第四章 社会工作教育与政府部门关系比较

表 4-13　台湾《社会工作师法》"立法"过程及特点

发展阶段	原　因	特　点
1970 年学者提出证照法规	以证照法规保障社会工作专业	源于社会工作"学界"与"基层"的不同期待汇合而成的力量
1997 年《社会工作师法》颁布	政府社会工作人员"纳编"问题受挫，通过证照保护专业	1. 专业协会自下而上推动；2. 证照制度与任用条例（纳编）；3. "立法院"通过；4. 从半专业向高度专业化转变，专业地位的提升
1998 年《社会工作师伦理守则》颁布	为保障《社会工作师法》的进一步实施	社会工作专业化条件的建制基本完备

除了社会工作的专业法之外，还颁布了其他一些社会福利法规，如《身心障碍者保护法》（2001 年）、《老人福利法》（2002 年）、《精神卫生法》（2002 年）、《儿童及少年福利法》（2003 年新颁）以及《儿童及少年性交易防制条例》、《性侵害犯罪防治法实施细则》等一系列的"实施办法"中，都对社会工作人员的职责、岗位设置和部门配置及社会服务机构对社会工作人员的责任等内容作了相应规定。社会工作专业法规和其他社会福利法规中对于社会工作的规定初步构建了社会工作的法律体系，为社会工作健康发展提供了法律保障。至此，台湾社会工作专业化建制已经完备。在专职工作、专门人才培养体系及专业组织形成之后，社会工作通过法律保障，获得证照及开业依据，社会工作专业发展跨出了专业化的历史性脚步。"考试院"在《社会工作师法》通过的当年举办社会工作师高考、特考及笔试等考试，从此，台湾社会工作专业制度从无专业证照走向考试的证照制。十年间，取得台湾社会工作师专业证照者已有 2216 人（王卓圣，2004）。

伴随着社会工作师相关法制的陆续出台，社会工作人员的自身组织也逐步发展起来。1998 年由拥有社会工作师专业证照的从业人员组成的社会工作师公会暨台北市社会工作师公会成立，1999 年彰化县社会工作师公会成立，2000 年高雄市成立了社会工作师公会，2001年台中市、台南县及台北县等社会工作师公会也陆续成立。2002年，社会工作师公会联合会成立。随着社会工作师公会组织的出现，台湾社会工作专业发展呈现出截然不同的面貌（王卓圣，2004）。2005年，"内政部"委托台湾社会工作专业人员协会、医务社会工作协会、社会工作师公会联合会及台湾心理卫生社会工作学会执行《社会工作师法》修法计划，并送交给"内政部"修正草案，希望通过考试资格的限制、社会工作师资格的两级分立、执行业务的扩大、工作条件的保障及处罚规则的修订，以此来规范应考者的资格、增进专业服务质量、提升专业竞争力、保障工作者与服务对象的权益。

对于在立法倡导过程中缺乏声音和屡次败北的社会工作而言，《社会工作师法》的颁布在当时无疑是一个极大的胜利。立法的成功似乎表明了在政府保证与认可下社会工作地位得到大幅提升。而社会工作界的联合行动，更让社会工作界产生情感归属与认同。但是，时至今日，法令与考试的实行非但没有达到预期的效果，法令规章与现实世界之间的断裂反而引发社会工作内部一连串的怀疑与争议，而社会工作界中一直存在的反对声音也浮上台面。

2. 社会工作员在体制内的建制过程

20世纪70年代，社会工作人员在体制内的建制或任用制度逐渐成形。1965年台湾当局通过实施"民生主义现阶段社会政策"，1967年"行政院"在拟定的"中华民国社会建设第一期计划"中即提出建立社会工作员制度，要求每一个救济院所要为每200名院民设置1名社会工作员，每500户贫困户应有1名社会工作员。1971年，"行政院"核定各级政府聘用社会工作员名额，1972年，台湾当局制定"台湾省各省辖市设置社会工作员实验计划"，1973年开始在基隆、台中、台南及高雄4个市聘用社会工作员，负责平价住宅的管理与急难救助，试办对低收入户提供专业服务（林万亿等，1998；林万亿，2002）。两年后，评估绩效

第四章
社会工作教育与政府部门关系比较

不明显。但是,由于台中县大里乡的实验受到省主席谢东闵的关注与肯定,决定继续采用社会工作方法施行小康计划,并且与小区发展相互配合,希望达到脱贫的目标。

1974年,由于台湾当局推动"小康计划",采取社会工作方法协助低收入户脱贫,使社会工作者开始受到肯定。1975年,台湾各县市开始推动社会工作员制度,在政府对社会工作员需求增加之后,影响了社会工作专业建立及教育标准的设立。在1976年的"台湾经济建设六年计划"当中,社会建设部门首次将社会工作员制度法制化列于其中。到1977年,将实验计划扩大到台北等8个县市及30个山地乡(许宗德,1996)。1978年,台北市政府首先在社会局中设社会工作室,总管社会工作员事务。同年,台湾当局仿照台北市设立社会工作室(王卓圣,2004)。到1980年,台湾已有17个县市设置社会工作员,而公共部门的社会工作人员体制已经成形,社会工作组织意识也在逐渐形成。值得一提的是1980年,接连通过了《老人福利法》、《残障福利法》和《社会救助法》,这与1979年美国与中国台湾断交、"美丽岛事件"等政府在外交受挫及内政紧张的双重压力下,通过转移社会各种潜在情绪有所关联(林万亿,2002;杨玫莹,1998;龙炜璇,2007)。

社会工作人员体制内"纳编"运动,一方面为接受社会工作教育的学生开启了就业市场,另一方面因实务工作不断增加而面临的新问题与福利的新需求,需要具体的专业教育来支持实务上的迫切需要。同时,由于政府社会工作员建制使得社会工作取得了合法性,巩固了社会工作是一门"专业"的正当性并取得社会信任。当时社会工作者普遍接受格林伍德(Greenwood,1957)所提倡的"专业属性"论点,认为独立的学科训练与知识生产体系是"社会工作专业化"不可或缺的重要因素。因此,社会工作独立成系便成为社会工作者特别是社会工作学者在20世纪70年代最重要也是最优先的努力目标之一(郑怡世,2006)。

随着社会工作者任用的增加及相关科系毕业生的增长，20世纪70年代末期，台湾学者开始提倡成立全国性社会工作专业组织，希望促进集体力量与意识的凝聚。在医疗专业体系的压力下，台湾"医务社会服务协会"率先于1983年成立，以办理医务社会工作人员训练和提升服务质量为宗旨。到1988年，台湾共有21个县市设置了社会工作员，虽然社会工作员制度已经在台湾试行，但仍然属于实验计划。随着聘任社会工作员人数的不断增加，形成了一股成立专业组织的压力；随着1989年《人民团体法》的颁布，台湾"社会工作专业人员协会"在经历重重挫折后得以成立。成立初期，组织以协助社会工作员"纳编"及提升社会福利组织服务为要务。1990年"行政院""纳编"案公布后，"协会"召开了多次研讨会与座谈会，甚至发动抗争，但是结果仍与预期有较大出入（林万亿，2002；杨玫莹，1997；龙炜璇，2007）。

表4-14 台湾社会工作人员在纳入体制内的重大事件

年　份	重大事件
1967	"行政院"在台湾"社会建设第一期计划"中提出建立社会工作员制度
1971	"行政院"核定政府聘用社会工作员名额
1972	台湾当局制定"各辖市设置社会工作员实验计划"
1973	开始在基隆、台中、台南、高雄设置社会工作员，对低收入户提供专业服务
1975	台湾其他县市开始推动社会工作员制度
1976	"行政院"公布"台湾经济建设六年计划"，首次提出将社会工作员制度法制化
1977	将实验计划扩大到台北等8个县市及30个山地乡
1978	台北市首先在社会局下设社会工作室，总管社会工作员事务
1978	台湾当局仿照台北市设立社会工作室
1980	已有17个县市设置社会工作员，公共部门的社会工作人员体制已经成形
1988	已有21个县市设置社会工作员，社会工作员制度在全台湾施行
1990	"行政院"公布"纳编"案

四 美国政府对社会工作职业化与专业化的影响

美国已经建立起比较完善的社会工作者资格认证制度,对于保证社会工作服务水平、提升社会工作职业地位、保护社会工作者的利益起到至关重要的作用(李绍伟、于海平,2008)。20世纪50年代,美国社会工作的两大专业协会(美国社会工作者协会和美国社会工作教育委员会)的成立,标志着社会工作最终成为一个公认的职业。到了60年代,在全美社会工作人员协会(National Association of Social Workers, NASW)的努力下完成专业伦理守则,这标志着社会工作这一职业真正走向成熟。当然,有关职业资格认证制度和社会工作者的分级制度的确立更晚,并且各州的规则和做法也不一样,直到1992年才在所有的州实行社会工作者执照制度。

美国社会工作经过100多年的发展,已经达到了相当高的专业水平,形成了由职业组织、教育项目和资质认证组成的完善的运行体系(李绍伟,2008)。在美国只有经过社会工作教育协会认证合格的社会工作教育才被认可,而专业执照的证明由美国社会工作者协会提供(刘丽华,2006);美国社会工作认证系统则由美国社会工作教育委员会来负责执行,该会已经成为社会工作专业院校和重要社会职业团体之间进行积极有效联系的桥梁和纽带(李绍伟,2008)。

从美国社会工作发展历程来看,社会工作走向专业化和职业化,离不开各社会工作机构的合作,这些机构既相互独立,又紧密联系(见表4-15)。美国社会工作教育委员会起到规范社会工作教育体系、审核和评估各大学社会工作专业运作状况的作用。美国社会工作者协会制定社会工作者伦理守则和各领域的社会工作标准,起到行业自律和专业支持的作用。美国社会工作理事会联盟是在各州社会工作理事会的基础上产生的全国性组织,它是一个规范全国社会工作职业的联合体,负责执照、考试和管制的总机构。通过这些,美国建立了规范而多层次的认证体系,各社会工作机构对社会工作者提出了详细的从业标准(邵宁,2010)。

表4-15 美国社会工作人员认证机构及内容

认证机构	主要内容	主要功能
美国社会工作教育委员会(CSWE)	规范社会工作教育体系、审核和评估各大学社会工作专业运作状况	经过社会工作教育协会认证合格的社会工作教育才被认可
美国社会工作者协会(NASW)	制定社会工作伦理守则和各领域社会工作标准	起到行业自律和专业支持的作用;成为社会工作专业院校和社会职业团体进行有效联系的桥梁和纽带
美国社会工作理事会联盟(ASWB)	由各州社会工作理事会的参与的全国性组织	规范全国社会工作职业,负责执照、考试和管制的总机构

正是这种由社会工作职业、教育体系、认证制度及平等基础的法律规定所形成的复杂而精良的社会工作连锁互动系统,标志着美国社会工作专业已经发展到了被普遍认可的"经典"职业同等成熟的水平。在此之前,社会工作职业是在不断模仿这些"经典"职业,逐渐获得自身的发展(李绍伟,2008),社会工作职业已经实现了某种程度的法律规制和制度许可。与美国的社会工作职业一样,社会工作教育也达到了相当完善的制度化水平,大学社会工作的教育者通过获得竞争性的基金和支持性研究合同对社会工作的发展作出了重要贡献,教师参与知识创新的热情从来没有如此高涨。总之,美国社会工作职业和社会工作教育面对21世纪的挑战已经处于非常有利的地位(李绍伟,2008)。

五 三地的比较

(一)社会工作专业人员认证的区别

从社会工作专业发展趋势来看,香港与台湾的社会工作专业

第四章
社会工作教育与政府部门关系比较

发展都是近50年的事情，大陆则是近20年的事情，香港、台湾与大陆对社会工作专业人员的认证是完全截然不同的走向，三地对社会工作专业人员的认证有着差异。

1. 香港：由自愿登记制走向强制注册制

香港的登记方式先后分别由"香港社会福利专业人员注册局"及"社会工作者注册局"负责社会工作人员的登记注册事宜，通常只要是香港6所大专院校的社会工作相关科系毕业，或者是香港"社会工作者注册局"认可的新加坡、中国台湾、澳大利亚、英国、加拿大和美国等的社会工作相关科系毕业都符合社会工作人员的注册资格。随着香港控制及管理社会工作专业人员制度的发展，香港成立了"香港社会工作专业学院"，朝着要求注册社会工作人员接受持续的专业教育、建立执照制度及专科注册制度的方向发展（王卓圣，2004）。

香港对社会工作专业人员原来采取的是最低门槛的自愿登记方式，而被投诉的社会工作人员几乎都是没有登记的，或者不符合社会工作专业要求的社会工作人员仍然从事专业活动，这对社会工作的专业形象产生了很大损害。因而，香港在1997年通过的《社会工作者注册条例》，规定所有聘用为社会工作职位的工作人员必须首先正式登记成为注册社会工作人员，然后再分出政治经济社会环境、政府政策与角色、教育训练、社会工作专业发展的趋势及面临挑战等各个方向，这种做法使香港社会工作专业发展自律及保障服务对象的权益又跨出了一大步（王卓圣，2004）。

简而言之，香港是采取较为松散的登记方式，但接受政府资助机构的社会工作人员一定要进行强制注册。因此，目前仅有万余人拥有"社会工作"员的头衔，没有注册及登记者不得从事社会工作或自称社会工作人员（王卓圣，2004）。

2. 台湾：由无专业证照走向严格的考试证照制

在台湾如果想取得证照者必须先参加"考试院"举办的专门

职业及技术人员高等考试及格之后取得证书，再向"内政部"申请社会工作师证书，最后向工作所在地的政府申请执业执照。巧合的是，香港通过《社会工作者注册条例》的同年，台湾也通过了《社会工作师法》，奠定了社会工作专业制度发展的法律基础。1998年，"内政部"公布《社会工作师伦理守则》，加上台北市、彰化县、高雄市、台中市、台南县及台北县等地社会工作师公会陆续成立，2002年，社会工作师全岛联合会终于成立，台湾社会工作专业化条件已经全部具备（王卓圣，2004）。由于台湾采取的是严格考试的证照制，目前仅有千余人拥有"社会工作师"头衔，而众多无证照的社会工作从业人员却没有办法管理。近年来，台湾社会工作专业教育为了适应"证照制"而作了相应的调整。

3. 大陆：注册制、证照制、授证制，抑或其他？

大陆社会工作教育从20世纪90年代以来已经有了很大的发展，但它更多的是在大学里作为一个专业来发展，而其专业化的职业服务系统却没有能够发展起来。上海率先颁布了《上海市社会工作者职业资格认证暂行办法》，标志着社会工作专业职业资质认定和岗位准入制度。2004年"社会工作者"首次被载入中国职业标准目录，2006年7月，人事部、民政部联合颁发的《社会工作者职业水平评价暂行规定》和《助理社会工作师、社会工作师职业水平考试实施办法》，标志着大陆社会工作者职业水平评价制度正式建立。

根据香港和台湾的经验，职业资格考试只不过是职业认定的初级阶段，在社会工作助理工程师和社会工作师考试之后，下一步怎么办？是向香港学习，即取得职业资格证书之后，对即将从事社会服务的社会工作人员采取自愿登记方法，还是采取强制性登记方法；或者向台湾学习，在取得资格证书之后，向工作所在地政府申请营业执照；或实行授证制，由政府相关部门授予从业证来规范社会工作市场；还是只要取得职业考试证书即可，而任其自由发展；或者根据大陆特色既不采取登记制，不实行证照制，也不选择授证制，而是创新其他制度？这些都是中国大陆在实行职业资格考试之后重点考虑的问题。

(二) 法制化比较

中国香港为了规范职业社会工作人员行为，通过立法实行严格行业自律管理，1997 年，香港立法局通过了《社会工作者注册条例》，同时颁布了《注册社会工作者工作守则》等政策法规。1998 年，成立社会工作注册局，正式实行社会工作者注册制度。截至 2005 年 7 月，香港注册社会工作者已达 11883 人，约占香港人口的 0.14%。注册局在监管社会工作专业操守及行为、提高社会工作者专业水平、维护社会工作者及服务对象的合法权益等方面发挥了积极作用。

中国台湾在 20 世纪 80 年代末，由于社会工作员在政府体制内"纳编"问题遭遇挫折，社会工作界希望通过社会工作证照立法来保障社会工作职业，1997 年，台湾通过了《社会工作师法》，这从法律上正式确立了社会工作是一门有认证有保障的专业。同时，通过法律的途径也使得社会工作者拥有证照及开业的根据，台湾社会工作专业化迈出了历史性脚步。

美国直到 1992 年才在所有的州实行社会工作者执照制度，对于保证社会工作服务水平、提升社会工作职业的地位、保护社会工作者的利益起到至关重要的作用。美国社会工作教育认证系统统一由美国社会工作教育委员会（CSWE）负责执行，它负责对社会工作专业进行正式管制，已经达到了相当高的专业水平，形成了由职业组织、教育项目和资质认证组成的完善体系。认证制度能够提供统一性及一致性，不论在哪一个州修读社会工作专业，在认证制度下，修读的课程都与其他州具有同等的水平。社会工作教育计划要经过认可和批准，符合所有的具体标准才能开设，就如同法律、护士和教育等专业一样。通过政府认证，政府部门、机构和社会大众都能知道社会工作者能做什么，建立了社会各界对社会工作实务的基本认识和了解，也使得所有的社会工作者拥有一套基本的知识、技巧和价值观上的共识。美国社会工作认证有两个层次，第一个层次是社会工作学士学位认证，要求4年全职修读；第二个层次是社会工作硕士学位认证，在学士学位的基础上再加两年修读才可以完成。

在中国大陆，没有建立有关社会工作职业化的专门法律。由于国内人事和社会管理体制改革滞后，迄今为止，有关社会工作专业的专门法律没有确立，政府部门对社会工作职业化的扶持力度还不大，社会各界对社会工作的专业认同度不高，实际生活中专职社会工作职业岗位缺乏明确定位，社会工作职业规范体系还没有建立和健全。虽然2006年人事部、民政部联合颁发的《社会工作者职业水平评价暂行规定》和《助理社会工作师、社会工作师职业水平考试实施办法》，将社会工作纳入全国专业技术人员职业资格证书制度，但这只是一项涉及社会工作的职业资格的条例，而对于其他方面并没有明确规定，而且，这也不是一部法律，更不是一部有关社会工作职业的基本法。

比较而言，香港立法局通过了《社会工作者注册条例》、台湾"立法院"通过《社会工作师法》，从法律上保障了社会工作的专业性和职业性，从而为社会工作教育提供了法律上的指导。大陆目前仅仅以部门条例来规范社会工作专业的发展，缺乏一部基本法律来规范和引导社会工作职业发展，这对社会工作职业化发展是远远不够的。因为部门条例只是较低层次的制度保障，难以应付社会工作职业化过程中日益增多的复杂的现实问题，也难以协调部门与部门之间的关系。而且，由于部门条例过多，有时不但不能促进职业化的有序发展，反而会出现由于基本法缺位、部门法规或地方政策文件层出不穷及政出多门的现象，进而可能出现相互冲突的情形。就这个层面而言，中国大陆社会工作职业化的法制建设才刚刚开始，台湾的《社会工作师法》和香港的

《社会工作者注册条例》都可以成为内地社会工作职业进一步法制化的有益借鉴。

(三) 职业化与专业化关系比较

美国是在早期慈善救助、志愿性的社会互助活动的基础上,渐渐发展起有组织的慈善服务机构及受薪的社会工作者,社会工作职业岗位由此而产生。此后,服务的内容日趋复杂,也更具有连贯性,而后在提升服务质量的诉求下产生专业化的要求,社会工作教育应运而生。中国香港和中国台湾的情形相差不多,社会工作专业教育基本上都是应对社会工作实务专业化和规范化需求而产生的,属于典型的专业教育顺应社会工作实践发展模式。而中国大陆情况恰恰相反,是先有了高等教育,再逐渐设置专业,然后形成学科,最后才有社会工作职业的出现,专业化先于职业化,专业教育带动职业的发展,这种发展模式在缺乏职业土壤的情况下对社会工作的发展能起到一定促进的作用,但专业化毕竟不能脱离职业土壤,在社会工作教育发展到一定阶段之后,如果还不能很好地解决社会工作职业化问题,社会工作教育最终将失去存在和发展的理由和基础。美国经验表明以职业化为导向的课程体系建设,在促进社会工作教育与社会工作职业化之间的良性互动过程中起到了至关重要的作用。美国硕士学位(MSW)教育的培养目标就是与职业化直接联系,通过实习能够让学生有机会把课堂上学到的知识和技巧应用到社会工作实践中去,毕业后能够顺利地适应职业角色。为了有效实现专业化与职业化之间的对接,中国大陆也可参照美国经验,大力推动和发展硕士学位(MSW)教育。

(四) 几个值得思考的问题

社会工作专业教育走向职业化,需要以职业发展定位社会工作专业教育。

第一，完善制度，加快社会工作者的注册及资质认证制度是推动大陆社会工作教育发展的政策保证。香港和台湾的社会工作者认证制度已为我们提供了这方面的成熟经验，上海已开展社会工作专业资质认证的试点，这是社会工作实现专业化的一条切实可行且成效显著的发展道路，社会工作事业要与国际接轨必须经过资质认证这一关。一些学者提出中国大陆长期缺乏统一而完整的社会工作法律，因此从调整对象、组成部分和法律渊源三个角度勾勒出中国大陆的社会工作法律体系，形成集知识讲解、案例分析和实务模拟三位一体的社会工作法律的教学模式（史柏年、靳利飞，2009）。

第二，大陆各级政府部门要真正发挥组织协调作用，加大资金投入推动社会工作职业岗位的设置，加快社会工作职业资格认证制度实施的速度和力度。政府制定相关政策是解决社会工作教育体制性障碍的关键，如果社会工作不走职业化的道路，社会工作教育就只能是书斋中的学问。目前中国大陆社会工作教育发展最大障碍就是没有一个职业化环境，这方面最大的责任主体在于政府。政府应该转变职能，重新考虑和定位自身在社会福利提供方面的责任范围，在提供福利时要弱化自身的力量，培养非政府组织的力量（石松平，2005），把社会福利服务中需要社会工作专业训练的职位与不需要社会工作专业训练的职位区分开来，设置社会工作岗位，给予专业工作者适当的薪酬待遇、社会认同和职业生涯发展空间是社会工作职业化进程中的核心问题。

政府在加大对社会工作职业化组织协调的同时，也应加强对社会工作教育发展的监督。以台湾为例，为了保证学历教育质量，台湾教育行政部门每5年就要对大学科系进行评估，社会工作系（所）也不例外。评估组由社会工作领域的专家和学者组成，从师资、课程设置和学生质量等几个方面进行评估，被评为中等的，第二年须继续接受评估；评为劣等的，教育行政部门勒令其整改，如果整改还没有通过，则取消办学资格。大陆也可以

第四章 社会工作教育与政府部门关系比较

借鉴台湾经验，以此来规范社会工作教育，促进社会工作教育质量的提高。

第三，中国社会工作协会和社会工作教育协会两大社会工作组织可以借鉴美国和加拿大相关组织的经验，在职业资格认证和教育项目评估方面要加大参与力度，取得主导地位，进一步发挥推动社会工作专业发展的积极作用（李绍伟、于海平，2008）。在美国，社会工作教育协会是唯一被授权的认证社会工作教育课程的单位，只由一个单位进行审定是非常重要的，可以确保认定标准的一致性。所有的社会工作教育课程必须遵守社会工作教育协会的教育政策及评审标准（EPAS），它有专门的文件详细列明认证的政策、规章和程序。如果大学要颁发社会工作学位，其有关课程就必须得到社会工作教育协会的认证。本科生和研究生课程的教育政策是一样的，但认证标准各自独立。

第四，启动社会工作资格培训工程，建立社会工作者职业资格认定制度。这一制度既是社会工作教育促进社会工作职业化的一种努力，也是社会工作教育在培育社会工作市场方面所做的工作之一。这样可以规范社会工作教育职业体系，让社会工作教育专业化土壤有了体制保障，社会工作毕业生在学习和就业过程中的目标及自身未来职业定位都比较明确，能促进社会工作教育的职业化进程。

第五，明确社会工作教育的职业定位，课程设置要满足社会工作职业化需求。在整个社会工作教育过程中，应突出职业化与应用性，加强学生职业能力教育，使培养出来的学生具有良好的职业道德和较强的专业实务能力，满足市场对人才的要求，使应用性学科进入社会便能运用。在专业教育体系的设计上，也应以学生的职业生涯设计为关注点，根据社会和职业的需求设计部分课程的教学内容，采取动态的反应方式进行适当的调整（黄春梅，2009）。

在强调社会工作教育应满足社会需求的同时，也要特别注意教育为谁服务的问题。社会工作教育虽然应该满足社会需求，但也不应该完全根据社会甚至学生需求而设置，社会工作教育者应有自己的基本立场。因为社会需求是多元的，而且又是易于变化的，如机构、案主和政府不同职能部门，还包括非政府组织等，如果完全按照社会需求进行课程设置的话，便会出现"没完没了"的现象而失去发展方向。而且，社会上的一些要求往往是比较短浅的，只着眼于现在问题，如果完全按照社会需求进行课程设置的话，容易造成课程膨胀。因此，社会工作教育一方面需要及时了解社会需求，同时也要保持专业发展的独立性和自主性，在两者之间找到平衡点。同时，社会工作教育者和管理者在面对社会需求时应具备良好的专业分辨能力，哪些课程确实需要设置，哪些课程即便再需要也不能设置。

第六，结合社会工作职业资格认证制度，对学生的职业技能进行训练。目前，大陆已推出了社会工作者职业资格认证制度，在社会上也启动了社会工作的资格培训工程。在教学过程中，教师应结合职业资格认证制度的要求，对学生进行相应的职业技能的训练，从而使学生在毕业之后能够顺利适应职业岗位的要求（黄春梅，2009）。社会工作教育应突出职业化与应用性，要进一步实现社会工作教育的职业化，就要做好社会工作专业学生的职业素质和专业能力的教育，教育与职业需求相结合。社会工作逐步由"卖方"市场向"买方"市场转变，在这一过程中，职业细分是市场细分的必然要求，而要实现职业细分，又离不开社会工作教育（颜翠芳，2008）。

第五章
社会工作教育全球化与本土化比较

第一节　社会工作教育全球化比较[*]

一　中国大陆社会工作教育全球化表现

（一）前言：全球化视域下的社会工作教育

随着全球化趋势的进一步发展，新的社会问题不断涌现，社会工作也面临着巨大的挑战与机遇。在全球化趋势背景下，中国大陆的社会工作教育应如何应对，本节通过"全球化"视角，以G地区高校社会工作专业的学生为研究对象，采用问卷调查的方式，对师资流动、教育技术引进、教育制度借鉴和教育内容多元化四个方面进行调查。在全球化浪潮下，人力、技术、资本、商品和信息等生产要素不断地进行跨国界的流动，不断进行整合和优化重组。这种经济全球化的宏观大环境，使得各国社会福利和社会工作体制发生深刻的变化。同时，随着经济全球化，中国大陆面临着参与更加激烈的国际竞争，由此，而引发的诸如下岗失

---

[*] 本节研究数据来自 2010 年 1 月份的调查（见附录三）。本研究以 G 地区 5 所高校社会工作专业的学生为研究对象，首先采取分层抽样的方法，以学校、性别作为分层标准，每所高校抽取相等的样本量，每所高校抽取 62 名社会工作专业的学生，男女各占一半，尽量使样本趋于平衡。感谢刘绮雯在问卷设计、调查及分析等方面的帮助。

业、心理失调等社会问题，这对社会工作教育的存在与发展提出了新的要求，社会工作教育要适应全球化问题带来的挑战。

社会工作作为一种助人自助的活动与专业，是欧洲工业化与城市化发展的必然产物。社会工作在西方已经成为一种科学、一门专业和一种职业，处于相对成熟的发展阶段。而在中国大陆社会工作教育兴起于20世纪80年代中期，至今仅有20多年的发展历程。虽然中国大陆社会工作教育正在进入一个迅速扩张的时期，国内多所高等院校或中等职业技术院校纷纷开办大专、本科层次的社会工作专业，使得社会工作教育在数量上有了相当程度的提升。但是，相对于西方国家而言，仍然存在较大差距，尤其在当今教育全球化浪潮中，中国大陆社会工作教育更应积极地向西方国家学习，适应教育全球化趋势。

当前，中国大陆社会工作教育暴露出的问题，一是社会工作教育培养目标模糊。由于社会工作教育采用更多的是"拿来即用"的方式，在基本价值体系、理论依据及工作技巧等方面直接采用西方社会工作的基本模式，而对其价值、理论和技巧并没有进行本土化反思，使得社会工作教育呈现"半专业化"的特点。二是社会工作教育的专业化程度不高，西方社会工作已拥有一个建构在高等教育之上的专业化知识和技能、专业人员和专业组织体系构成的职业门类。与西方相比，中国大陆社会工作教育在这方面还存在着不少的差距。因此，通过积极学习西方优秀的教育体制，积极地融入教育全球化趋势中，将会为中国大陆社会工作教育的发展提供更多的机遇。

中国大陆社会工作教育如何积极地向西方学习，如何更好地把握全球化所提供的发展机遇，这是社会工作教育界近年来思考的重点和热点问题。本节选择了G地区高校作为调查对象，对中国大陆社会工作教育的全球化程度进行调查，以期促进社会工作教育适应全球化发展趋势。在国外，社会工作研究主要侧重于社会福利、社会政策、社会工作教育的概况及专业化领域，而从全球化视角对社会工作教育进行的研究相对不多。在国内,对于社会工作教育全球化的研究主要集中在转型时期社会工作的专业化教育、教育的国际化和课程改革国际化等领域,而对全球化与社会工作教育的实际测量及具体结合的研究很少涉及。

在中国期刊全文数据库中进行相关资料的查阅,主要文章有关信平撰写的《经济全球化背景下社会工作发展的新趋势——兼论加入WTO后中国社会工作专业化发展中的问题及对策》,主要从社会工作国际发展新趋势分析入手,探讨在加入WTO以后中国社会工作发展中遇到的新问题,以及在未来经济全球化背景下中国社会工作发展的基本模式的选择问题,并提出相关的建议和对策。种道平和万江红共同撰写的《全球化背景下中国社会工作教育面临的机遇与挑战》一文,以全球化作为主要理论依据,深入分析了在全球化背景下社会工作教育所面临的机遇和挑战,认为社会工作教育只有做出新的调整,适应全球化的要求才能更好地利用全球化所带来的机遇,迎接全球化的挑战,从而更好地发挥社会工作的社会功能。王思斌在《社会工作专业化和本土化实践》一文中探讨了在社会变迁急剧、社会问题增加的背景下,社会工作教育如何回应社会需要及促进自身发展的问题,详细地记录了中国社会工作教育协会2003年和2004年社会工作发展策略研讨会关于上述问题的思考,凸显了社会工作教育与时俱进的重要性,但是对于如何应对全球化发展需要的论述并未展开。王思斌在另一篇《转型期的中国社会工作》中讲述在社会转型时期社会工作如何发展的问题,虽然文章强调面对新型社会问题时,社会工作要注重发展,但是文章侧重点强调的是社会工作实务领域的发展,对于社会工作的全球发展未作更深一步的阐述。江柏毅在《全球化趋势下台湾社会工作之因应》硕士学位论文中,对台湾社会工作教育的现状及其对于全球化的应对情况做出描述,并且提出了台湾社会工作教育如何应对全球化的建议。综上所述,过去对于社会工作教育的研究主要从专业化、本土化以及实务领域的视角进行研究，较少从全球化视角进行研究，即使有一些关于社会工作教育与全球化关系的研究，也主要是从理论方面进行研究，很少从实证角度进行研究。

全球化概念众说纷纭，较早对全球化进行系统性研究的是罗伯逊（Robertson，1995），他认为全球化是全球普及型与独特性的对立和统一。吉登斯（Giddens，1994）认为全球化是空间与时间概念的转变，是一种"对远距离的行动"，而全球通信与交通系统缩短了这种"远距离行动"。全球化存在跨越国家界限的互动关系，在某种程度上脱离了单一民族国家所能掌握的范围。"全球化"概念的核心是"这个世界正在进行一个前所未有的、紧密联动与互相信赖的过程"。在这个过程中，并不意味个人、团体、社区、社会乃至民族国家自此失去其行动能力，而是在行动之中不得不受到全球化的影响。

全球化内涵较为丰富，不同的学者有不同的看法，要对全球化进行定量研究，就必须使这一定义具有可操作性并实现指标化。基于此，本研究将全球化定义为在全球范围内，各国在资源、技术和人才等方面的紧密相联及互相信赖的互动过程，具体通过制度、资源、技术和人才交流四个维度体现出来（见图5-1）。

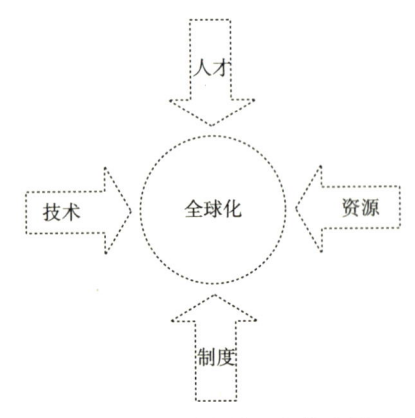

图5-1 全球化的四个维度图

第五章 社会工作教育全球化与本土化比较

"全球化"是一个抽象的概念,本节对于教育全球化的体现维度主要在借鉴经济全球化的人才、技术和资金三个维度的基础上,设定了教育全球化的四个具体维度,即师资的流动、教育技术的引进、教育制度的借鉴及教育内容的多元化。

(二)全球化背景下社会工作师资流动情况

1. 大陆师资参与国际交流情况

师资的交流与合作是影响全球化的重要因素,同时师资流动也是测量教育全球化的一项重要指标,师资流动不畅会导致社会工作教育全球化趋势滞后。调查数据显示,无论是高等院校自身还是国外机构、基金会都对于中国大陆社会工作专业师资流动的支持度不足。调查显示,10.7%的学生表示支持度很高,44.2%的学生表示支持度"一般";对于师资参与国际交流和合作的支持度18.1%学生表示学校支持度"很高",18.6%的学生表示学校支持度"较高",24.2%的学生表示学校的支持度"较低"。由于国内外机构对师资流动支持度不高导致了内地社会工作师资参与国际交流的不足。另据社会工作教师参与国际交流情况表明,48.4%的学生表示社会工作教师参与国际交流的情况"一般",30.7%学生表示社会工作教师"较少"参与国际交流,而18.1%的学生表示教师"较多"参与国际的交流(见表5-1)。

表5-1 社会工作教师参与国际交流的情况

单位:人,%

选项	很多	较多	一般	较少	没有	合计
参与人数	1	39	104	66	1	215
参与比例	0.5	18.1	48.4	30.7	0.5	100.0

2. 外国专家学者来华交流情况

外国专家和学者来访也是教育全球化的重要表现,外国专家交流的频率越高,全球化程度就越大。接受调查的学生普遍表示外国专家和学者来访频率"不多",只有1.4%的学生表示来访频率"很多",12.6%的学生表示来访频率"较多",而35.3%学生表示来访频率"很少"。可见,外国专家和学者的来访频率普遍不高(见表5-2)。

表5-2 外国专家或实务者开展讲座的情况

单位:人,%

选项	很多	较多	一般	很少	没有	合计
参与人数	3	27	102	76	7	215
参与比例	1.4	12.6	47.4	35.3	3.3	100.0

国外相关机构和组织对于邀请中国大陆师资参与国际交流的积极性并不高,48.4%学生表示学校对于教师参与国际交流与合作的支持度"一般";而大部分国外机构和基金会对内地教师参与国际交流的经费支持也较为缺乏。事实上,由于中国大陆社会工作教育相对落后,在国际交流中一直处于被动地位,因此,要主动走出去就需要高校加大对教师出国交流的支持力度,但事实上并非如此。此外,国外专家学者来访频率也相对较低,35.3%学生表示国外学者来访频率"很低",47.4%的学生表示外国专家来访频率"一般",38.6%的学生则表示"很少"与"没有"。国内外师资交流不畅通导致社会工作教育全球化趋势的滞后。

(三)全球化背景下社会工作教育技术引进与应用情况

1. **教育方法与手段的引进与应用情况**

西方社会工作教育注重采用启发式的教学方法,通过结合社会实际问题开展讨论,充分引导学生参与思考和讨论的积极性。调查结果显示,51.2%的学生表示中国大陆教师采用启发式教学方法情况"一般",16.7%的学生表示教学过程中教师"较少"采用(见表5-3)。教学形式的调查也显示,62.3%的学生表示教师主要"采用理论为主,实务为辅的教学形式",12.6%的学生表示教师主要采用"纯理论的教学模式",只有22.3%的学生表示教学中"采用理论与实务并重的教学方式"。这些数据表明,社会工作教学方式和方法存在单一化和理论化的趋向,教学方式和方法有待进一步提高。

表5-3 教师采用启发式教学方法的状况

单位:人,%

选项	很多	较多	一般	较少	没有	合计
参与人数	3	64	110	36	2	215
参与比例	1.4	29.8	51.2	16.7	0.9	100.0

2. 教学设备应用情况

西方社会工作教育拥有较为先进的教学设备,通过运用多媒体和远程教育等先进手段进行教学,并且拥有多种满足社会需要的专业实习基地和社会工作实验室。调查数据显示,53.0%的学生表示教师"很多"时候会采用多媒体等现代教学设备,31.6%的学生表示教师"较多"地采用现代教学设备,3.7%的学生表示在教学中,多媒体等教学设备"很少"被使用(见表5-4)。8.4%的学生表示高校"没有"专业的实习基地,37.2%的学生表示学校"没有"社会工作实验室。这些数据表明,多媒体等现代教学设备在社会工作教育中得到较好的普及,但是专业实习基地和实验室建设相对滞后。

表5-4 社会工作教学中多媒体等现代设备的使用情况

单位:人,%

选项	很多	较多	一般	较少	没有	合计
参与人员	114	68	24	8	1	215
参与比例	53.0	31.6	11.2	3.7	0.5	100.0

调查显示,大部分学生表示社会工作教学形式较为理论化,教学方法缺乏启发性。在教学硬件方面,多媒体等现代教学设备的运用情况较为理想,但是硬件体系仍然存在着不少问题,

实习基地等建设相对滞后,内地社会工作教育存在着教学形式和方法相对单一化、硬件设施不完善和先进教育技巧引进不足等情况。

（四）全球化背景下的社会工作教育制度的借鉴与应用情况

1. 实务导向的职业资格教育制度的借鉴应用

在国外,社会工作作为一门职业,已建立起一套成熟的职业资格考试制度,要求学生必须进行职业资格考核,而且只有通过考核的学生才能够从事社会工作职业,职业考试制度的建立对于社会工作教育发展有着重要引导作用。2006年,中国大陆也正式建立了社会工作职业资格考试制度。调查数据显示,49.3%的学生表示"非常愿意"参加社会工作资格考试,33.0%的学生表示"比较愿意"参与社会工作资格考试;40.5%的学生表示身边的同学对于资格考试制度的关注程度"较为一般",13.0%的学生表示身边的同学对其关注度"偏低"。对于社会工作职业资格考试制度与社会工作教育结合情况的调查,60.9%的同学表示情况"一般",只有2.8%的同学表示"很差"。这些数据表明,学生普遍愿意参与社会工作职业资格考试,但是在教学中关注度并不高,与教学结合的状况也不容乐观（见表5-5）。

表5-5 社会工作职业资格与教育制度结合情况

单位:人,%

选 项	很 差	较 差	一 般	较 好	很 好	合 计
参与人数	6	55	131	21	2	215
参与比例	2.8	25.6	60.9	9.8	0.9	100.0

2. 国外实习教育制度的借鉴应用

社会工作是一门实践性很强的专业,国际社会工作教育协会规定,社会工作本科教学中实习时间不能少于800个小时,实习课程在整个课程中所占的比例为50%。国外拥有很多专业的实习基地,在实习机构中,指导老师、机构督导及服务对象等资源都很充分,而且每个实习基地都会为学生提供查询和展示,学生可以充分了解并且选择实习基地。

调查数据显示,中国大陆大部分学生表示对实习机构的了解较为"一般",21.4%的学生表示对实习机构了解"不足";只有5.6%的学生表示指导老师在实习中,对学生的指导"很好",44.7%的学生表示指导老师的督导情况"一般";29.3%的学生表示机构督导的职能履行"较好",7.0%的学生认为机构督导职能履行"很好"。49.2%的学生表示实习内容与社会工作专业"基本对口",7.6%的学生认为"完全对口"。这些数据表明,实习机构的专业性相对较低,且实习机构中各种资源不足(见表5-6)。

表5-6 实习基地所从事的工作与专业对口情况

单位:人,%

选项	完全对口	基本对口	一般	不太对口	完全不对口	合计
参与人数	15	97	44	37	4	197
参与比例	7.6	49.2	22.3	18.8	2.0	100.0

3. 教师考核制度的借鉴应用

社会工作带有很强的实践性,在国外,社会工作教师要求具备很强的实务能力和实务教学水平,实务能力的考核是社会工作教师资质中非常重要的部分。而中国大陆社会工作教师的考核主要注重于学术能力。调查数据显示,57.2%的学生表示教师的实务水平应当在考核中占有"非常重要"的地位,34.4%的学生表示"比较重要"(见表5-7)。55.8%的学生表示教师的实务教学水平在考核中占"非常重要"的地位;而只有7.0%的学生表示学术水平在教师的考核中占"非常重要"的地位。可见,学生期望更多地将教师的实务能力和实务教学水平纳入考核的重要地位，而非只单纯地注重学术水平的考核。

表 5-7 教师实务水平在教师考核中的重要性

单位：人，%

选　项	非常重要	比较重要	一　般	不重要	合　计
参与人数	123	74	18	0	215
参与比例	57.2	34.4	8.4	0	100.0

对国外社会工作职业制度关注与借鉴情况不容乐观，60.9%的同学表示关注情况"一般"；高达40.5%的同学表示对社会工作职业制度的关注程度"较为一般"，13.0%的同学表示关注度"偏低"，国外社会工作职业制度的借鉴与应用不充分。虽然社会工作的发展应立足本土，但社会工作作为一种职业，不同国家都具有共通性，中国大陆应以全球的视野吸收其他国家社会工作职业制度的优势，并将此反映到社会工作教学中。同时，社会工作实习教育制度有待进一步完善，高达21.4%的学生表示对实习机构"了解不足"，仅有7.6%的学生认为实习内容与专业"完全对口"。中国大陆社会工作教育最为人诟病的地方就是实习教学状况，国外社会工作教育实习教学的优势、特点和经验都是值得我们借鉴的，尤其是近几年来，社会工作职业化迅速发展，为社会工作实习教学提供了现实条件，借鉴西方模式具有一定的可行性。

（五）全球化背景下社会工作教育内容的多元化情况

1. 课程设计多元化

随着新的全球问题不断涌现，社会工作内容也呈现出日益多元化的趋势，因此社会工作课程内容的设计要体现出多元化来。据调查结果显示，29.3%的学生表示社会工作课程对于国外社会工作发展状况讨论"不足"；48.4%的学生表示课程教学对国际文化、政治和经济状况讲解情况"一般";20%的学生认为这方面的知识讲解得"很少"。另外,在对国外社会问题进行探讨的调查中,23.3%的学生认为"较少"进行探讨,大部分学生表示偶尔会有探讨(见表5-8)。这些数据表明,课程内容对于全球社会工作涉及不足,对于全球新兴的社会问题关注度不高,导致整个课程内容设计多元化程度不高。

表5-8 教学课堂上对于全球新兴社会问题的探讨情况

单位:人,%

选 项	很 多	较 多	一 般	较 少	没 有	合 计
参与人数	7	60	91	50	7	215
参与比例	3.3	27.9	42.3	23.3	3.3	100.0

2. 教育内容标准国际化

社会工作是一门实践性很强的课程,国际社会工作教育协会规定本科实践课时要达到800小时,实践课程应占总课程的50%。但中国大陆的实践课程远远不足。据调查数据显示,实践课程比例达到50%的仅占4.2%,甚至有8.4%是在5%以下的(见表5-9)。

表5-9 实践课程占整个课程的比例

单位:人,%

选 项	50%以上	20到50%	10到20%	5%到10%	5%以下	合 计
参与人数	9	64	69	55	18	215
参与比例	4.2	29.8	32.1	25.6	8.4	100.0

调查结果显示,中国大陆社会工作教育中实践课程比例不足,教育实践时数远远未达到国际标准,实践课程比例急需提高。再加上课程设计多元化的程度较低,课程内容涉及面不广,无法适应全球化对社会工作带来的新挑战及实务工作的新变化。

二 原因分析

(一) 全球化背景下社会工作师资流动频率不高的原因

1. 学校支持力度不大

社会工作教育师资交流与合作是测量教育全球化的一项重要指标,师资流动不畅会导致全球化发展滞后,而学校对社会工作师资参与国际交流的支持情况不容乐观,这对社会工作教育全球化产生较为不利的影响。调查数据表明,36.3%的学生表示学校对于教师参与国际交流合作的支持度"一般",仅有18.6%的学生表示学校的态度是"比较支持",而有24.2%的学生表示学校是"较少支持"(见表5-10)。

表 5-10 学校对于教师参与国际交流与合作的支持度

单位:人,%

选 项	很支持	比较支持	一 般	较少支持	不支持	合 计
参与人数	39	40	78	52	6	215
参与比例	18.1	18.6	36.3	24.2	2.8	100.0

上述数据表明,学校对于教师参与国际交流与合作的支持力度不大,主要由以下两方面的原因。

第一,学校社会工作专业师资力量匮乏。从师资配置情况来看,不仅社会工作师资非常紧缺,而且大部分专业教师缺乏专业训练。在20世纪50~80年代,内地高校没有社会工作的专业教育。80年代中期社会工作教育恢复重建以来,在高校从事社会工作教学的教师大多都是从社会学、哲学和政治教育等其他学科转过来的,他们虽然有高度的积极性,但是缺乏系统的专业价值、专业知识和实践能力训练,难以满足社会工作专业化发展的需求。而且,教师也很少有获得出国交流和学习的机会,妨碍了师资质量的提高。

第五章
社会工作教育全球化与本土化比较

第二，资金不足。学校的教育资金来源渠道相对比较狭窄，主要是政府资助及学生部分收费。学校的非营利性导致了学校教学资金具有很大的依赖性和限制性，学校主要将资金用于教学和科研上，比如教学设施的建设和教学设备的添置等，而对于师资的国际交流支持相对缺乏。教师培训主要通过进修、访学及国际交流等途径，但学校对这方面的支持力度不大。学校更多注重教师的学术考核，对教师培训更多是国内交流、访问及零星培训，再加上学校对出国交流资金预算不足，导致教师很难有机会出国培训与交流等。调查数据显示，34.9%的学生表示学校用于支持社会工作教师参与国际交流的资金"不太充分"，17.7%的学生表示是"不充分"，而只有13.5%的学生认为是"比较充分"，3.7%的学生表示"非常充分"，学校在支持教师参与国际交流的资金预算方面远远不足（见表5-11）。

表5-11 学校用于支持社会工作教师参与国际交流的资金状况

单位：人，%

选项	非常充分	比较充分	一般	不太充分	不充分	合计
参与人数	8	29	65	75	38	215
参与比例	3.7	13.5	30.2	34.9	17.7	100.0

2. 缺乏学术交流的平台

至今，社会工作专业研究还没有一个高质量的公开发行的学术刊物，虽然《中国社会工作研究》和《社会工作》作为学术性刊物，吸引了一些高质量的研究性论文。但是，由于它们没有被列入核心期刊或CSSCI期刊，大大降低了投稿率。目前，社会工作专业的研究论文大都分散在各类学报和社会科学研究等杂志上，从某种程度上讲，这影响了社会工作专业学术的发展，也不利于社会工作教育的理论交流。此外，中国大陆关于社会工作教育交流的会议和学术活动并不多，而且一般是由高等院校组织策划的，没有固定的社会工作组织或协会进行策划和安排。全国性社会工作教育或者实务会议每年召开一两次，每次都举办得较为匆忙，使各方面的问题并没有得到深入的探讨和解决。不仅国内的交流机会比较缺少，国际交流的机会和途径更为缺乏，偶尔一些社会工作机构或高校会邀请国外一些社会工作专家和学者来讲座，但是这样机会并不多。

（二）全球化背景下社会工作教育技术引进与应用程度不高的原因

1. 传统教学方式影响

传统教学方式侧重于理论知识的灌输，而且是教师单方面的讲授，缺乏理论教学与实践教学双向结合，调动学生积极性效果比较差。调查显示，对于目前教师课程讲授的特点，62.3%的学生表示"主要采取理论为主，实务为辅的教学方法"，只有22.3%的学生认为"教师主要采用理论与实务并重的教学方法"（见表5-12）。

表5-12 教师主要采用何种方式对专业课进行讲授

单位：人,%

选项	纯理论教学	理论为主实务为辅	理论与实务并重	实务为主理论为辅	纯实务教学	合计
参与人数	27	134	48	5	1	215
参与比例	12.6	62.3	22.3	2.3	0.5	100.0

2. 社会工作"半专业化"的特点

在国外，社会工作已经形成一套成熟的职业体系，具有很强的专业性和职业性，而且也有很多的社会工作团体，不仅数量多且分工细，再加上各种社会工作机构和实习基地，已经形成了巨大的实习市场。中国大陆的社会工作教育仅有20多年的发展历程，尚处于发展的初级阶段，具有"半专业化"的特点。社会工作教育在硬件建设方面存在着许多不足，如专业社会工作机构与组织欠缺、教学实验室不足与实习基地形式化等，有8.4%的学生表示所在的院系没有建立实习基地（见表5-13）。

表5-13 你所在的院系是否有实习基地

单位：人,%

选　　项	有	没　有	合　计
参与人数	197	18	215
参与比例	91.6	8.4	100.0

3. 教学设备体系不完善

在全球化过程中，科学技术发展日新月异，许多国家都积极引用高科技手段进行教学，大力进行教学技术改革。中国大陆社会工作教育虽然也注重运用新的科学技术或添置新的教学设备来提高教学质量，但是，与国外相比，新的教学设备数量与质量还存在着较大差距，对于一些高科技和高端软件的运用明显不足，社会工作实验室及专业实习基地建设相对滞后（见表5-14）。

表5-14 社会工作院系拥有的实验室情况

单位：人,%

选　　项	有	无	合　计
参与人数	134	80	215
参与比例	62.3	37.2	100.0

（三）全球化背景下社会工作教育制度借鉴与应用程度不高的原因

虽然教育制度的借鉴与应用是一个自上而下的过程，但是，学生对这一情况的认识可以在一定程度上反映出中国大陆社会工作教育制度全球化的一些基本情况，如社会工作职业资格考试制度和专业教学制度是学生所熟悉的，学生要想获得学位或者从事社会工作职业，就必须满足教学制度的基本要求及通过职业资格考核，但在大陆，有些学生并不太了解社会工作资格考试制度。

1. 借鉴国外制度认识不够深入

内地社会工作教育仍然处于起步阶段，缺乏完善的制度体系，西方社会工作教育制度对于国内社会工作教育的发展具有重要的借鉴作用。但目前，社会工作教育界对于国外制度的认识还不够深入，大多停留在认知层面而非行动层面，甚至对一些国外最新的制度或趋势不了解。社会工作职业资格考试制度在国外已被社会广泛认同并实施，对于社会工作专业化和职业化发展有着深远影响。中国大陆借鉴国际惯例初步建立起适合本土情况的职业资格考试制度，但是，职业资格考试内容并没有在教学中得到充分体现，或者说社会工作教学并没有结合职业资格考试内容而作相应调整，造成学生对这一职业资格考试关注度不够或不太熟悉的情况。调查数据表明，40.5%的学生表示对其关注度"一般"，甚至有13.0%的学生表示身边同学对职业资格考试制度"较少"关注（见表5-15）。可见，国内社会工作教育界对于这一国外普遍存在的职业资格考试还没有完全重视，相关的教学内容欠缺。

表5-15 学生对社会工作资格考试制度的关注

单位：人,%

选项	非常关注	比较关注	一般	较少关注	从不	合计
参与人数	12	87	87	28	1	215
参与比例	5.6	40.5	40.5	13.0	0.5	100.0

2. 国外社会工作教育制度借鉴力度不够

西方社会工作教育拥有一套完善的制度体系，如实习制度、职业资格考试制度、教师考核制度和教育评估制度等。在全球化浪潮下，中国大陆应积极借鉴国外成功的教育制度体系，建构符合本土特色的制度体系，以应对全球化带来的挑战。目前，国内大多只流于形式上的借鉴，而对于这一制度体系的真正内涵了解不够。如60.9%的学生表示职业资格内容在教学中的落实情况

"一般",25.6%的学生认为落实情况"较差",而仅有9.8%的学生表示落实情况"较好"(见表5-16)。

表 5-16　社会工作资格考试内容在教学中的落实情况

单位:人,%

选项	很差	较差	一般	较好	很好	合计
参与人数	6	55	131	21	2	215
参与比例	2.8	25.6	60.9	9.8	0.9	100.0

3. 传统教育制度的阻碍

自古以来,中国大陆教育就与政府有着密不可分的联系,政治对教育的影响不可忽视,如教育活动的开展、教育制度的制定和执行都带有很大的行政色彩,学校教育自主性和独立性往往不够,使得高等院校借鉴国外优秀教育制度受到了很大的局限,或者说国外的教育制度难以适合中国大陆的特殊土壤。

(四) 全球化背景下社会工作教育内容多元化程度不高的原因

1. 课程目标设置不明确

西方社会工作教育有着明确的培养目标,即专业教育为职业化服务,着重培养社会工作毕业生具有职业社会工作者的专业技能和知识。相比较而言,中国大陆社会工作教育的培养目标还不太明确。在全球化浪潮下及国内社会工作职业快速发展的今天,中国大陆虽然已经出台了职业资格考试制度,但是职业资格考试内容与课程设置并没有形成密切的联系,专业化教育与职业化制度并没有很好的对接,课程教学目标仍然侧重于理论知识的掌握。

2. 实务教育的不足

国际社会工作教育协会规定:本科生在校学习期间,实习的时间不得少于800小时,并且实习课程在全部课时中占有比例要达50%以上。中国大陆的社会工作教育远远没有达到这一标准,课程教学仍以理论课为主,学生在课堂上只是单纯地吸收理论知识,缺乏与实务技巧有机结合。调查数据显示,32.1%的学生表示实践课程占整个课程的10.0%~20.0%,仅有4.2%的学生认为实践课程达到50.0%以上(见表5-17)。

表5-17 实践课程在整个课程中所占的比例

单位:人,%

选项	50%以上	20%~50%	10%~20%	5%~10%	5%以下	合计
参与人数	9	64	69	55	18	215
参与比例	4.2	29.8	32.1	25.6	8.4	100.0

3. 社会工作教育内容与全球问题存在脱节

当前中国大陆社会工作教育与全球化发展现状和实际需要存在一定程度的脱节,没有与全球共同关注的现实问题很好地结合,全球化热点现象、热点问题和社会工作实务新趋势也并没有反映到课程内容中去,缺乏在全球脉动下主动面对社会工作教育带来的新问题。调查数据表明,36.7%的学生表示课堂内容与全球问题结合度"一般",有9.3%的同学表示"不太贴切"(见表5-18)。

表5-18 课堂内容紧贴全球需要的情况

单位:人,%

选项	十分贴切	比较贴切	一般	不太贴切	不贴切	合计
参与人数	8	107	79	20	1	215
参与比例	3.7	49.8	36.7	9.3	0.5	100.0

综上所述,中国大陆社会工作教育在全球化趋势中存在着以下几个问题,一是社会工作教育的全球化程度较低;二是社会工作教育高新技术和新的教学手段引进与应用不高,教学技术全球化程度相对较低;三是社会工作师资流动频率较低,师资全球化程度相对较低;四是教学制度借鉴全球经验不明显,教学制度全球化程度相对较低;五是教学内容较为单一,未能与国际教育内容接轨,同时缺乏对全球问题的反思与批判,造成教学内容全球化程度较低。

三 三地社会工作教育全球化的比较

(一) 师资全球化比较

随着世界日趋全球化,社会工作教育也出现了趋同现象,如何在全球化趋势中找到自己的立足点,同时与国际社会工作教育接轨,社会工作教育者又如何拥有全球视野,这是非常重要的课题,也对师资提出了更高的要求。就师资全球化比较而言,香港领先于台湾和大陆。无论在社会工作教育早期,还是近期,都有大批社会工作学者留学于英美等西方先进社会工作教育国家,他们将西方社会工作教育的知识直接带回来。而且,香港政府也曾经聘请外籍专家指导社会工作教育,他们的工作方法及训练内容深深地影响了香港社会工作教育及课程设置,这些外籍专家甚至在早期发展过程中起主导作用。在中国台湾,一些教育人士于20世纪50～60年代接受大学或研究所教育后到海外(仍是以美国居多)研究或进修,或在海外留学取得硕士或博士学位后回来任教,或是在接受研究所教育之后投入社会工作教育的学术工作者开始增加(郑怡世,2006)。

比较而言,中国大陆师资全球化程度最低,近年来,虽然有教师留学海外,但大多数取得的是社会学或教育学等方面的硕士或博士学位,真正取得社会工作硕士或博士学位的教师还非常少。目前,尽管一些国内学者参与国外社会工作学术交流的机会逐渐增多,但这毕竟只占社会工作教师的极少数部分。大陆社会工作教育课程设置应加强对香港和台湾两地社会福利制度的研究,并邀请两地学者到大陆进行社会工作教育交流,或者派遣社会工作本科生到香港、台湾攻读硕士或博士学位,或者每年寒暑假组织交流团到香港和台湾参观社会福利设施及考察两地的社会工作教育,这也是大陆社会工作教育迈向全球化的一条途径,当然最好的途径是派遣师资到西方社会工作教育发达国家进行学习、交流与研究等。

(二) 课程设置全球化比较

在美国，社会工作教育委员会规定任何一个大学的社会工作教育课程如果要通过每年的评估和认证的话，其课程内容必须包括国际社会工作的内容，美国的社会工作教育要求学生以"国际社会工作者"为目标（李迎生，2008）。

由于全球化的影响，社会变迁快速，中国台湾社会工作课程规划也难以适应全球化所带来的冲击，而且，某些案主需求与社会问题无法在事前预知。根据全球社会结构的改变，课程的调整将是社会工作系所的一大挑战（江柏毅，2007）。根据调查，中国台湾社会工作系所于2006年网站公布的课程资料也有8个系、所开设与多元文化相关课程，社会工作教育领域逐渐重视多元化课程，表明了全球化对中国台湾社会工作教育课程设置产生了一定的影响（郑怡世，2006），但其全球化程度仍然不高。首先，中国台湾社会工作教育课程规划的国际化视野不足，学生在课程中所学到的知识将是未来社会服务的基础，但目前在课程规划上比较缺乏跨国及世界趋势现况的讨论，而且对实际工作场域的讨论也存在一定的差距，学生进入社会工作职场之前很难获得足够的全球视野训练。其次，全球化虽然对中国台湾社会工作教育的影响还不明确，但如果以一个培养地球村人才的角度而言，目前中国台湾社会工作的课程规划还停留在比较保守与传统阶段，在回应全球化趋势方面堪称不足，许多重要的世界议题，例如跨国婚姻、性别议题和阶层议题等在课堂上只是很少被讨论（江柏毅，2007）。

大陆社会工作系所的课程设计也没有完整的课程议题规划，导致课程全球化具有比较大的困难。此外，由于师资全球化程度不高，即便有了课程设置多元化的设想，也难以真正实行，这是中国大陆现在与未来社会工作教育所必须面临的挑战。中国大陆社会工作教育课程应该根据课程全球化趋势而进行相应的调整，并通过适当的步骤加以规划。如果等到新的全球课程议题出现之后，再加上伴随而来的问题日渐严重，课程设置才开始调整适应，似乎为时已晚。

(三) 全球化趋势下实习制度的比较

实习制度和个人能力的培养如果能够应对全球化挑战，会使得社会工作专业学生未来能够充分发挥无限潜能。在前文论述中已经指出，香港的社会工作教育实习教学效果较为明显，台湾次之，内地最低。在全球化趋势下，当前的实习制度对学生有多大的帮助，非常值得反思。社会工作专业学生的实习场地不应只限于国内，可以开拓海外实习基地，通过国际组织或跨校间的彼此合作，亲身体验他国文化与社会工作的差异性，让学生能够获得更佳的学习与成长的空间。因为未来面对的案主可能是不同国籍、文化和语言的人，因此，培养国际视野的社会工作人才刻不容缓。同时，案主所面临的问题可能因为全球化而变得更为复杂，如果社会工作者具有多元思维与细致观察的能力，更能以同理心服务案主，提升案主的福祉（江柏毅，2007）。但事实上，就实习场地而言，由于实践经费和场所的限制以及精力不足等原因，中国台湾、中国香港和中国大陆都没有实现跨地区，尤其是跨国界实习的计划。大陆应尽量创造机会为学生提供到中国台湾和中国香港实习的机会，待时机成熟之后，也可以考虑派遣学生赴美、加等国进行海外实习。在实习制度上，中国香港和中国台湾已基本上与国际接轨，大陆则要落后许多，即便大陆在实习制度方面努力学习与模仿国际经验，但一些高校在实践中并没有真正执行。

(四) 课程规划多元化比较

就课程规划多元化而言，中国香港社会工作教育由于与国际接轨较早，其教育水平已达到西方先进国家水平，课程内容多元化程度较高。相比较而言，由于中国台湾没有能够在全球化趋势中准确定位，课程规划多元化程度不及香港，中国大陆就更低了。在全球化趋势下，课程规划的核心价值并没有因为全球化而有根本性的变动，例如"对弱势的帮助"、"维持接纳他人"、"不持批判态度"、"人权的保障"、"个人的独特性"、"相信人的潜力"、"个人化"、"保密"以及"案主自决"等传统社会工作基本价值和伦理，在以竞争为本的全球化趋势下，这些基本价值就显得更为珍贵了。这并不是说社会工作要墨守成规，而是以更关怀和批判的角度进一步思考弱势群体的需求，并勇于面对全球化带来的社会问题（江柏毅，2007）。因为在全球化趋势下，人的流动更加顺畅，社会工作面临的社会问题更加多元化，所面对的案主可能是不同国籍和文化甚至是不同语言的人，造成的社会问题与案主需求日益多元化，单一专业知识的吸收使得社会工作者学习与思考的视野受到很大局限，课程多元化有助于增加社会工作专业学生的竞争力，更有助于跨学科、跨专业的彼此合作，在此基础上，中国大陆社会工作课程规划多元化应注意以下几点。

第一，在课程规划上社会工作基本核心价值不变，但应凸显多元文化与多元主义。课程规划上要传给学生的理念是基本的社会工作价值和伦理不因为全球化趋势而有所改变。但在全球化趋势下，社会工作者与其他国家的人接触机会增多，面对不同文化案主的可能性越来越大，课程的设计应该包含多元文化与多元主义的核心价值以培养学生尊重不同族群、语言、文化和国籍的案主。如果在社会工作教育的课程规划中对他国的宗教和文化进行基本的介绍，将有助于学生减少陌生感与恐惧感，在实务工作中面对他国的案主时也会比较有信心（江柏毅，2007）。在课程规划上具备多元文化与多元主义的价值理念，其实也在无形中提升了学生的国际视野。

第二，社会工作教育课程规划以"议题"与"跨国比较"设计学习内容，有助于学生吸收多元文化与多元主义的价值。

课程设置不再以"人口群"作为课程安排，改用"议题"进行授课，加上跨国比较的分析讨论，能增加学生的宏观视野及国际视野多元文化与多元主义的价值观。在全球化趋势下，案主不再限于是自己熟悉的群体，极可能来自不同的国家和陌生的文化。课程应培养社会工作专业学生面对不同文化时，以尊重和了解的态度以及去"我族"优越感，进而以同理心来对待异国文化案主。

第三，对于日渐增多的外籍劳工与外籍配偶如能对其文化与宗教有相当的敏感度，将会避免许多不熟悉的情况下所产生的误会，也有助于关系的建立。如果能在课程规划上，加入这方面的教学，或实际邀请外籍劳工与外籍配偶来加以分享，更能减少学生的陌生感。尤其当今外籍劳工与外籍配偶的人数增多，这有助于将来社会工作专业的学生在面对不同国籍和文化的案主时，能够以同理心面对案主（江柏毅，2007）。

第四，社会工作教育应该增设跨国比较课程，以此来增加师生视野。而且，因为外在环境竞争激烈而给予学生适度的压力以提高自身的竞争力。由于课程规划上增设了许多国际化视野的课程，将有助于学生了解国际趋势（江柏毅，2007）。但需要注意的是响应全球化变化而开设的新课程势必挤占原有的传统课程的开设，因此，在全球化趋势下，要在增设多元化课程与传统课程之间找到平衡。

（五）全球化趋势下实务能力与技术的比较

在全球化趋势下面对案主时会有不同的方法，但无论案主是谁，对于"接收信息能力"、"批判能力"和"宗教与文化敏感度"能力都应该受到重视。就这方面而言，香港学生这方面能力为最强，台湾次之，大陆学生在这方面的能力急需加强。由于大陆社会工作教育侧重于理论训练，在实践教学方面存在着严重不足，导致社会工作专业学生实务能力相对较低。

在全球化趋势下，由于交通、互联网的发达，世界各国的信息流通更为快速，个人接收新信息的能力显得十分重要。而且，在全球化趋势下，面对不同案主时如何充实自己将是社会工作者面临的现实问题。首先要加强学生的外语能力训练。如果学生拥有较佳的外语能力，能够查找第一手数据或资料来充实自己，可以增加其国际视野并将自己视为国际人才。其次，如果在课程规划中，适当让学生学习查找国外社会工作相关议题资料，或者让学生阅读符合自身能力的外文书籍，在实务工作遇到问题时能够通过搜寻相关资料，找到解决问题的途径和方法并降低问题的严重性（江柏毅，2007）。而且，随着网络技术的日益发达，对于重视个别化和人性化服务且喜欢面对面的社会工作教育而言也是一个考验，如何构建社会工作网络远程教育，如何通过网络及时更新社会工作教育手段、方法与内容等，也是三地社会工作教育未来发展的重要方向。

（六）全球化趋势下社会工作教育社会认同比较

在全球化趋势下，社会工作教育专业认同更为重要，在跨领域的技术合作中才能避免专业落差。台湾的社会工作随着政府和社会的不断推广，专业认同度比以前大为提高，但在全球化分工日益精细，专业化要求越来越高的趋势下，还没有得到充分认可及重视，社会工作专业认同度还有努力的空间。在一般大众的眼中，时常将"社工"、"志工"、"义工"画上等号（江柏毅，2007）。相比较而言，香港社会工作由于起步早，在社会服务领域取得了明显的成就，再加上政府和民间机构的共同努力，社会工作专业在香港社会中获得了较高的社会认同，专业教育也因此有了坚实的社会基础。在大陆，社会工作的社会认同度比较低，这使得学生在学习上容易产生自我认同的怀疑，进而对学习质量造成影响，而且由于目前社会工作还没有被视为专业和职业。因此，难以吸引优秀学生进入社会工作系所学习。

（七）全球化程度比较

社会工作在香港发展已有半个多世纪，香港社会工作教育的专业水平可与欧美先进地区媲美，全球化程度也最高。香港回归前，采取的是欧洲国家高福利政策，在亚洲乃至全球都屈指可数。因此，香港社会工作教育经过几十年的发展，也走在了全球的前列。与香港相比，台湾社会工作教育全球化程度相对就低多了，台湾社会工作教育所培养的社会工作人才还很难与国际接轨。全球化虽然对社会工作教育造成了一定的影响，但台湾社会工作学者很少谈论全球化问题，还没有形成明确且系统性的论述，在社会工作课程规划上回应全球化趋势问题造成相当的困难（江柏毅，2007）。与香港和台湾相比，大陆社会工作教育全球化程度就更低了，培养的社会工作人才难以称得上与国际接轨。

（八）全球扩散性比较

1. 三地在社会工作教育全球扩散性上的相同点

三地在社会工作教育发展初期基本上都是移植西方社会工作教育的内容。中国大陆社会工作教育恢复初期，基本上是全面模仿西方或中国香港和台湾社会工作教育模式。香港社会工作专业在发展早期（1950~1960年）是在"扩散模型"效应的"层级扩散"作用下，生吞活剥英、美等国模式，是"扩散模型"演变过程的传神写照。中国台湾在社会工作教育发展的最初阶段也不是理性选择的结果，而是全面移植美国和日本社会工作教育的内容，进而快速地传播和运用西方社会工作教育理论及技巧。

第二次世界大战后，中国台湾在经济和政治上都依赖美国，社会工作教育也在美国"文化霸权"下被扩散。同时，社会工作教育界也通过进修、访学及参加会议等途径，直接引进美国社会工作教育模式，全球化效应日益呈现，中国香港社会工作专业教育发展也有类似过程。需要指出的是，中国台湾和香港不仅被西方社会工作教育思潮所扩散,而且又以中介者的角色将西方社会工作教育思潮向中国大陆间接扩散。

2. 三地在社会工作教育全球扩散性的不同点

第一,全球化扩散的政治背景不同。由于政府权力的嵌入,中国大陆社会工作教育未能隔离于权力之外而具备完全的"社会性",相反,却呈现出"行政性"和"半专业化"特征。而中国香港则呈现了"社会性"特点,由于在英国对殖民地"非同化政策"统治下,意识形态对社会工作教育的影响较小,在一定程度上保留了对行政力量的隔离并依照自身逻辑运作。中国台湾社会工作教育早期呈现"威权性",后期则逐渐迈向"社会性"。在国民党当政时期,台湾名义上实施"三民主义",但本质上却是"党国政治",在政治上被冠以"白色恐怖"及"威权统治",因此,社会工作在国民党当局50年主政时期走的是"传统、保守、残补、片断的选择式福利",很长一段时间内社会工作教育具有"党政化"特点。20世纪90年代以来,台湾社会工作教育呈现出"社会性"增强、行政力量和意识形态逐渐弱化的趋势。

第二,全球化扩散的主导力量不同。中国大陆社会工作教育基本上是本土学者主导的,这些学者通过留学海外或参加国际会议等各种途径,将西方社会工作教育理念引进过来。而在香港早期,主导社会工作教育是港英政府及其邀请的一批外国专家学者,这些外国专家通过撰写报告、实地调查、任教以及在大学和政府担任相关职务等形式,对社会工作教育的发展产生直接而又重要的影响。20世纪80年代之后,香港社会工作教育的主导力量才逐渐由本土学者取代。中国台湾虽然被美国社会工作教育思潮所扩散,但外籍专家并没有直接参与进来,主导力量基本上都是本土学者。

第三,全球化扩散的特点不同。中国大陆社会工作教育呈现"欧美传统、港台经验"特点,中国香港则具有"全然覆盖式"或"英式扩散"特点,而中国台湾属于"台美混合式"或"美式扩散"特征。在英国政府统治期间,中国香港社会工作服务和社会工作教育更贴近西方形式,这造就了中国香港社会工作教育的特色即"全然覆盖式"。中国台湾虽然被西方社会工作教育思潮所扩散,但由于扩散的主导力量是本土学者,因此,"台美混合式"特征突出。

第二节 社会工作教育本土化比较*

中国作为发展中国家,是从无到有创建社会工作这门专业与职业,首先必然要大量引进西方社会工作教材、书籍与杂志,并学习西方先进的理论和模式。1996年前后的中国正是处于这种情境之中,当时的主要特点具有引进阶段的特征。但是,当社会工作教育发展一定阶段之后,本土化的趋势和要求将不可避免。社会工作本土化就是建立适应本土实际环境,即符合本国国情、本土特征的专业知识、技巧的传递过程以及本土专业价值培养与塑造过程,并且以能应用于本土实际为目标,建立适用于本土的专业理论。王思斌认为,社会工作在中国的本土化是指产生于外部的社会工作模式进入中国(这是一套经济的、政治的、社会文化的制度体系),同其相互影响进而适应中国社会的需要而发挥功能的过程。在这里应该注意的是社会制度的异质性和文化的差异性,舍此,我们就不必谈论本土化问题。

一 社会工作教育本土化情形

2006年之后,社会工作教育的使命应当转为"在教材和实

---

* 本节的调查数据除非特别说明均来自2009年1月份的调查(见附录四)。研究以G地区5所社会工作高校为调查对象,这些高校中已包括社会工作专业开办得比较好、一般和较差的学校,所以具有一定代表性。本研究总计发出280份问卷,回收250份问卷,回收率89.3%,有效问卷217份,有效率86.8%。感谢张慧凤在问卷设计、调查与分析上的帮助。

践教学中认真探索和尝试符合我们本土制度和文化背景的社会工作理论和方法"（史柏年、靳利飞，2009）。社会工作职业化的发展历程中，首先面临的问题是要解决社会工作教育的本土化。在职业化发展的背景下，社会工作教育面临的挑战之一就是引自西方国家的社会工作理论、方法和价值观如何适应中国社会文化的特点。虽然本土化在学界已经渐渐受到重视，说明在不同的文化环境脉络下，社会工作有不同于西方的社会工作专业知识、价值与技巧（王增勇，2001；曾华源，1994），这个问题一直没有解决。

根据王思斌的定义，本土化反映的是一种变化和过程，它指的是外来的东西进入另一个社会文化区域并适应后者的要求而生存和发挥作用的过程。关于社会工作专业教育的本土化问题，在2003年第四届中国社会工作教育研讨会上，大多数学者主张本土化即特色化（卞文忠、刘波平，2005）。

（一）本土化原因

社会工作教育固然以共同的社会需求为基础，但是不同国家或地区的历史、经济及文化的差异性，也使得社会工作教育方法与内涵具有异质性。如美国社会工作教育注重心理层面训练，而欧洲由于社会经济环境的差异性，社会工作教育偏向法令与管理程序，第三世界的社会工作教育更注重经济发展。由于中国大陆社会工作教育发展的独特属性，更加需要注重本土性，可以通过与西方对比分析来进一步论述。

1. 中西方之间不同的文化和生活逻辑使中国大陆社会工作教育迈向本土化成为必然

最为常见的问题是，个案教学中提出的对案主采取"不判断原则"，而学生在实习中感受到的是中国人注重群体文化，实行这一原则有很大难度和文化冲突（王婴，1997）。以中国妇女社会工作本土化过程为例，以个人主义和重视隐私权为基础的西方社会工作模式，在中国应用时，同中国案主的实际需求实际上存在着很大差异。西方社会工作模式普遍奉行的是个人自决和非指导性原则，对中国的女性案主来说往往并不适用。实际上，问题困扰中的女性案主，更希望寻求和获得专业人员的指导性意见，而不是获得更多的解决问题的途径与方法（杨柳，2009）。

周永新指出，西方社会工作是建立在个人的重要性基础之上，与个人权利概念紧密联系，而中国的社会传统并不强调个人权利，成为家庭关系网络中的一部分则是主要责任。所以，西方社会工作的先验性假设即青少年社会工作的目的是帮助他们从家庭中独立出来，并不适用于东方社会。中国人的社会人际关系是建立在血缘关系之上的，既是自我主义的，同时也是集体主义的，它不同于西方的个人主义。因此，源于西方传统文化的"自由、平等、博爱"等这些社会工作价值理念显然不能直接运用于中国社会（黄春梅，2009）。而且在西方，社会工作价值观很大程度上是建立在基督教伦理之上的，正是根深蒂固的基督教伦理滋润了专业社会工作的发展，使社会工作者能够出于一种神圣的使命来开展社会工作。在中国，没有基督教伦理作为民族文化的底蕴，从西方移植过来的社会工作失掉了存在和发展的价值观基础。

2. 求—助关系不同

在居民的日常生活中，以血缘、地缘和互惠关系为基础的人际网络成为普通人解决实际生活困难的基本渠道。很长一段时期内，在中国的文化里，除非家庭和个人的网络关系崩溃难以发挥作用，求助关系是很难在陌生人之间或求助者与正式机构（主要是政府机构）之间建立的（熊跃根，2005）。中国人强调"集体主义"，注重面子和感情，而西方则强调"个人主义"，注重权益和契约。西方人在社会问题求助倾向于求"外"而不求"内"，而中国人在传统的文化价值观影响下形成了特有的问题求助模式，即求"内"而不求"外"。正如有学者指出，必须把专业工作者由"陌生人"转变为受助者熟悉的人,改变中国人传统上只习惯于求助行为的内敛特性,建立以社群网络关系为基础的社会工作干预模式。探讨中国的社会工作本土化实践,工作者与求助者信任关系的建立对推动专业助人方法的发展也是至关重要的(熊跃根,2005)。社会工作如何解决不同的人际关系类型中人们所面对的问题,西方的团体格局与中国的差序格局的人际关系类型有着本质差异,中西文化的差异决定了它们在哲学和价值观追求上的不同。

3. **社会关系形态不同**

西方专业化的社会工作是在自由主义福利观的背景下,在民间慈善事业充分发展的基础上逐渐形成和发展的。而在中国大陆,在设立社会工作专业后的相当长时间内,官方和民间对专业社会工作的认同程度都是相当有限。西方具有深厚社会基础的自由主义福利观、个体主义贫困观以及以法治为调整社会关系主要手段的市民社会与中国大陆家族主义、礼治传统及以行政权力为主导的总体性社会难免有许多龃龉之处,因此专业社会工作的移植与其他制度移植一样都要经历一个文化调适的过程(徐道稳,2008)。

4. **宏观与微观的不同**

西方社会工作专业教育带有"以个体服务为重"的微观理论色彩,与现阶段中国以宏观发展的社会工作取向并不协调,个人社会服务领域的政策发展也较为迟缓。立足中国实际,并且发展宏观社会工作应该成为中国社会工作教育本土化的重要方面。由于经济社会发展的高水平、国民生活的高质量及个人主义的文化传统,西方社会工作专业人才培训注重微观分析,倾向于微观治疗方法而提倡个性化的服务。而中国大陆目前只是刚跨进小康社会的门槛,因此,现阶段社会工作要立足于中国实际,将重心定位于保障人民的基本生活与基本权益,发展宏观与微观相结合的本土化社会工作理论(汪慧,2007)。

5. 西方社会工作教育模式是经过中国大陆学者和政府"自上而下"的推广之后,才由"全球化"变为"地域性现实"

中国大陆社会工作教育体系就是在西方模式的全球扩散和中国特色的社会背景下被建构起来的。

6. 社会工作的基础不同

西方社会工作是在助人实践中逐渐发展起来的,专业实践先于专业教育,而中国大陆社会工作教育是在没有职业化的土壤中发展起来的,专业教育早于专业实践。中国大陆社会工作具有"行政性"、"半专业化"及"发展非均衡性"等特点,而且是一种人文主义助人模式,这些都决定了中国大陆社会工作教育的发展立足于本土趋势不可逆转。

(二) 大陆社会工作教育本土化情形

1. 课程设置本土化情况概述

(1) 8门核心课程设置本土化情形。对所有回收的有效问卷中各校核心课程进行整理,8门核心课程为个案工作、小组工作、社会心理学、社会学概论、社会工作导论、社会保障概论、社会福利思想和社会调查方法,对每门课程分别从课程内容和教材案例情况进行测量,以及对社会工作专业学生学习该课程的效果进行测量,以"非常差"、"比较差"、"一般"、"比较好"、"很好"5项测量程度指标进行汇总,得到G地区高校社会工作专业学生对课程设置情况的基本态度及课程学习的效果(见表5-19)。

从总体上来看,G地区高校社会工作专业学生认为8门核心课程内容贴近本土情况"比较差",模仿国外或中国香港、中国台湾的情况为一般";教材中本土案例情况为"比较差",中国大陆、中国香港、中国台湾案例及西方案例情况为"一般";学生对教材教学效果评价"一般"的比较多,选择"非常差"和"比较差"两项的又明显多于选择"比较好"和"很好"这两个选项。从宏观上来看,G地区高校社会工作专业学生对于8门主

干课程设置普遍表示"比较差";

表 5-19　8 门核心课程本土化情形

单位:人

选项		课程内容贴近本土情况	课程内容模仿国外或中国香港、中国台湾情况	教材中本土案例情况	中国大陆、中国香港、中国台湾及西方案例情况	学习教材的效果
个案工作	非常差	8	7	14	7	13
	比较差	110	49	90	39	49
	一般	52	112	62	108	126
	比较好	41	44	43	57	19
	很好	6	5	8	6	10
小组工作	非常差	3	5	11	5	17
	比较差	91	45	97	48	53
	一般	61	120	62	106	105
	比较好	49	40	42	51	37
	很好	13	7	5	7	5
社会心理学	非常差	3	4	3	2	13
	比较差	95	48	94	38	34
	一般	48	92	52	107	97
	比较好	50	61	56	61	46
	很好	21	12	12	9	27
社会学概论	非常差	5	7	5	6	18
	比较差	99	46	96	45	51
	一般	63	107	59	105	115
	比较好	43	52	50	57	21
	很好	7	5	7	4	12
社会工作导论	非常差	2	5	4	6	16
	比较差	111	47	88	37	50
	一般	38	109	58	110	104
	比较好	56	53	55	61	55
	很好	10	3	12	3	12

续表

选项		课程内容贴近本土情况	课程内容模仿国外或中国香港、中国台湾情况	教材中本土案例情况	中国大陆、中国香港、中国台湾及西方案例情况	学习教材的效果
社会保障概论	非常差	3	2	8	3	12
	比较差	97	39	102	39	57
	一般	47	113	57	122	103
	比较好	55	62	46	46	40
	很好	15	1	4	7	5
社会福利思想	非常差	7	7	3	2	16
	比较差	95	36	102	45	48
	一般	53	106	66	100	110
	比较好	51	59	41	64	37
	很好	11	9	5	6	6
社会调查和研究方法	非常差	1	7	6	2	14
	比较差	91	49	79	44	58
	一般	43	91	63	105	107
	比较好	61	65	61	57	24
	很好	21	5	8	9	14

从微观上来看，G地区高校社会工作专业学生对问卷中各个选项都有不尽相同的评价，对课程设置和教材中的案例设置等表示了不同程度的评价。

由于课程内容选择和案例选择与学生日常生活距离较远，使得学生在学习新知识和运用新知识方面有一定的困难。实践中所处的环境、发生的问题和出现的情况与教材中的理论、价值、观念、案例及解决方法等都不太符合，造成一些学生"所学知识用处不大"，甚至产生"学这些都没有用"的心理，或者认为教材内容"太过于理论化"，从而导致学习积极性下降，教学质量无法有效提高（见表5-20）。

表 5-20　学习 8 门核心课程产生的效果原因

单位:%

选　项	自身原因	教师原因	教材原因	专业前景	其　他	合　计
个案工作	12.0	22.6	41.5	15.7	8.3	100
小组工作	9.7	32.7	33.2	13.8	10.6	100
社会心理学	12.0	34.1	35.5	8.3	10.1	100
社会学概论	17.1	23.5	41.0	12.4	6.0	100
社会工作导论	13.8	26.7	41.0	12.4	6.0	100
社会保障概论	13.4	26.3	38.2	14.3	7.8	100
社会福利思想	14.7	22.6	40.6	14.3	7.8	100
社会调查和研究方法	14.3	30.4	35.9	11.5	7.8	100

从表 5-20 可以看出，G 地区高校社会工作专业学生学习积极性与学习效果有待提高，其中很重要的一个原因就是目前出版的教材无法实现本土化。本土化教材编写是影响学生专业学习效果的重要因素，由于现有的教材内容、理论思想、实务技巧与案例选择无法本土化，难以满足学生学习要求和实践需求，增加了学生专业学习的难度。此外，实践课时比较少、实践基地比较少与专业前景等原因，使得学生专业学习效果不明显或学习积极性不高。

中国台湾和香港早期的社会工作专业教育的课程设置及选用的教材，不管是理论还是实务方面都是来源于欧美，全盘引进西方社会工作价值观、社会福利理论及工作模式，很少有本土化教材和研究性著作。20 世纪 70 年代中期以后，在香港和台湾从事社会工作教育的学者，开始有目的地整理本土案例，并且根据相关的社会政策加以分析，以此作为社会工作教育的专业教材。到 20 世纪 90 年代初，有关香港和台湾社会政策、社会工作理论与实务的教材和著作的出版已经具有一定的规模，探讨的范围包括福利发展史、政策分析、个人、小组及社区工作模式，也有老人服务、青少年工作、社区发展和康复工作等，上述书籍的出版使得台湾和香港尤其是台湾社会工作教育逐步走上了专业化和本土化道路。

（2）选修课程本土化情形。选修课程是专业课程学习的重要补充和延伸，是为了丰富和完善学校专业设置、拓展学生的知识面、培养学生自主创新意识及让学生在专业学习上积极主动并学有所得，从而促进教与学的良性互动并达到教学相长的目的。调查结果显示，G地区高校开设选修课程门数比较多，但是对于加深学生对某一方面实务技巧和专业能力所起作用不大，而且选修课开设与社会需要不太相符合。93.1%的社会工作学生认为选修课开设门数"比较多"（见表5-21），77.4%的社会工作学生认为选修课并没有贴近社会需要（见表5-22）。

表5-21 选修课开设情形

单位：人，%

选项	参与人数	参与比例	有效比例	累计比例
非常多	12	5.5	5.5	5.5
比较多	84	38.7	38.7	44.2
一般	106	48.8	48.8	93.1
不太多	15	6.9	6.9	100.0
总计	217	100.0	100.0	

表5-22 选修课贴近本土社会情形

单位：人，%

选项	参与人数	参与比例	有效比例	累计比例
十分贴切	6	2.8	2.8	2.8
比较贴切	71	32.7	32.7	35.5
一般	100	46.1	46.1	81.6
不太贴切	40	18.4	18.4	100.0
总计	217	100.0	100.0	

调查样本的数据分布基本呈正态分布，得分集中在3.0与

4.0 之间，得分中值为 3.6，说明 G 地区高校社会工作专业学生认为选修课的开设并没有加深某一方面实务技巧和专业能力（见图 5-2）。

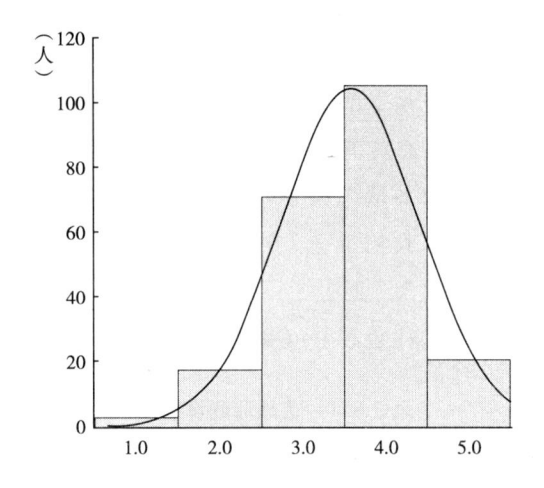

图 5-2 选修课开设对增加实务技巧的情形

社会工作属于应用性的社会科学学科，是为了解决人类面临的社会问题和满足人类需求而存在的。选修课程的设置不仅要为社会工作专业的学生奠定丰厚的理论基础，还要为他们开阔视野、拓展思维和发展潜能创造条件，为学生适应多层次社会需要作准备。目前，中国正处于社会转型时期，经济改革和社会转型带来的诸多社会问题，正需要社会工作专业人员帮助政府和社会解决这些问题。然而，目前 G 地区高校并没有根据本土需求设置选修课，无法满足本土实务需求及提高学生的学习兴趣。选修课程开设不太符合现阶段社会工作人才培养的需求，尤其不能满足本土实务发展的需求。选修课程的开设基本上是讲授国外的理论、实务技巧及处理方法等，无法有效提高某一领域的技能。因此，选修课程尤其需要贴近本土色彩，因为选修课一方面是加深理论方面的学习，另一方面是为了培养本土实务工作技巧，进一步满足职业需求和社会现实需要而设置的。

第五章
社会工作教育全球化与本土化比较

(3) 实践课程本土化情形。学校作为教学组织者和培训者，在现实基础上有责任安排学生到对应的机构进行实习。实习机构是学生实习的主要场所，实习机构的选择对整个实习成效起到重要作用。目前，国内具有社会工作性质的机构大致有七类：第一类是新近开设的社区综合中心，以政府购买社会工作组织服务为主；第二类是近年来纷纷成立的社会工作非营利组织；第三类是社会工作的行政机构（如民政部、司法部、妇联、残联等）；第四类是院舍照顾机构（如各类福利院、敬老院和少年劳教所等）；第五类是传统的社区服务中心（如街道与居委会等）；第六类是发展性的社会工作服务机构（如青少年活动中心和学校辅导机构等）；第七类是医疗等服务机构（樊富珉，2003）。其实，G地区这七类实习机构都有，尤其社区综合服务中心和社会工作非营利组织等相关机构数量不少，能够容纳5所高校的学生实习。而且，G地区的行政街道有126条，按每条街道有7个居委会来计算，有882个居委会可供实习，实习场所应不成问题。在所有实习场所中，到社区综合服务中心实习的人数最多，占60.4%。

实际上，实习机构与实习场所不是实践教学中最为欠缺的，在实习过程中最欠缺的是指导老师的指导次数和实践学时等，指导老师督导的平均次数是2.26次，12.4%的社会工作专业学生表示"从未"接受过指导老师的督导，58.1%的社会工作专业学生接受过1~3次的实习督导（见表5-23）。同时，社会工作专业学生普遍认为实践学时"不太充足"，55.3%则认为实践学时"不太充分"和"不充分"两个选项。

机构可提供的资源有督导、服务对象和案主资源等，虽然机构的工作人员大多数没有经过社会工作专业培训，但是他们熟悉机构运作，而且一直从事与社会工作有关的事情，积累了不少的实务技巧。因此，机构督导能给学生提供有效的实务指导。社会工作服务对象是社会工作的主体之一，没有服务对象就没有社会工作存在的必要，资金则是顺利开展社会工作的物质基础，这些

表 5-23　社会工作实习中指导教师的督导情形

单位：人,%

选项	参与人数	参与比例	有效参与比例	累计比例
从不	27	12.4	12.4	12.4
1~3次	126	58.1	58.1	70.5
1~6次	50	23.0	23.0	93.5
7~9次	8	3.7	3.7	97.2
9次以上	6	2.8	2.8	100.0
总计	217	100.0	100.0	

都是学生在实习过程中需要接触和高度关注的，也是实习的主要内容。但是，在实践教学中，学生最不满意的地方却是督导。督导的目的是使学生能更好地掌握助人的原理、方法和技巧等，促进学生自我认识，提升专业技能并熟悉助人过程。学生在实习过程中需要督导的指导，才能更好地完成实习。但是目前社会工作专业的学生普遍认为实习机构提供的资源不足，尤其是机构督导不足（见表5-24）。

表 5-24　实习机构提供资源情况表

单位:%

项目＼程度	足够	比较足够	一般足够	不太足够	不够
督导	3.7	18.4	18.6	40.9	18.4
服务对象	6.5	20.3	31.8	26.7	14.7
资金	3.7	13.8	24.9	26.7	30.9

香港理工大学社会工作实习课程安排比较紧密，第一年的暑假进行基础实习，一般为10周，每周5天；第二、第三年开设社会工作理论与技巧课，实行并行式的专业实习（一般为"5+2"的模式），每周实习2天，每天8个小时，由学院安排，导师督导，一般一个老师督导4个学生。同时开设选修和整合课，通过实习课、选修课与整合课，使社会工作理论与实践结合得更为紧

密。然而，中国大陆学生普通反映指导老师的指导对实习效果影响有限，在实习过程中所学的专业知识难与专业实践相结合，调查显示，54.4%的社会工作学生认为指导老师的指导对实践效果"影响不大"（见表5-25）。

表5-25 督导老师对社会工作学生实习的影响

单位：人，%

选项	参与人数	参与比例	有效比例	累计比例
非常有影响	16	7.4	7.4	7.4
比较有影响	83	38.2	38.2	45.6
一般	44	20.3	20.3	65.9
没有多大影响	43	19.8	19.8	85.7
没有影响	31	14.3	14.3	100.0
总计	217	100.0	100.0	

表5-26显示，66.8%的社会工作学生认为所学专业知识运用到实践当中有一定的差距，专业知识与专业实践没有很好地契合，这也反映出社会工作日常教学与实务领域存在着一定距离，导致学生的实践收效感普遍不强，也降低了实习积极性和专业认同感。

表5-26 社会工作实践中专业知识运用情况

单位：人，%

选项	参与人数	参与比例	有效比例	累计比例
不符合	7	3.2	3.2	3.2
比较不符合	54	24.9	24.9	28.1
一般	84	38.7	38.7	66.8
比较符合	55	25.3	25.3	92.2
很符合	17	7.8	7.8	100.0
总计	217	100.0	100.0	

调查显示，64.1%的社会工作专业的学生认为当前的实习课

程不能有效提高社会工作实务技能和工作技巧（见表5-27），甚至使部分学生产生了"实习浪费时间"的心理，目前加强实习课程建设，完善实习制度显得特别重要。

表5-27　目前社会工作实践课对社会工作技能的提高情况

单位：人,%

选　项	参与人数	参与比例	有效比例	累计比例
非常有效	16	7.4	7.4	7.4
比较有效	62	28.6	28.6	35.9
不好说	67	30.9	30.9	66.8
不太有效	56	25.8	25.8	92.6
没有效	16	7.4	7.4	100.0
总　计	217	100.0	100.0	

当前，大多数高校由于缺乏有实务经验的实习督导、实习机构和实习基地，实习课程难以达到国际实践教学的标准。按照国际标准，社会工作专业的学生需要完成800学时的实习量才能毕业。而且，在社会工作实习过程中，督导往往是学生比较关注的重要问题，一些教师有社会工作专业或相关专业背景，但没有丰富的实务经验；而一些机构工作人员有丰富实务经验，但却很少有社会工作或相关的专业背景（樊富珉，2003）。富有经验的专业督导的形成可能还需要一段时间，在这样一个过渡期内，可以将有社会工作或相关专业背景的老师和有实务经验的机构人员结合起来，实现优势互补，实习之前两者做好充分的沟通，共同加强对学生的督导。另外，也应加强教师社会工作督导方面的培训，并建立和完善对督导教师的考核制度。

综上所述，社会工作实践教学既要学习西方经验，同时也要根据自身特色设置实践课程，尤其需要加强社会工作专业老师的督导培训，需要从评估制度、考核制度、实践教学和资格考试等方面加强督导制度建设，尤其需要加强本土督导的培训和培养工作，让督导落到实处，这是目前中国大陆实践教学中存在的重要问题。学生在实习过程中如果有了督导老师实务技巧指导与帮助，则有助于学生顺利地迈上职业途径，增加职业信心。同时实践课程设置要树立本土化意识，学生在实践中能够运用社会工作实务技巧解决本土的具体问题，才能有效提升学生的专业学习动力、专业素养和专业自信心。要想有效地解决本土的现实问题，社会工作技巧也需要实现本土化，才能达到事半功倍的效果。

（4）小结。

中国社会工作教育协会制定了社会工作专业核心课程及实践教学的基本要求，用以规范社会工作专业的学科建设，但是这一规范化要求还没有得到有效落实，G地区高校社会工作专业虽然按照社会工作教育协会设置了核心课程，但是各个高校之间的课程设置还没有得到有效整合。就目前教学内容来看，往往存在着社会工作理论体系是国外的、实务案例是中国香港和台湾的、批评对象是国内的情况，教学体系、理论体系及实务体系相对混乱，没有在本土情境中整合成一个统一的整体。因此，学生在学习过程和实践过程中不能将理论知识和实务技巧有效与本土情形结合起来，导致学与用的不统一。

最近几年，社会工作职业化已经取得了长足进步，这里毋庸多言。国内一线社会工作者已经在工作中探索出很多具有中国特色的做法，如果在教学中能将这些来自实践的宝贵经验整合进来，教学内容就会变得更加鲜活。同时，也可以在这些本土案例和技巧方法的基础上，探索出本土的社会工作理论体系和实务技巧。但是，以专业教材为例，适合社会工作专业学生使用的本土优秀教材极其少见。因此，在教学改革中，需要注重对专业教学内容的选择、调整、充实和总结，大力提倡并鼓励本土化教材的撰写，以课题、职称和奖励等多种实实在在的措施促进本土化教材的建设。同时，还要加强本土特色的社会工作课程体系和师资队伍的建设，使社会工作教育更贴近中国人的文化习惯和本土实际。通过对案例、理论和技巧等方面的本土化努力，能够使学生在实际操作过程中具体应用并解决所遇到的"中国式"问题,必将提高社会工会教学效果。

2. 课程目标本土化情形

社会工作的教学目标、人才培养目标和实践目标的选择制定要与本土实际情况相适合,是社会工作教育取得成效的重要因素,本次调查对这些方面进行了详细的分析。

(1)社会工作专业培养目标应与大陆特殊的政治、经济、文化和社会等因素结合起来,社会工作人才培养目标既要具有社会工作的基本理论知识和实务技巧,又要具备适合了解中国国情和社情的能力。G地区高校社会工作专业的学生普遍认为社会工作专业教学目标的定位是中国特色的社会工作教育,有高达67.7%的学生持此观点(见表5-28)。

表5-28 社会工作教学目标的定位

单位:人,%

选 项	参与人数	参与比例	有效比例	累计比例
中国特色模式	147	67.7	67.7	67.7
港台模式	14	6.5	6.5	74.2
欧美模式	7	3.2	3.2	77.4
混合模式	41	18.9	18.9	96.3
其他	8	3.7	3.7	100.0
总 计	217	100.0	100.0	

(2)G地区高校社会工作专业的学生对学校社会工作人才培养目标了解方面,其中"比较了解"和"一般"这两个选项为87.5%,只有9.1%的社会工作专业学生"不太了解"或"不了解"(见图5-3)。在对职业资格考试制度方面,有86.1%的学生"比较了解"或"一般了解",只有13.8%的学生"不太了解"或"不了解"。显然,学生在学习过程中已经将专业学习同职业资格考试内容或多或少地结合在一起,但是在实际教学过程中,教师反而缺乏将职业资格考试内容整合进教学内容中的意

识。虽然 G 地区高校 67% 的社会工作专业学生认为社会工作专业教育的目标定位是中国特色的社会工作教育，然而教师在专业课的讲授过程中并没有与中国本土情况很好地结合，教学目标虽然体现了本土化的需求，但在实践教学过程中缺乏具体落实这一本土化目标的途径。

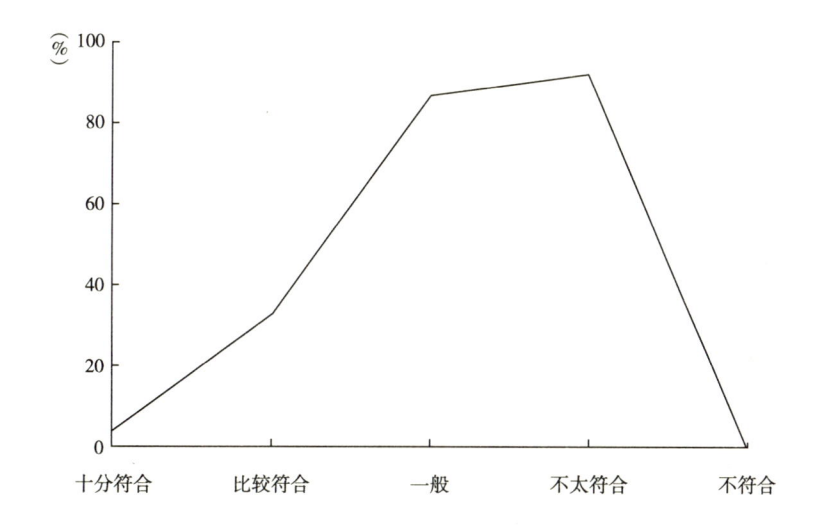

图 5-3　专业课教学方式与内容是否符合教学目标的调查

（3）社会需要和就业市场的需求使得培养本土化社会工作人才成为社会工作教育的核心问题。调查样本的数据分布基本呈正态分布，得分集中在 2.0 与 3.0 之间，得分中值为 2.4（见图 5-4）。这表明开展社会工作必须了解本土文化和地方特色，并在此基础上制定出各项服务方案，才能满足案主需求。此外，社会工作教育的培养目标也应具有本土特色，符合中国大陆国情和社情，尤其要满足近几年来国家大力提倡社会建设和社会管理的需求。如果培养目标不及时根据本土情形而作相应调整，只是盲目地照搬国外社会工作教育的培养目标，将不利于国内社会工作教育发展的需要。

（4）社会工作职业资格考试对学生的学习动力有显著影响。

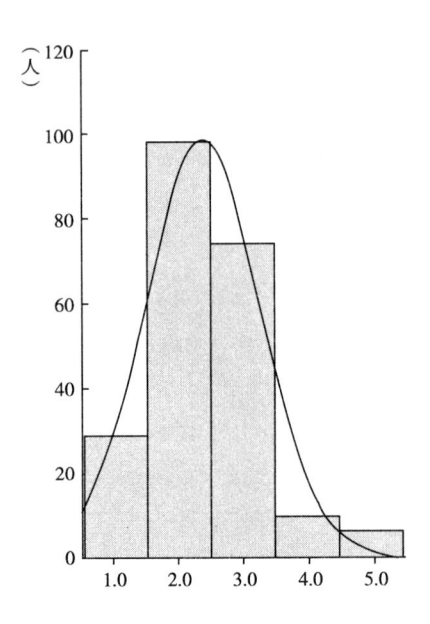

图 5-4　社会需要培养的社会工作目标是否具有本土特色的调查

调查结果显示，82.9%的学生"愿意"参加社会工作职业资格考试，6%的学生表示"不愿意"；66.4%的学生认为社会工作职业资格考试能提升专业学习的动力，4.6%的学生认为不能提升专业学习的动力。

表 5-29　社会工作学生参加社会工作职业资格考试意愿

单位：人，%

选　项	参与人数	参与比例	有效比例	累计比例
十分愿意	95	43.8	43.8	43.8
比较愿意	85	39.2	39.2	82.9
一　般	24	11.1	11.1	94.0
不太愿意	6	2.8	2.8	96.8
不　愿　意	7	3.2	3.2	100.0
总　　计	217	100.0	100.0	

虽然内地社会工作职业资格考试出台时间不长，但对学生专

业学习有着明显的促进作用。同时，它也是社会工作职业化和本土化的具体表现。目前，职业资格考试对于社会工作教育本土化的促进作用还没有完全体现出来，但是教师在教学过程中应有意识地加强这方面的教育。

（5）实习机构对社会工作专业实习的目的不清楚。调查结果显示，34.1%的社会工作学生认为学校虽然向实习机构宣传社会工作专业，但缺乏具体的实践方案，对实习目的也没有具体说明，导致实习机构对学生究竟要实习什么，要达到怎样的实习效果等问题不甚清楚，27.6%的学生认为学校只对实习机构说明了实习目的，但没有解释什么是社会工作专业，9.7%的学生认为学校既没有解释社会工作专业，也没有说明实习目的（见表5-30）。

表5-30　学院督导与实习机构联络实习情况

单位：人,%

选项	参与人数	参与比例	有效比例	累计比例
解释专业并说明实习目的	60	27.6	27.6	27.6
解释专业，但未说明实习目的	74	34.1	34.1	61.8
说明实习目的，但没解释专业	62	28.6	28.6	90.3
没有解释专业及说明实习目的	21	9.7	9.7	100.0
总计	217	100.0	100.0	

调查显示，64.1%的实习机构并不清楚社会工作专业学生的实习目的，只有2.8%的实习机构"十分清楚"社会工作学生的实习目的。由于实习机构对于学生实习目的不了解，因此无法安排合适的实习岗位，机构督导的作用也无法得到很好发挥，这是在实习教学中突出的问题（见表5-31）。

表 5 - 31　实习机构对社会工作学生实习目的了解情形

单位：人，%

选　项	参与人数	参与比例	有效比例	累计比例
十分清楚	6	2.8	2.8	2.8
比较清楚	72	33.2	33.2	35.9
一　般	88	40.6	40.6	76.5
不太清楚	37	17.1	17.1	93.5
不清楚	14	6.5	6.5	100.0
总　计	217	100.0	100.0	

（6）G地区高校社会工作专业的学生希望加强对社会工作职业的宣传，并希望对实习效果进行专业评估。调查结果显示，88.5%的学生希望向实习机构宣传社会工作专业；84.8%的学生希望实习机构加强对学生实习效果进行评估（见表5-32）。在社会工作教育实践过程中，实习机构对学生实习效果评估往往比较重要。因为实习机构对实习效果的评估可以使学生得到实习前后的差别记录，进而加强实习机构的督导作用。当然，学校方面也需要加强学生实习效果的评估，以便加强或改善实习教学。

表 5 - 32　实习机构对实习评估情形

单位：人，%

选　项	参与人数	参与比例	有效比例	累计比例
非常希望	94	43.3	43.3	43.3
比较希望	90	41.5	41.5	84.8
一　般	25	11.5	11.5	96.3
不太希望	3	1.4	1.4	97.7
不希望	5	2.3	2.3	100.0
总　计	217	100.0	100.0	

（7）小结。

G地区高校社会工作教育目标是建立本土化的教学体系，这对于培养本土社会工作者具有重要意义。然而在教学过程中，缺乏具体的途径和方式来实现本土化目标。目前，社会工作教学还是根据传统的教学内容和教学者的自身经验进行，没有依据社会工作的特点和要求进行调整，难以满足社会工作本土化需求，甚至还存在着教学目标与教学过程不相符的情形，使得学生的学习效果不明显，尤其是学生毕业之后走向社会工作岗位，面对的是对本土的助人解困情况，需要的是本土的实务方法和技巧才能解决的问题。目前社会工作教学中所选用的教材虽然由国内学者编写，但是其中的理论、概念和体系都是来自国外，很少有对本土的社会工作理论和实务技巧的总结，本土实务案例也非常缺少，学生所学到的知识与本土实践存在着较大的差距，学与用之间难以自由转换。而且，在实习过程中，一些实习机构对社会工作专业不了解，导致其无法对学生进行有效的督导。因此，一方面需要加大力度宣传社会工作，另一方面也要选择好对口的机构实习，选择那些刚成立的本土性和专业性都较强的非营利性社会工作机构，这样有利于加强机构督导，提高学生实习效果。社会工作专业课程培养目标要满足本土社会需求，尤其是在当前政府强调加强社会建设和社会管理的大背景下，更需要社会工作教育做出适当的调整，以适应社会发展的新变化，进而提高学生学习效果和专业素养。

3. 课程内容本土化概述

随着西方社会工作的全球扩散及社会工作在发展中国家的兴起，使得第三世界国家面临着一个不容回避的问题：社会工作教育如何在全球扩散的条件下实现本土化，中国作为发展中国家也不例外。中国大陆社会工作教育由于缺乏职业化土壤，被人为地建构起来的，专业化先于职业化，这与西方发展路径存在着根本差异。因此，中国大陆社会工作专业初期的教学内容、社会工作理论、社会工作伦理与价值、实务技巧及教学案例等都与本土的实际情况相去甚远，社会工作专业教育一度成为介绍西方社会工作理论知识和经验的教学，所传授的理论和实务往往解决不了中国的实际问题，难以适应本土需要。

由于中国大陆与西方在社会运行、经济发展和文化习惯等方面存在着巨大差异，使得学生在学习西方社会工作理论知识和实务技巧时难以深刻理解和全面把握，而西化知识或技巧也难以满足本土案主的需求，这就极大地影响了学生学习的积极性和教学质量的提高。调查显示，社会工作专业本科生虽然对专业教材的选用还是比较满意的，在252人当中有237人集中在"比较满意"和"一般"两个选项，占总数的94.1%；但在对理论课和实践课设置的认同度调查中，被调查的学生中有207人对理论课设置的认同度集中在"一般"和"不太满意"两项，其中有140人对实践课设置持"不太满意"的看法，占总数的55.6%，27人持"很不满意"的看法，占总数的10.7%，仅有0.8%的人对理论课和实践课设置均感到"很满意"（见表5-33）。学生对专业课程设置和专业实践教学满意度不高，这在一定程度上影响了学生对专业的认同。在实地访谈过程中，很多社会工作本科生都表示专业理论课与实践课设置不合理、教学模式单一和教学目的性不强，普遍反映实务技巧并不能真正应用，进而导致学习成效不高。作为一门应用性很强的社会工作既需要理论作为实践基础，更需要很强的实务能力来解决实际问题，而目前的教学模式难以达到这一要求，因此降低了学生从事社会工作职业的意愿。

表5-33 对专业教学部分内容的认同情况

单位：人，%

选项	很满意		比较满意		一般		不太满意		很不满意	
	人数	比例	人数	比例	人数	比例	人数	比例	人数	比例
专业教材的选用	1	0.4	101	40.1	136	54.0	14	5.6	0	0
理论课程的设置	2	0.8	43	17.1	127	50.4	80	31.7	0	0
实践课程的设置	2	0.8	4	1.6	79	31.3	140	55.6	27	10.7
专业教学模式	1	0.4	20	7.9	128	50.8	97	38.5	6	2.4
专业课程目的性	1	0.4	82	32.5	146	57.9	22	8.7	1	0.4

就专业教材的适用性而言，接受调查的学生普遍认为专业教材内容深奥、枯燥及理论性太强，比较难于理解和把握。再加上实务经验的缺乏，造成了有理论无实务的局面，无法在抽象的理论和具体的实务之间取得平衡，教师仍然停留于传统的理论授课模式，使得学生专业学习兴趣不高，学习自主性和积极性也较为缺乏，同时也降低了学生对社会工作专业的认同感。相当一部分学生表示毕业后"不愿意"从事社会工作职业。还有一些学生对专业教师局限于传统教学模式的授课方式提出了一些建议，如主张采用参与式和开放式教学，要让学生参与到教学过程当中，并进行讨论与反思，而不是简单地以单向性的教学方式授予知识。教学方式的改善有利于改变枯燥沉闷的课堂气氛，也有利于培养学生发散性思维、提高学习兴趣，锻炼分析问题与解决问题的能力。

4. 课程实施本土化概述

（1）师资本土化概述。

加强师资队伍建设是目前社会工作专业教育发展中的重要问题，近年来，高校通过引进外国专家，派送教师进修、参加培训或专业转行等方式形成了一支初具规模的师资队伍，但这远远满足不了社会工作专业教育迅速发展的需要，也无法适应近几年中国政府大力推进社会工作职业化的趋势。据调查统计，高校社会工作专业教师的绝对数量在10人以下的比例很高，占总数的41.5%，相对数量的师生比在1:10以下的占46.3%，虽然已经达到教育部规定的基本标准（1:15），但数量上达标并不能说明质量达标。而且数量达标也是有原因的，一是许多高校刚刚开设社会工作专业，只有一两个年级，在校学生数量较少，或者招生规模少；二是目前国内社会工作专业独立性不强，绝大多数高校把社会工作作为社会学、哲学或其他社会科学下设的一个专业，同样它的师资也不是独立的，在统计师资时往往把这些专业的教师甚至不相关的专业教师都纳入进去。因此，造成师资并不短缺的假象。在教师质量上，学生对教师专业背景、教学技巧、实务教学、理论教学和课堂气氛满意度较低（见表5-34）。

表5-34 师资本土化情形

单位：人，%

选项	十分满意	比较满意	一般	不太满意	不满意
专业课老师的专业背景	7.4	47.5	28.6	12.9	3.7
专业课老师的教学技巧	3.2	43.3	42.4	10.6	0.5
专业课老师的整体教学水平	3.2	41.0	42.9	11.5	1.4
专业课老师的实务教学水平	2.8	30.4	27.5	40.2	3.2
专业课老师的理论教学水平	5.5	52.1	31.8	8.8	1.8
专业课的课堂氛围	3.7	32.3	26.1	32.4	5.5

从师资质量来看，目前社会工作专业教师专业化水平整体上有待提高。首先，在社会工作专业的师资队伍中社会工作专业背景教师比例低，大部分都是由相近专业甚至关联性不强的专业转行过来的；其次，社会工作教师参加专业培训、国外交流与访学的比例不高，缺乏在职提升专业教学能力的途径；再次，社会工作系教师甚至包括社会工作专业背景的教师大多数是在象牙塔中从事理论教学与学术研究，社会工作实务经验较为缺乏；最后，即使一些教师参加了社会工作培训、交流与访学等，在东部一些发达城市还有一些教师参与了社会工作实务，甚至成立机构承接政府购买服务，实务教学水平与专业性也有所提高，但从全国范围来讲，师资整体的专业化水平仍然不高。调查数据表明，26.9%的高等院校中社会工作专业师资中社会工作专业毕业背景的教师人数为零，90.2%的高等院校中具有社会工作专业毕业背景的教师人数占教师总数比例在50%及以下。在当前国内高校社会工作师资主要存在哪些问题的调查中，"教师缺乏社会工作实践"的选项位列第一，占总数的38.9%，"有社会工作专业背景的教师太少"占总数的27.8%，这反映出目前中国社会工作教师队伍参差不齐和专业化程度不高的现状。目前我国高校从事社会

工作专业教学的教师大多数是从相近专业改行而来，少数是从海外留学归来。虽然他们工作积极性很高，但是缺乏系统的专业知识，尤其缺乏社会工作实务经验，使教学效果很难得到保证。社会工作专业教师应加强社会工作实务训练，加强对社会工作实务的了解，避免在授课过程中出现"纸上谈兵"的现象，力图在理论与实务之间取得平衡。

（2）教学条件与教学方法本土化情形。

目前大部分教师在课堂上都能运用多媒体教学及其他现代教学设备，在信息化和全球化时代善于利用多媒体及互联网等现代教学设备或技术，可以取得良好的教学效果。在香港，社会工作教师一方面采取传统教学技术或方法，另一方面也积极运用先进教学技术提高教学效果。同时，在教学方式上既有传统的讲授方式，也在课程上开设如"综合研讨"和"工作坊"等课程，学生通过课堂练习来认识社会并亲身感受社会工作实务。"综合研讨"课程着力于训练学生分析和判断能力，重视对现实问题处理过程中各种能力的培养。同时，香港各个院校也设立"学生成长小组"或"个人发展实验室"等课程，运用小组的力量帮助社会工作专业学生进行自我认识和自我调整。香港专业教师不只是教授专业课程知识，而且还负责学生的全面成长。调查显示，G 地区高校教师课堂教学主要以理论知识为主，较少涉及实务性知识，对学生的全面成长关注较为有限（见表 5-35）。

表 5-35　社会工作课程教学侧重点情形

单位：人,%

选　项	参与人数	参与比例	有效比例	累计比例
基础理论	149	68.7	68.7	68.7
实务技巧	6	2.8	2.8	71.4
理论和实务相结合	61	28.1	28.1	99.5
其他	1	0.5	0.5	100.0
总　计	217	100.0	100.0	

社会工作属于应用科学，不仅要求系统的理论指导，也要求实务技巧的传授，因此，社会工作教学与其他学科应有所不同，可以尝试一些新的教学方法进行教学，如运用社会调查、角色扮演、案例教学和课外项目等方式进行体验式教学。一是角色扮演，这是社会工作实务方法中常用的技巧之一，在个案、小组和社区工作教学过程中运用这一技巧特别重要。例如，在讲述个案工作的面谈技巧时，可以让两位学生分别扮演社会工作者和服务对象，其他学生则作为观众找"社会工作"的茬儿，教师则扮演社会工作的督导，提出具体的督导意见，然后再通过"知识锦囊"的形式将面谈技巧加以归纳。二是教师给学生提供动手操作的机会，在"做中学"和"学中做"，让理论知识与动手操作结合在一起。在"社会工作行政"课中，有一节讲"计划"及"计划的要素"，学生普遍反映记不住和不会写。教师可以让学生就"孤儿成人后离开孤儿院的跟进服务"问题写计划并进行分享，学生通过写计划的过程能熟练掌握写计划的要素。三是运用多媒体等现代教育技术，创造生动与逼真的教学情境，使学生身临其境地体会课本中的内容和思想，在此基础上掌握知识、发展能力、形成感情并加深理解。四是开展社会调查，解决社会问题是社会工作的基本方法目标，从书本上看到的社会问题往往是冷冰冰的材料和数据，学生对此兴趣不大。如果通过参观、访谈等调查活动，让学生亲临现场用自己的感官去认识和发现问题，并经历解决问题的过程，自主地找出规律性的东西，激发本能的社会责任感，这无疑会对社会工作的认识有更深刻的感受。

G地区每个高校都设立了社会工作协会（简称"社协"），"社协"是所有在校社会工作专业学生的聚集地，以宣扬社会工作理念、发展协会专业特色活动为目标，致力举办一些教育性和专业性的活动，如联系实习基地、在校外拓展活动、与一些机构合作（如组织某大型会展的志愿者和中学干部培训等）、组织会员进行义务工作培训和敬老院慰问等。G地区大学"社协"的特

第五章
社会工作教育全球化与本土化比较

色活动是手语歌比赛和新生训练营，前些年较为注重的是残疾人服务活动的开展，并与 G 地区的市残联进行合作，开设了手语课程，为残疾人康复提供帮助。为新入学的社会工作学生提供新生训练营活动，促使新生更快适应大学生活。调查显示，G 地区高校社会工作学生普遍认为"社协"在活动过程中有效地体现了社会工作特点，为学生联系课外各种社会资源，为学生实践开辟了另一个领域（见图 5-5）。

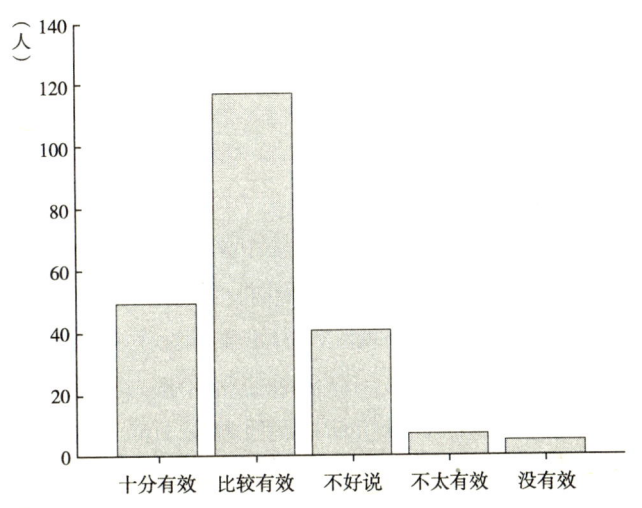

图 5-5 社会工作非营利组织活动是否体现社会工作职业特点

（3）小结。

社会工作专业教育质量的提高离不开专业化师资队伍的建设、教学条件的改善和教学方法的改进，但是，国内有社会工作专业背景的教师不多，有些教师虽然有较为丰富的社会工作实务经验，但缺乏严格的学术训练和系统的理论知识。在教学过程中大多数沿袭传统的授课方式，师生之间缺乏交流，课堂缺乏实务演练，导致课堂教学效果不高。在香港和台湾的社会工作教学过程中，首先由教师在课堂上介绍基本概念、方法和理论知识，然后由专业实习老师联系实习机构，或直接去某一社会实践基地进行实务操作，通过师生共同参与社会工作实践过程来完成基本概念、方法和理论知识的了解和交流，实现理论知识与实践技巧的整合。国内社会工作教育也可以借鉴香港和台湾的教学模式，同时，在教学方法上大胆进行改革，采取参与式教学法、问题教学法和小组教学法等新的教学方式，提高学生的学习兴趣，激发学习动力。此外，也要注重教学资源的配置，充分利用现有的实验室进行教学，实验教学有利于模拟情景和营造氛围，使学生在一个比较逼真的环境中进行学习，将会收到事半功倍的效果。

二 三地的比较

（一）本土化语言比较

社会工作教学本土化首先需要用中文来教学，让学生看中文教科书，读中文写的资料，阅读中国人自己的生活内容，分析中国社会特有的问题，探讨解决中国社会的实际问题等，如果这就是所谓的本土化，其难度并不高。目前台湾和大陆各高校的教学基本上都已经达到这种目标。而中国香港则不同，由于受欧美国家影响深远，特别是在英政府统治期间，全盘移植了英国社会的福利制度，造就了香港社会工作教育的特色。因此，教材与教学语言也多为英语。虽然在20世纪80年代出现了本土化教材，但21世纪以来，香港各个院校有增加英语授课内容的趋势，就连香港中文大学也增加了不少英文教材和英语授课。香港社会工作教育如何在本土语言文化和本土社会脉络中进行整合，如何在语言上实现本土化，这是社会工作教育界所要关注的问题。不过，本土化语言授课只不过是社会工作教育本土化最低层次的要求，绝不能认为以本土化语言授课就是实现了本土化。

（二）本土化教材比较

社会工作教育本土化另一个明显表现就是在教学训练或研究

中所使用的案例分析或法规评鉴等都应该尽量使用本土素材，运用本土素材可以印证古今，使当前的社会问题与前人的历史经验得以印证，使本土生活习惯与西方现代文化能够进行比较，从而推陈出新，创造出一些新的工作方法。

以美国硕士（MSW）教育为例，其最重要的基础之一就是有一整套系统的并立足于本国国情的理论和实务的知识体系，这套知识体系包括社会工作教育的理论方法和实践领域两大部分，社会工作教材尤其注重对本土特定社会问题的社会工作方法的总结，换句话说，美国的 MSW 就是建立在本土实践基础之上的。

就中国台湾情形而言，本土化教材取得了一些成就。但在早期，许多社会工作研究中过分着重对现象的探讨，而对非实务工作方案的发展与评估，或服务的影响因素及成效的研究中，很难找出本土化的实证数据以建立本土化教材（曾华源，1995），让学者及实务工作者有所依循。

在香港，1950 年 7 月香港大学首次开办两年制的社会工作课程，开始为香港培养本地专业社会工作者。本土化社会工作高等专业教育的设立是实现社会福利服务专业化的重要基础和标志。在香港社会工作本土化意识觉醒的历程中，最直接的反应莫过于社会工作教育与教材的变化。20 世纪 60 年代，扬哈斯本德及莫斯克罗普先后提出编写本土化社会工作教材。香港早期采用的社会工作训练教材几乎都是使用英美现成的教材，到 70 年代以后，香港社会工作教育界才开始整理香港本土的案例作为社会工作课程教材，但进展并不理想。进入 80 年代，由于香港社会工作教材的需求，再加上社会工作学生人数的增加，因而社会工作教材也有了比较好的销路，香港出版社因此有较大的兴趣出版社会工作书籍。香港社会工作教材发展主要有两种方向，第一种是编写与社会政策有关的书籍，如香港的贫穷现况、香港公共房屋政策、劳工政策、教育政策、香港医疗照护政策、新移民问题的社会政策与新市镇的发展等；第二种是关于各种社会工作方法和技巧运用的探讨和案例，如个案工作会谈技巧及小区组织方法，或某类服务对象的工作方法，如精神病患者的辅导技巧（王卓圣，2003）。但与社会工作实务有关的中文教材还很少，涉及社会个案工作、社会团体工作及小区组织的中文书籍就更少了。同时，开始出现倡导建立属于"香港的社会工作教育体制"的呼声，不再仿效英国社会工作课程体制或者依附美国或加拿大模式，希望创立香港本土化社会工作理论与原则，作为编写核心课程的基础。到 90 年代初，由于有关香港社会政策及社会工作实务书籍的盛行，出版的书籍包括福利发展历史，政策分析，个案、小组及小区工作模式探讨，老人服务，青少年工作，小区发展，康复工作和家庭服务等方面，这些书籍的出版促使香港社会工作走上了本土化的道路（周永新，1993、1998；王卓圣，2003）。

中国台湾和香港早期的社会工作专业教育的课程设置及选用的教材不管是理论还是实务都来自欧美，全盘引进西方社会工作价值观、社会福利理论及工作模式，很少有本土化教材和研究性著作。自 20 世纪 70 年代中期以后，在中国香港和台湾从事社会工作教育的学者开始有目的地整理本土案例，并且对相关社会政策文件加以分析作为社会工作教育的专业教材。到了 90 年代初，有关香港和台湾的社会政策、社会工作理论与实务教材和著作的出版已经具有一定的规模，探讨的范围包括福利发展史，政策分析，个案、小组及社区工作模式，也有老人服务、青少年工作、社区发展和康复工作等。但就成效而言，香港社会工作教材仍以西方教材为主，英语授课占了很大比例。台湾社会工作教育本土化起步虽然比较晚，但在本土化成效方面已经超过了香港。

中国大陆社会工作教材"西化"倾向严重，本土教材缺乏。目前中国大陆有关社会工作教材编写不尽如人意，存在着数量少、缺乏系统、不规范及"西化"倾向等问题，这种状况对社会工作学科的建设和发展极为不利。中国社会工作教育协会于 2003 年 12 月针对全国 569 位社会工作专业教师就当时社会工作教育最需要哪种类型的教材和资料进行调查，结果显示，有 47% 的教师认为最需要"有中国特色的社会工作专业教材"，另有 43% 的教师认为最需要"国外社会工作专业教材"及"国外社会工作专业论著和专业刊物"。可以看出，社会工作专业的国外资料和国内本土化资料都较为缺乏，专业教材的缺乏直接制约着社会工作教育的发展（左鹏，2007）。进入 21 世纪以后，已有由内地学者编写的社会工作方面的书籍出版，但客观地说这些书籍仍然以介绍国外社会工作理念、理论、方法和技巧为主要内容，而且规模较小，覆盖面不大，远远不能满足社会工作专业教育实际发展的需要。为了满足内地社会工作专业教育快速发展的需要，编写高质量的专业教材是刻不容缓的事情。欧美国家社会工作专业教育已有近百年历史，而且比较成熟，因此可以翻译其中一些理论性、系统性与操作性俱佳的社会工作专业教材，但是更重要的是要在此基础上结合本土的社会体制与文化传统，编写出适合内地情形的本土化教材。社会工作主干课程教材一方面需要全面、准确地介绍本土社会工作的基本理论和实务，同时也要吸收国外优秀社会工作教材的优点，不仅能满足专业教学的需要，而且能满足实务应用的现实需要。

（三）社会工作课程设置特色化比较

台湾有学者认为，特色化即本土化，因此林万亿等学者（1998）指出各个社会工作系所应该根据地方特色、整体校园环境和社会需求来发展系所课程特色，才不会造成社会工作学校都培养同一领域的学生（黄慧娟，2004）。中国台湾社会工作专业教育受北美影响较深，早期所使用的教材大多译自国外。随着国外社会工作理论、方法与本土工作格格不入的情况出现，台湾社会工作教育界开始反省与批判全盘西化的做法，积极鼓励研究和编写适应本土情况的社会工作实践教材,并取得了较为丰硕的成果。经过30多年的发展,台湾基本上形成了较为完整的本土社会工作教育体系。就这一层面而言,台湾各学校的社会工作特色化和本土化比较明显,而香港由于受英美的影响深刻,全球化特征明显,本土特色化相对较弱。

就中国大陆而言,广东工业大学的谭磊在2004年8月的中国社会工作教育协会第二届师资培训班上进行的调查结果表明:只有58%的高校认为本校社会工作专业课程设置"具有自身特色",41%的高校认为本校此专业课程设置不具有特色。由此看来多数高校已经认识到创办学科"本土"特色的重要性。大陆社会工作教材本土化特色不明显的主要原因是社会工作教育的仓促上马,外来引入的专业知识在没有被充分吸收的情况下便传授给学生,形成了"拿来即用"的教育特色,"拿来即用"表现为受香港模式影响较深,直接翻译和介绍西方社会工作专业教材的痕迹明显。因此,大陆社会工作教育应该根据区域特色进行本土化实践,在课程设置侧重点上,推行农村社区和后发性社会问题解决的课程。在推动专业的地域特色上,可以根据地方特点和院校性质发挥自身区域与层次优势,建设具有自身特色的社会工作专业教育。以广州地区5所开设社会工作教育的高校为例,在这些学校中有全国一流的重点大学,有综合性大学,还有理工学校或地方性高校等。譬如,中山大学属于全国一流重点高校,应倾向于培养理论研究型人才,多开设一些理论方法研究课;而广州大学属于一般地方院校,与广州市残联有着较为密切的联系,可以适当增加实务技巧和案例教学课程,倾向于开展城市社会工作、残疾人社会工作及社区综合服务等实务性本土化教学;广东工业大学属于理工科院校,可根据行业特点选择课程,开设物业管理和康复治疗等实务性课程。

此外,大陆可以根据传统儒学的内涵,建构儒家社会工作的理论与实务,作为中国本土社会工作教育的参考。儒家社会工以大同世界为理想，价值体系以儒家普世性的仁义道德为基础，知识体系（理论基础）则采用中西方通用的各种理论，技术则以通用于中华文化及其他民族个别需要为原则（钟桂男，2006）。如何通过格物致知、诚意和正心来为社会工作定性，而且要区别正常的礼尚往来和贪污受贿的不同，区别正常的社会交往与滥用社会关系的不同，建立新"五伦"，成为儒家社会工作研究的核心。

社会工作专业课程设置本土化首先要制定适合本国、本地区和本校的教学模式，包括教学目标、人才培养目标和实践目标等，而且这些目标学生能够理解并能进行操作，这样有利于提高学生学习的积极性。如果制定的课程体系只是简单地套用国外模式，不仅会造成学生因社会环境和文化的差异而难以理解之外，还会导致无法理解社会工作教育的本质，进而造成学生学习积极性和学习效率低下。

（四）课程内容本土化比较

香港自从20世纪80年代以来，虽然课程结构仍然具有浓厚的欧美色彩，但课程内容尽量向本土化发展，渐渐已经能够"西为中用"。再加上香港社会福利服务发展已经有40多年的历史，累积了自己的工作经验和工作方法，这些对香港社会工作教育本土化有很大帮助（王卓圣，2003）。例如，香港湾仔区"老年外展社会工作"的开展是香港老年社会工作本土化的反映。在从国外引入"外展"社会工作理念的基础上，结合香港本地老年社会福利资源的有限性，并根据老龄化的加剧而导致的贫困老人及问题老人增多的事实，以及政府在老年社会福利制度中对居家照顾和社区照顾的强调，再加上中国自身的传统养老观念的影响等现实情况，香港自身的老年"外展"社会工作开展起来了。在实务本土化的推动下，带动了香港社会工作教育本土化的初步发展。

在台湾，社会工作教育也越来越注重本土化，这股本土化的思潮又与多元文化思潮紧密联系在一起。20世纪70年代后,台湾社会兴起了一股多元文化思潮,认为弱势群体在面对主流文化时有诉求文化认同及保持文化差异的权利,以免遭受社会排斥和被边缘化,称为"差异的文化权利"。在这种思潮影响下,原住民、外籍劳工、外籍配偶和第二代新移民等问题逐渐引起社会关注,并成为社会工作的重要实务领域及社会工作教育的课程规划、课程内容和实习教育的重要来源。社会工作教育也逐渐形成了以本土少数民族实务为基础的原住民社会工作教育,成为社会工作教育本土化的重要来源。这些课程的设置希望培养学生本土文化的敏感度和多角度思考的能力,从而更好地理解和服务于本土案主。此外,20世纪70年代以来,社会工作专业课程本土化也成为许多亚洲新兴工业化国家和地区社会工作教育计划改革的一种显著趋势。特别是在新加坡和韩国的许多学校,已开始教授一些跟社会文化相关的教学内容,并在课程设计上改变西方社会工作形式、概念和内容,以适应本地社会经济历史状况。

社会工作教育在大陆发展有20多年的时间,但是无论课程设置还是课程的具体内容大多是以沿袭西方经验为主,尽管社会工作理论工作者都认识到社会工作必须本土化,但是有关社会工作教育本土化的研究还是薄弱环节。

目前至少有五个方面的社会工作实务没有得到应有的重视,一是近年来一些地方政府购买社会工作服务所积累的实务经验没有得到及时总结;二是民政系统及相关职能部门的社会工作历史和经验;三是长期以来单位作为社会治理机构的社会工作经验;四是基层组织(主要指村、居民委员会)对所属成员的社会调解、社会支持和救助工作的经验;五是农民工等来自社会底层的弱势群体的服务经验及处理对策等,这些素材都可以成为中国社会工作教育本土化的重要来源。尤其是近年来,内地社会工作职业化逐渐起步,东部沿海发达城市已经开始了购买社会工作服务,表明社会工作职业化已经真正起步,并积累了一定的本土实务经验，社会工作教育本土化时机已经逐渐成熟。

(五) 本土化程度比较

香港社会工作教育本土化仍处于初始阶段，本土化主要针对一味套用西方社会工作理论的方式提出检讨，这一概念是近年来香港社会工作研究领域所关注的热点问题。虽然香港社会工作者注册局试图规范专业社会工作的课程内容，但只不过是"大纲指引"而已，并没有及时汲取社会变迁所产生的需求而做出应变。香港理工大学应用社会科学系阮曾媛琪教授认为，香港目前的本土化仍处于初始阶段，社会工作长期依赖于西方理论及实践方法，一直没有积极建设本土社会工作理论，与社会服务的骄人成就实在不匹配，这是香港社会工作专业所必须正视的严重问题。

相比较而言，台湾本土化起步比香港晚，20世纪90年代以来，本土化脚步明显加快，成就斐然。香港社会工作教育本土化起步较早，但成效却并不及台湾，主要原因是香港社会仍然重英文轻中文，社会福利机构文件和记录也都以英文为主，各个社会工作学系的教师为了建立本身的学术地位仍然偏重以英文发表文章（王卓圣，2003）。大陆社会工作教育本土化程度相对就更低了，由于大陆并没有在本土的社会工作实践基础上总结并整理出本土社会工作知识与技巧，并撰写本土化实务教材，造成了教师教学时力不从心、学生学习时索然无味的现象。

总体而言，在社会工作教育本土化方面，台湾后来居上走在了前列，但其在教育内容方面也明显没有配合台湾社会工作发展实际情况进行本土化设计，这也使得课程安排僵化、学术训练与实务领域脱节的现象出现（郑怡世，2006），仍然有一段相当长的本土化道路要走。对于三地而言，社会工作与社会工作教育本土化一直都是教育领域的热门议题，但一直没有具体的解决方案与策略。

（六）西方社会工作教育扩散本土化效应的比较

中国大陆、香港和台湾的社会工作发展历史代表了三种不同的典型，在面临西方社会工作思潮扩散效应方面既具有相似性，又具有差异性。

首先，三地被扩散的时间都比较长，但本土化反思却比较晚。中国香港受西方社会工作教育思潮的"扩散模型"影响最为深远，被扩散的时间也较长直到20世纪80年代才出现"本土化"反思，中国台湾在2000年前后才出现"本土化"呼声，还处于起步阶段，而中国大陆更是最近才出现"本土化"批判性反思。

其次，"扩散效应"本土化主导力量及效果不同。从整体上讲，三地都出现了不同程度的本土化反思，但却呈现出明显的差异性。中国大陆社会工作教育在"扩散效应"影响下，直到近年才有学者呼吁对西方社会工作教育进行反思，本土性社会工作实务经验和理论成果都比较缺乏。中国台湾在西方"扩散效应"的影响下，"本土化"思潮兴起也不过十多年时间，但相对中国香港而言，其"本土化"成效要显著得多。在西方社会工作思潮的"扩散作用"下形塑出来的中国香港社会工作教育一开始就有十分浓厚的欧美风采，盛行于香港各社会工作学校或机构，最终引起中国香港社会工作教育发展本土化的反思（王卓圣，2003）。不过，中国香港社会工作教育界虽然也开设出一些适合本地需求的课程，但一直以来，中国香港所用的教科书全是英文，所教授的社会工作概念、模式和价值观都来自西方，极少使用本地（中文）教材。目前，香港社会工作教育一方面呈现"国际化"趋势加快，另一方面"本土化"步伐却逐渐减慢，就连香港中文大学都已经增加了使用英语授课的趋势。值得一提的是，在香港，最早谈论社会工作教育"本土化"问题竟是在香港推行社会工作教育的外籍学者。

第三节 趋同与趋异：全球化与本土化双重视域下的社会工作教育

当前中国大陆社会工作教育发展遇到的最大问题并非是"全球化"强势扩散所致，也并非本土实务经验的不足，而是全球化趋势中的本土化反思不足，"全球化"并没有与"本土化"进行真正对话，从而导致了社会工作教育主体性的失落。

美国著名社会学家米基利指出，社会工作不仅要放眼全球，也应在本国独特的环境和制度中找到根基，才能真正走向成熟并具有独创性（Midgley，1990）。沃尔顿和奥布等学者认为，第三世界国家社会工作教育者和实务者一方面要积极学习"西方典范"，但同时也应创造性发展自己的策略来解决自己的问题，满足自己的需要（Walton Abo，1988）。苏保罗和琼斯的研究也发现，社会工作教育不仅要注重西方世界经验，也要考虑当地独特的经济、社会和文化环境的影响（Sewpaul Jones，2005）。中国香港和台湾学界也把全球化视野下的本土化过程称作"社情化"或者"本地化"，强调外来的社会工作教育方法和本土特殊环境相结合的互动过程。

一 "全球场域"中社会工作教育的趋同现象

"全球场域"是"全球地域化"中的核心概念之一，它是一个动态的连续性模式，为社会工作教育全球性议题提供了参照架构。第二次世界大战后，由政府主导的再分配机制的"福利国家"（Welfare State）思潮获得了当时自由与保守主义者的共识，成为各国政府建立或发展福利制度的滥觞与参考。20 世纪 70 年代中期以来，西方国家逐渐走向"混合经济"（mixed economy）、"去工业化"（De industrialization）、"新自由主义"（New - Liberalism）和"第三条道路"（Third Way），社会福利思潮下的中间路线重新得到了修正（Midgley，1999），不但宣告了福利国家的"黄金时代"（Golden Age）已经过去，更表明新的福利体制时代的到来，即所谓的"后福利主义"（After Welfarism）时代。芬恩和杰克布森评论道，全球化时代的这些新趋势不仅提升了社会工作的价值，而且使社会工作实务出现了许多新兴议题（Finn Jacobson，2003），如社会正义、公民权、贫富差距扩大、环境、人口老龄化、失业、全球公民素质等（Morley，2004），因此，社会工作对于人类关怀理论和实务的表现，必须超越国家、地理和文化的界限，如果社会工作者没有一种"全球化"视野，要想有效解决全球社会工作所面临的困境是越来越不可能了。换句话说，镶嵌于"全球场域"中的社会工作教育，必须顺应全球化趋势，才能有效提升课程水平与质量。

在"全球场域"中，通过"自上而下"和"由外而内"的方式，全世界的课程教育或多或少地变得标准化了，越来越具有"国际文本"的特点，希利指出，全球化进程导致了世界范围内社会工作教育趋同现象（Healy，1992）。魏斯也指出，虽然各国的语言、文化、风俗、宗教各不相同，但在关注弱势群体、扶危济困等方面具有共性或相同的社会工作核心价值，这是"助人为本"的社会工作教育可以实现全球化的重要前提（Weiss，2005）。

为了适应全球化发展的趋势，当代西方社会工作在理论、实践、研究和教育等不同层面出现了若干变化，国际社会工作教育获得了前所未有的重视，国际化的社会工作教育已经成为重要的趋势，社会工作专业的教育者和被教育者们强烈地希望自己能在一个日益相互依赖的世界中贡献他们的才智，提供他们的服务（张敏杰，2005）。当代社会工作教育和培训更加重视为自身确立一个全球性的社会工作教育和培训资格标准，以此为行业内外社会工作教育人员和从业人员提供指导。这些标准可以成为基本的和高级的通用社会工作实务的参照指标（鲁芒·C.昆耶塔、范燕宁，2004）。全球性社会工作专业教育协会——国际社会工作学院协会颁布了《全球社会工作教育和培训标准》，对各个社会工作院校在自己的培养目标、课程设置、实习、合格的专业人员必须具备的条件等方面，做出了明确的说明和规定（刘梦，2007）。

2004年秋，在澳大利亚阿德莱德市召开的世界社会工作大会使用"全球社会工作"（Global Social Work）概念，致力于训练受教育者成为全球化时代能提供社会服务的专业工作者。国际化的社会工作教育（International social work education）致力于使受教育者成为具有在全球化时代能提供社会工作服务的专业工作者。这就意味着，虽然社会工作教育所培养的学生并不必然地从事国际社会工作服务，但社会工作教育却日益涉及较为广泛的国际问题（张敏杰，2005）。

学者可汉和多米耶利提出，为了适应全球化，社会工作教育者应做出一些相应的调整，一是积极关注全球化变迁带来的影响；二是在全球化趋势下，面对文化差异性日益增大的案主群，教育者与实务工作者如何充分运用自身力量积极介入；三是社会工作教育者和实务工作者在全球场域如何及时更新自己理论及实务技术（Khan Dominelli，2000）。在世界进入全球化时代的今天，社会工作与社会工作教育正面临着新的发展机遇与任务，社会工作者被要求了解和服务本国民众的同时，还要求对其他国家的社会工作有很好的了解，这种趋势正对世界范围内的社会工作与社会工作教育事业发生着重大的影响（张敏杰，2005）。

罗伯逊的"全球场域"概念有助于将"自在"（in itself）的全球化转化为"自为"（for itself）的全球化（Robertson，1992），也即批判性、反思性的"全球化"，它不仅注重全球社会工作教育模式借鉴和运用，也重视全球化的反思与本土化的自觉。由于中国大陆社会工作教育具有"后发外生"、"教育先行"、"师资滞后"和"拿来即用"等特点，使得学习"欧美传统、港台经验"具有十分重要的意义。也就是说，我们必须经历一个西方模式"全球扩散"和"典范转移"的过程，这有助于在熟知国际前沿的基础上确立遵循国际规范的专业教育制度，但中国大陆也不能在"全球场域"中片面模仿西方社会工作教育模式，应在全球化基础上进行批判性反思，这也涉及下文将要论述的另一个重要概念即"地域化"。

在全球场域，全球扩散可以分为两种模式，一种是"初级扩散"模式，指的是西方国家社会工作教育思潮直接扩散到邻近国家或第三世界国家；另一种是"次级扩散"模式，指社会工作教育思潮从西方国家中心地带依次向落后的边缘国家或第三世界扩散，或者说先由最核心的国家传到某一国或地区之后，再由此国或此地区传到第三世界，即经历某一国家或地区中介转移而来。如果说"初级扩散"是一种直接扩散，那么"次级扩散"则是间接扩散，是"扩散的扩散"。就中国大陆社会工作专业教育发展而言，具有"后生快发"、"拿来即用"等特点，清晰地呈现出"扩散性"特征。

中国大陆社会工作教育发展具有明显的全球"初级扩散"特征。在发展早期，由于社会工作是新生事物，国内学者大都抱着学习态度并认同西方社会工作教育的专业性与先进性，强调社会工作中西方理念与价值具有普遍性。一些学校或协会派专业教师到社会工作发达国家和地区学习或培训，如中国社会工作教育协会多次派出教师参加国际社会工作会议，并派遣五批内地专业教师赴香港学习访问。一些人士也积极寻找各种渠道留学海外，回国后任职于大学。由于这类精英位居知识生产权力中心，得以专家角色直接将美英等国所建制的主流社会工作知识体系、教育制度与工作方法直接引进过来。例如，在课程设计中，引进"社会工作方法"与"社会工作实习"等被西方社会工作教育部门订为

第五章
社会工作教育全球化与本土化比较

基础课程的科目。

与此同时,这些学者与政府部门关系密切,经常以"社会行政"或"社会工作"专家角色积极参与政府部门的咨询与决策,极力将西方社会工作教育模式推荐给权力部门,再加上他们所推介的社会工作并未挑战权威体制的统治权威,而且还宣称社会工作具有稳定社会秩序的"安全网"和"稳定器"功能,这样容易获得政府的信任与支持。经过学者和政府"自上而下"的推广之后,社会工作教育由"扩散"变为"现实",中国大陆社会工作教育体系就是在西方模式的扩散和中国特色的社会背景下被建构起来的。除了通过各种途径走出去学习之外,一些机构或高校也邀请甚至聘请国外社会工作专家为顾问,为社会工作教育发展直接提供咨询和建议,如民政部社会福利与社会进步研究所与英国发展研究所于1996年9月在北京联合举办的"中国社会福利体制改革国际研讨会",直接邀请国外专家为中国大陆社会工作教育提供建议。

虽然中国大陆社会工作教育的发展离不开上述的全球"初级扩散"途径,但也不能忽视中国香港和台湾地区全球"次级扩散"的影响。在一定程度上,中国大陆社会工作教育课程更多地借鉴了中国香港和台湾经验,所用的重要教学参考书大都来自香港和台湾,而中国香港和台湾地区的社会工作教育理念基本框架又来自西方。换句话说,英美等国的社会工作思潮扩散到中国香港和台湾地区之后,又经过这两地区辗转传入中国大陆,使得中国大陆社会工作教育又呈现出"次级扩散"特点。

其一,香港和台湾社会工作界专家和学者赴大陆交流经验。如1986~1989年,香港大学社会工作及社会行政系协助创建大学发展社会工作课程,并派出老师到中山大学授课。1988年香港理工大学与北京大学合举办"亚太区社会工作教育的现况与前瞻研讨会",为即将筹办的社会工作课程提供咨询及意见,1990年又派出三位老师到北大为其第一届社会工作系师生讲授《社会工作导论》。历届中国社会工作教育协会年会，香港地区都派学者参加。香港社会工作机构与内地社会工作者协会在 1990 年和 1993 年联合举办了两次"研讨会"，1994 年又与内地共同召开"华人社区社会工作教育发展国际研讨会"。1991～1996 年，香港理工大学、北京大学及诺丁汉大学展开《三方交流合作计划》，并逐渐将合作计划扩展至中华女子学院、中国青年政治学院及民政管理干部学院。其二，香港社会工作学界也邀请内地社会工作教师和学生到香港访问或进修，香港中文大学和香港大学社会工作系则是直接招收内地学生来港攻读博士或硕士学位。其三，部分香港基金对内地高校社会工作教育直接提供经济上的支持，如"香港林护基金会"就曾资助过中山大学社会工作系；2003 年初香港"凯瑟克基金"为内地社会工作专业高年级学生赴香港进行为期 7 天的交流学习提供资助，香港"凯瑟克基金会"为中国社会工作教育协会五年规划提供资金支持。

进入 21 世纪，中国社会工作教育处于与世界频繁交往更加开放的环境中。总结中国的社会工作经验是当务之急，而学习借鉴外国经验也实为必需。因为这会给我们一个新视角、新参照系，而这种新参照系是具有一定科学意义的。只有在此基础上，我们才能有所创新（王思斌，1995）。

二 "特殊性空间"中社会工作教育的多元趋异现象

从"特殊性空间"理解课程就是将课程放在特定的国家和社会时空脉络下来思考，"地域化"（localization）、"地域性"（regional）或本土化概念则强调在本土"特殊性空间"中建构课程的主体性。派纳等学者将地方特殊性作为课程研究的重点，主张在课程研究中融入"地域"的概念，以此来建构"地方课程理论"（a curriculum theory of place）（Pinar, 2005）。麦尔认为，由

第五章
社会工作教育全球化与本土化比较

于"特殊性空间"的存在，课程教育体系需要反映与尊重多元差异，个人、地方和国家呈现出的多样性应被赋予同等的价值。他们进一步主张在教育制度"全球化"趋势下，国家和个人更需要建构本土性课程以显示其独特价值并挑战全球知识（Meyer，1992），打破西方课程中心主义的"迷思"。

吉登斯指出全球化不仅含有世界体系中"去那里"（Out there）的现象，事实上更是一种"在这里"（In here）（Giddens，1999），北美学者史密斯因此提出了"地方性教育学"的主张，在他看来，"全球化"时代更需要强调"本土性教学"（Indigeous Teaching），以便找回自身在全球情境中的意义与价值，并提升全球教育的本土认同，从而构建一个国家课程的主体性。如果一国的课程教育没有实现"在地化"，就意味着忽视本国文化与历史，如此将会是发达国家进行"新殖民统治"的媒介（Smith，2003）。"新制度理论"、"世界体系论"和"现代化"等对于"全球化"的观点都有西方中心和理性中心的危险。

"地域化"概念强调在本土"特殊性空间"中建构课程的主体性（Robertson，1992），这一概念有助于地域社会的特殊性得以具体化。社会工作教育者不能一味移植、套用西方知识，那样会造成"主体性"失落。以往的"全球化"范式背后存在着一个强假设，即西方社会所建制出来的主流社会工作知识具有"全球性"和"普适性"意义，这其实是一种"专业帝国主义"（Professional Imperialism）。米奇利认为这种源于北美及欧洲大陆文化传统与意识形态的社会工作专业没有经过任何反省而被扩散到第三世界国家的现象（Midgley，1981），是由发展中国家受"职业殖民主义"以及"文化殖民主义"对殖民意识持久化所产生的影响而导致的结果，使得发展中国家社会工作教育表面上看似蓬勃发展，但实质内涵却是空虚和混乱。

目前，学术界有关本土化探讨仅仅只是一个受关注的话题，还停留在"应该要本土化"的认知中，而对"如何生产本土化的社会工作知识"这一实际问题的探讨明显缺乏，罗伯逊的"地域化"概念则提供了另一种新的思路，他指出"地域化"不仅意味着"解地域化"，更意味着"再地域化"，从"解地域化"到"再地域化"是实现"地域化"的基本策略。"解地域化"是指全球化改变了社会工作的地方意义及相关架构，而"再地域化"意味着在这个已经被改变的架构中重新创造，意味着将全球社会工作知识融入地方架构中重新诠释，最终将区域性、地方异质性演化为全球共同接受的现象，借此凸显教育自主性。通过"解地域化"和"再地域化"这一双重过程，让"地域性"思想或行为模式不仅属于某个地方的产物，而且有可能发展成全球趋势。

北美学者史密斯提倡"地方性教育学"，他认为"全球化"时代更需要强调本土性教学，以便找回自身在全球情境中的意义与价值，并提升全球教育的本土认同。社会工作教育固然以共同的社会需求为基础，但是不同国家或地区的历史、经济及文化的差异性，也使得社会工作教育方法与内涵具有异质性。如美国社会工作教育注重心理层面训练，而欧洲由于社会经济环境的差异性，其社会工作教育偏向法令与管理程序，第三世界的社会工作教育更注重经济发展。对于中国大陆而言，更应从本土性社会问题中寻找有意义、有价值的社会工作课程题材，譬如贫富悬殊、下岗失业、农民工、老人照顾、家庭暴力、妇女歧视、儿童虐待、新移民、弱势群体边缘化、药物滥用、艾滋病、未婚怀孕和堕胎等问题，再根据中国人重视家庭、亲情和邻里街坊关系等传统，并结合儒家、道家和禅宗等思想，探索出更加符合民族特色的社会工作实务及教育课程。

至于罗伯逊的"地域化"概念也是一种"批判性的地域主义"（critical regionalism），"地域化"绝对不等于狭隘的"地方本位主义"，它既保存和传递地域文化，也不一味地排斥西方知识，而是采取一种慎思、批判的态度来看待外来的课程理论，再根据本土历史与文化条件，将西方知识进行再转化与创新，并以此作为建构本土课程的基石。在目前处境下，实现社会工作教育"批判性地域主义"的策略主要有：第一，比较中西文化的差异；第二，重新定义从发达国家引进的社会工作教育和实务重点、知识和价值基础；第三，重点关注发展性和宏观性社会工作，满足现阶段人民基本生活与基本权利的现实需求；第四，发展有中国特色的农村社会工作教育；第五，以老年社会工作作为本土社会工作的突破口等。总之，通过"自下而上"和"由内而外"的地域化过程（Robertson，1995），判断外来课程是否适用于本土课程脉络，以此来对抗全球同质化的冲击。

三 "普遍主义—特殊主义"：全球化与本土化的互动逻辑

从"普遍主义—特殊主义"来理解课程是指课程研究必须放在"普遍主义—特殊主义"或"全球—地域"的互动关系中来加以考虑。"普遍主义—特殊主义"是"全球化"与"本土化"良性互动的基本逻辑，核心动力包括"普遍性的特殊化"（Universalism of particularization）与"特殊性的普遍化"（Particularism of universalization）这一双重过程。前者被界定为"普遍性问题的全球具体化"，意指全球同质性、趋于同一内涵的行动在世界各地普及；后者被界定为"特殊性问题的全球普遍化"（Robertson，1992），意指区域性、异质性、多元性和特殊性演化为全球趋势及其可能。社会工作教育既有"普遍性特殊化"的接纳，也有"特殊性普遍化"的期待，两者并不矛盾。换句话说，"全球化"与"地域化"看似矛盾，却在张力下有机共构和彼此共存，两者之间实际上是镶嵌性和互补性的动态辩证关系。

就社会工作教育而言，首先，社会工作教育"全球化"是建立在"地域化"基础上的，以适应地域性社会工作教育需求为前提的；其次，社会工作教育"地域化"正是"全球化"发展造成的，它是对"外来"社会工作教育模式的选择，融合与接受的过程；最后，社会工作教育"全球化"与"地域化"是"一体两面"的关系，是同一个过程中两个相互关联的方面。因此，米奇利主张第三世界国家在以美国社会工作为素材的同时，也应以本国的文化、历史传统、社会、政治和经济脉络为根本，发展出具有本国"实用主义取向"（pragmatic approach）的专业特征（Midgley，1999）。尽管汉钦和泰勒认为全球标准不适用于中国，最多只能作为中国社会工作教育"本土化"发展的一个参照（Hutchings Taylor，2007）。但在"全球地域化"范式中，如果说"全球化"是"同一性"和"普遍性"的扩张，"本土化"则是"趋异性"、"多元性"和"特殊性"的产物，趋同与趋异并行不悖，即"全球视野，在地行动"（Think globally, act locally）（Robertson，1992），并不存在谁主谁辅的问题。对于第三世界社会工作教育而言，虽然课程内容应随全球趋势转变而调整，但调整的方式并非全盘接受全球化价值。当前，人们关注的是为社会工作教育设置一个共同的参照体系。我们需要有这样一个体系使每一个社会工作专业人士都具备基本的放之四海而皆准的知识和技巧，同时这些知识和技巧应当是经过验证和修正的，切合当地实际的（鲁芒·C.昆耶塔、范燕宁，2004）。

因此，中国大陆推动社会工作职业化与专业化必须对西方社会工作知识体系进行"盘点"和"消化"，重视国际通则在中国的运用和发展，同时要在充分了解和吸收西方社会工作的精华，全面掌握社会工作知识体系的基础上，强调本土经验的积累，加快社会工作理论及方法本土化的进程，探索切合中国实际的社会工作理论和方法，以及具有中国特色的社会工作教育模式，满足中国社会发展的需要。要在吸取西方社会工作价值观、理论、方法精华的基础上，对其实行本土化改造，使之与中国国情相适应（向德平，2008）。

首先，西方专业化的社会工作教育是基于深厚的自由主义福利观、个体主义贫困观以及在以法治调整社会关系为主要手段的市民社会基础上发展起来的；而我国的社会工作教育则是建立在以家族主义、礼治传统和以行政权力为主导的"总体性社会"基础上的。其次，在中国居民日常生活世界里，以血缘、地缘和互惠关系为基础的人际网络成为普通人解决实际生活困难的基本渠道，中国人日常交往方式多依据于自身的差序格局，因此形成了特有的问题求助模式即求"内"而不求"外"，"求—助"关系很难在陌生人之间或求助者与正式机构之间建立。而西方人在社会问题求助时往往倾向于求"外"而不求"内"，而且是一种"人在环境中"和理性主义助人模式。最后，西方社会工作自建立之始就树立了"建立专业社会工作职业体系，以专业化服务来满足社会需求"的基本理念，专业实践先于专业教育，而我国的社会工作教育是在没有职业化的土壤中发展起来的。这些都决定了大陆社会工作教育只有在正确处理"普遍主义—特殊主义"或"全球—地域"关系的基础上，才能获得健康稳定的发展。

在中国大陆社会工作专业教育发展过程中，一方面既要借鉴西方社会工作理论、方法与实践模式，吸收对中国适用的成分；同时也要以自身的经济、文化和社会为依托，在两者的有机结合中形成具有中国特色的社会工作专业教育——社会工作本土化教育。另一方面中国社会工作专业教育的发展不能仅仅停留在社会工作本土化的层面，而且要通过社会工作本土化教育反作用于西方社会工作理论和实践，使中国在本土化教育中形成的理论概括、实践模式成为全球社会工作学科的有益补充，成为整个社会工作学科的有机组成部分，进一步完善整个社会工作专业的学科体系。这两方面是一个不断循环的动态系统过程（王章华、黄丽群，2008）。

第六章
结论与思考

在研究的最后阶段,笔者对整个研究进行总结,概括和归纳出主要的研究结论并进行简要的分析和思考。在大陆社会工作教育发展过程中,与香港和台湾社会工作教育模式的比较是不容回避的事实和话题,也是学界非常关注的重要领域。在本研究中,通过对三地社会工作教育在培养模式、核心课程设置、实习教学、社会工作教育与政府部门关系、社会工作教育全球化和本土化等方面进行了比较,在对前面研究的基础上,提出大陆社会工作教育应值得深思的几个重要问题及观点。

一 政府在社会工作教育发展过程中如何定位的思考

1. 社会工作教育如何与社会福利政策相适应的思考

在香港社会工作教育发展过程中,政府起主导作用。香港社会福利在英国殖民地的"非同化政策"统治下,呈现出"英式的补救性殖民地福利发展模式"特点,走的是一条福利国家发展的道路,而福利国家理念的实现需要大量的社会工作人才来推动,这为社会工作教育发展奠定了坚实的基础。内地不可能像香港一样实行高福利政策,事实上,目前还处于低福利状态,因此,内地社会工作教育如何适应政府现有的福利政策,是一个值得思考的问题。

台湾在国民党执政时期被冠以"白色恐怖"及"威权统治"的名号,社会事业呈现"党政化"特点,社会福利也是一种传统、保守、残补和片断的选择式福利。政府对社会福利不重视，在政策和资金投入等方面的努力有限，社会工作教育也受到了很大的制约。20世纪80~90年代以来，随着台湾民主改革进程的加快，政府对社会福利事业也逐渐重视，台湾社会工作教育因此获得了空前发展的良机。但问题也随之而来，政府对社会工作专业发展的角色定位在哪里，或是介入的程度如何，怎样"把国家角色找回来"（bringing the state back in），这是台湾当局值得思索的问题（王卓圣，2004）。

2. 在社会工作教育发展过程中，如何处理社会性与政治性关系

美国政府为了推动慈善事业和社会福利事业的发展，对社会工作专业发展给予政策和财政等方面的支持。中国台湾国民党当局发展社会工作教育只是把它当成维护政治和社会稳定的工具，而不是真正扶持社会服务事业的发展，政治性大于社会性，因而对社会工作教育起到的是"非主导作用"，社会工作专业教育发展更多的是社会工作界本身的努力。中国香港政府在"福利社会"背景下对社会工作教育起到了主导和中心的作用，政府引导社会工作教育发展更多的是基于社会性考虑，而非政治性因素。由于缺乏职业化土壤，20世纪80年代中国大陆社会工作教育起步正是得益于政府的大力支持或者说是由政府的行政手段来推动的。但中国大陆社会工作教育发展到了今天，还需不需要政府的行政支持，政府在社会工作教育发展中究竟如何定位，是像香港政府那样扮演主导和中心作用，还是像台湾一样扮演非主导作用，或者扮演其他角色。

3. 中国大陆目前在社会福利服务领域如何实现"政社分离"

无论是美国，还是中国台湾和香港，政府都是社会工作服务的支持者、使用者和购买者。香港的民间社会福利机构不愁经费来源，个种项目几乎都会得到政府资助。此外，香港政府对于法定的社会福利事项都是由社会福利署主导，并强调通过社会工作的手法来处置。中国台湾、香港以及美国社会工作专业教育发展

的基础就在于"政社分离",政府没有包办社会事务,而是通过购买社会服务将社会事务交给社会团体来举办,而在大陆社会工作呈现出"全能政府"下"行政性社会工作"的特点。因此,政府如何从具体的社会事务中淡化出来,将权力下放;如何进一步开放社会服务领域,降低政治性诉求,全力支持社会工作的发展;如何将行政性支持转换成为社会服务的支持者、使用者和购买者;如何重新设计现有的社会福利框架体系,制定社会福利工作的准入制度及设置新的社会工作职业岗位。

4. 中国大陆将面临政府评估社会工作存在价值及工作成效问题

政府评估社会工作存在价值及工作成效问题对于促进社会工作教育规范化发展有着非常积极的意义,但同时也会遇到一些质疑:为什么要进行社会工作评估,社会工作效益及社会工作教育效果如何评估。实际上,社会工作教育效益很难量化,它到底对学生有多大影响,能不能真正有效提高学生日后的工作效能,这是难以量化和评估的。因此,将来大陆在评估社会工作教育时,不能用传统的、行政的或硬性的、非人性化的方法来评估,需要社会工作教育界自身建构评估指标,再由政府根据这些指标体系评估社会工作的教育质量,包括就业率、实务技巧以及对学生的影响等。

二 社会工作教育如何与就业市场需求挂钩的思考

在美国,社会工作教育与职业市场联系紧密,美国的职业市场非常注重个体服务的需求(如咨询、心理治疗等),一些大学的社会工作教育也注重个人理疗和心理治疗等方面,因为这方面的就业市场比较大,就业机会直接影响整个社会工作的教育方向。中国香港在社会工作教育与社会工作实务之间如同旋转门一样,提供自由选择与进出的机会,社会工作教育与市场需求紧密挂钩,这对于社会工作者专业知识的积累、技巧的实施和研究能力的提高都有非常大的帮助。中国台湾社会工作实务工作者返回学校接受再教育的难度较大,为了提升社会工作者实务专业水平,如何在社会工作教育与社会工作实务之间有更多学习及交流的机会,这是中国台湾社会工作教育需要解决的现实问题。自1997年以来,中国台湾社会工作教育发展呈现出高度增长的趋势,但这是在《社会工作师法》通过之后及就业市场需求急速增长的情况下出现的。20世纪90年代以后,中国香港社会工作教育也呈现迅速增长的趋势。中国大陆社会工作教育明显呈现出"泡沫化"态势,社会工作专业招生每年近万人,走完了美国社会工作教育100多年才走完的道路。

通过比较,社会工作教育迅速扩张的现象也并非大陆特有,香港和台湾也有过迅速扩张的现象,但这种扩张都是以适应社会工作就业市场需求而出现的。近年来,大陆社会工作职业化进程加快,社会工作专业的毕业生就业开始有了更多的选择。社会工作实务也开始涉及更多的服务领域,培养的专业人才身兼多元服务角色。外部就业环境的变化带动了社会工作教育的变化,尤其是国家提出了加强社会建设和社会管理的战略目标,社会工作的就业领域将会更为广阔,社会工作教育需要及时适应社会新的需求。但同时,也要防止社会工作教育"大跃进"和"泡沫化"现象的再次发生。

三 社会工作教育制度化的思考

中国台湾通过法律的途径使得社会工作者拥有证照及开业的资格,社会工作专业化也因此迈出了历史性步伐。从社会工作专业人员管理机制来看,台湾实行的是严格管制的考试证照制及1997年通过的《社会工作师法》来规范社会工作职业。目前,也只有千余人拥有"社会工作师"证照,众多无证照的社会工作从业人员缺乏相关法规的管制，甚至在社团法人的福利团体中出现了以高职毕业的学历担任社会工作员的岗位，或者是身心障碍福利机构沿用行政命令的规定，如《身心障碍福利服务专业人员遴用标准及培训办法》以大专毕业且接受过相关专业培训超过 160 小时，并且具有 1 年以上相关工作经验的人员担任机构社会工作员。这无疑是社会工作专业发展过程中"开倒车"现象，无助于提升社会工作专业人员的形象及质量（王卓圣，2004）。

中国香港为了规范职业社会工作者行为，通过立法实行严格的行业自律管理。香港 1997 年通过了《社会工作者注册条例》，目前逐渐走向采取强制性注册管制办法，规定只有具备社会工作相关学历及从业经历的人员才能向香港注册局注册登记，目前仅有万余人拥有社会工作者头衔，没有注册登记者不得从事社会工作或自称社会工作者。换言之，香港社会工作从业人员的专业资格和学历水平同构性较高，显示了较高的专业服务水平。而中国台湾社会工作从业人员的专业资格和学历水平异质性较高，体现出参差不齐的专业服务水平。因而，对于台湾来说，可以参考香港模式要求无证照的社会工作从业人员强制注册，达到提升社会工作专业人员正面形象的效果。如此看来，或许台湾社会工作专业人员的管理机制可以考虑采用"证照制"及"注册制"并行的"双轨制"（王卓圣，2004）。在美国，社会工作职业认证系统由美国社会工作者协会（NASW）负责执行，已经达到了相当高的专业水平，形成了由职业组织、教育项目和资质认证构成的完善的运行体系。

同时，在中国香港和中国台湾，政府不仅直接购买社会工作服务，而且，还通过法制途径进一步规范社会工作教育的发展，以保障社会工作人员的合法权益。在中国大陆，有关社会工作职业化的专门法律还没有建立。虽然，目前大陆出台了资格考试条例，但这只是一项涉及社会工作人员的职业资格条例，而对于社会工作人员其他方面的权益并没有明确规定。而且，

第六章
结论与思考

这也不是一部法律,更不是一部有关社会工作职业的基本法,它只是一个部门条例,只能提供较低层次的制度保障,难以应付日趋复杂的社会工作职业发展的需要,也难以协调部门与部门之间的关系,甚至会出现由于基本法制的缺位,各部门在社会工作中所处位置的差异而导致部门法或政策文件相互冲突的情况出现。

香港已经实行了社会工作注册制度,而内地社会工作作为一种职业在社会上的认同度较低,相应的职业体系也没有完全建立起来,社会工作职业的法制建设才刚刚开始,台湾的《社会工作师法》和香港的《社会工作者注册条例》都可以成为大陆法制化的有益借鉴。香港社会工作发展趋势是由自愿登记制走向强制性的注册制(或称登记方式),前期采取的是较为松散的登记方式,后期规定政府资助机构的社会工作人员一定要进行强制注册。台湾发展趋势是由无专业证照走向严格的考试证照制(或称执照方式)。大陆也出台了一些政策文件,但还没有上升到法制层次。下一阶段,大陆如何在法制上引导社会工作的发展,发展方向是注册制、证照制、授证制,抑或其他。根据香港和台湾的经验,职业资格考试不过是职业认定的初级阶段,在社会工作助理工程师和社会工作师考试之后,下一步究竟怎么办,是向香港学习,即取得职业资格证书之后,对即将从事社会服务的社会工作人员采取自愿登记的方法,还是采取强制性登记的方法;或者是向台湾学习,在取得资格证书之后,向有关主管部门申请社会工作资格证之后,最后向工作所在地政府申请营业执照;或者实行授证制,由政府通过授予从业证来规范社会工作职业市场,还是只要取得职业考试证书即可,任其自由发展;或者根据大陆特色既不采取登记制,也不实行证照制,也不选择授证制,而是创新其他制度,这些都是大陆在取得社会工作职业考试资格之后下一步需要重点考虑的问题。

四 社会工作专业教育和职业级别薪资结合问题的思考

在香港社会工作机构里,主任职级(主管)是大学社会工作系毕业生且经过注册,负责管理机构或提供专业服务。助理职级是高中或专科毕业再取得社会工作文凭(学分班),负责机构的活动规划执行、文书和庶务行政等(王卓圣,2004),正是由于社会工作教育与职业级别薪资紧密联系在一起,香港注册社会工作人员可以专心从事业务活动。香港培养模式与社会工作职业职级薪级的关系虽然清晰而明确,但与职位升迁并没有直接关系。中国台湾也没有明显的分级制度,社会工作教育培养模式与社会工作级别薪资没有连接起来,社会工作人员几乎成为什么都做的通才。美国的社会工作教育层次也并没有与职业级别捆绑在一起,但学生毕业后也能够专心从事专业服务工作。

在香港主修社会工作的学生本科毕业后,只要没有刑事案底,便可注册成为社会工作人员。台湾社会工作专业的毕业生需要经过层层资格审查,并且通过考试,才可取得从业证照,目前,大陆虽然像美国和中国台湾一样也没有将学历教育与职业级别薪级结合起来,但是学生毕业之后很难专心做专业服务,也是什么都做的通才。因此,如果要提供更专业的服务及提升专业形象,如何让专业教育和专业服务分级结合起来,是不是像中国台湾和美国一样只要完善培养模式即可,还是向香港学习,在完善培养模式的基础上进一步与职业级别薪资紧密联系起来?

五 如何建立与健全社会工作教育培养模式的思考

社会工作在美国以及中国台湾和香港的高等教育中是一个大学科,在美国许多学校设有社会工作学院。但是社会工作教育重点应放在什么层次上，是文凭教育、本科教育还是研究生教育，这在美国及中国台湾和香港地区都曾有过激烈争论。一般认为首先应该有一个基础的大学通识教育，成为能思考、会思考和受过社会工作教育的人，在此基础上也涉及专才教育。然后进入硕士研究生教育，实行专才教育，最后进入博士教育，培养学术型研究人才。目前已经形成从社会工作学士、社会工作硕士到社会工作博士的学位层次，这一趋势似乎是各个国家及地区发展的客观趋势。但美国社会工作专业教育是先从硕士教育开始，然后是博士教育和本科教育，显示了较高的专业人才培养机制。同时，美国博士学位教育也存在着一些争议，认为培养层次高、实务能力强的专业社会工作应该是社会福利博士（DSW），而不是公共卫生博士（PHD）。因此，美国社会工作博士学位比较注重专业性，同时也没有忽略学术性。中国台湾、香港与大陆是以本科教育为起点的，教育的重心从一开始都是放在大学部这个层级的，然后再慢慢自下而上扩充到硕士与博士教育，这与美国以社会工作硕士班层级为主体的社会工作教育体制有很大不同。

香港目前的社会工作就业情形比黄金发展时期降低了约30%，但是却出现社会工作教育由原来的3年制改为4年制的呼声，即延长本科阶段的学习时间，已经引起了香港社会工作教育界和实务界的重视与讨论。在内地，社会工作本科教育已经有20多年的发展历程，但专业硕士教育才刚刚起步，社会工作博士教育还没有真正形成。因此，内地如何建立与健全社会工作教育培养模式，如何界定不同教育层次的定位与目标设置问题，三个培养层次之间有什么关系，培养模式和层次之间如何实现交叉、如何进行衔接等问题，都是目前内地社会工作教育界所必须重视的。

此外，美国社会工作教育最初设在职业技术学校中，而中国三地的社会工作教育都是直接设在高等院校中。香港和台湾社会工作教育起点同时有职业化与大学院校为双重依托的优势，大陆社会工作教育重建阶段起点直接设在高等院校中，最近几年更是设立了学士、硕士和博士等专业学位，使得社会工作教育培养模式呈现了直线性特点。但这种缺乏职业土壤、以高等教育为起点的发展特点对社会工作教育发展影响如何，大陆如何在缺乏职业土壤的情况下建立健全社会工作教育培养模式，也是值得关注的问题。

六 如何实现社会工作教育发展自主化的思考

台湾社会工作教育的发展过程可以归纳为"附庸→追求自主性→再度分裂"的历程。20世纪50~70年代初期，台湾社会工作教育是附属在社会学系下面，在经费、行政、师资、课程安排、学生专业认同和社会认同上形成许多限制。到了70年代末期，台湾社会工作开始追求自我主体性的分离运动。1991年以后，社会工作在台湾真正成为一门独立的学科教育，而不再是社会学学科下面的一个研究领域。最近，台湾社会工作教育中职业技术学校的社会工作系大量招生令人瞩目，世界各国的社会工作教育都是从培训班和职业技术学校向大学教育发展，而台湾的社会工作教育发展方向则是从大学教育再走向专门技术学院训练的"回头路"，拉低了社会工作专业教育的水平。虽然香港社会工作教育最初也附属在社会学系或其他系之下，但香港政府很早就邀请外国专家做顾问。因此，附属的时间相当短，很快就从"附庸"迈向"自主性"，他们共同把香港社会工作教育发展推向黄金时期。与台湾相比，香港社会工作教育发展没有走向再度分裂。大陆社会工作教育正处于脱离社会学附属地位、追求专业自主性的阶段，这也是大陆社会工作教育发展的必经之路，大陆教育界应及时加以应对。至于独立成为社会工作系之后是继续巩固和提高专业教育地位，还是像台湾那样在独立成系之后再度分裂，应该引起国内社会工作教育界的重视。

台湾社会工作从 20 世纪 70 年代开始实行聘任社会工作员实验计划，开启了台湾社会工作专业化的发展，也带动了 80 年代社会工作专业组织的发展，最终促成了 90 年代至 21 世纪初以立法来保障社会工作专业的发展。香港社会工作发展历程是从 20 世纪 50 年代的慈善救济及福利补救为起点，然后经历了 60 年代社会暴动及稳定，到了 70 年代，社会工作服务走向专业化发展的黄金时期，80 年代延续了社会工作专业服务，经历了 1990 年社会工作发展的挣扎及探索新出路，到了 21 世纪社会工作发展进入了新时代（王卓圣，2004）。回顾中国台湾、香港以及美国几十年来社会工作专业教育的发展历程，可以明显看出职业化带动了社会工作教育由点到面的普及和由低度专业化发展到较高程度的专业化的发展规律。

大陆社会工作教育从恢复重建到现在取得了令人瞩目的成就，但与香港和台湾相比还存在着很大差距。大陆社会工作教育在缺乏职业化土壤情况下被人为地"建构"起来的，到目前为止仍然没有建立起一套完整的社会工作职业制度及教育制度。而且，大陆社会工作专业教育发展方向不明确，由于早期是被"建构"起来的，因此失去了主动发展的机会。香港社会工作教育是基于实务需要而发展起来的，先有职业后有专业，而且是在社会工作实务领域取得较高成就的人举办的，他们利用丰富的实务经验来办社会工作教育。大陆举办社会工作教育是被没有社会工作实务经验的教师"建构"起来的，虽然中国大陆社会工作实务领域正在逐步形成，社会工作教育本土化也开始起步，但是受传统学术观念的影响，不自觉地将社会工作教育引向了教育本位和学术本位的道路。一些学者用"准专业化"或"半专业化"来形容当代社会工作教育的特点，如何推动社会工作专业由"低度专业化"向"高度专业化"迈进，这是值得社会工作教育界认真思考的问题。否则，社会工作专业教育难以确立并巩固其专业性地位。

七 如何加强社会工作课程设置建设的思考

中国香港社会工作课程最初是与社会学混合在一起的，随着社会工作教育由附属迈向自主，不但各个院校的课程设置逐渐实现了规范化和专业化，而且不同院校之间的社会工作教育课程已基本形成了整体，在不久的将来可能会实行院校互认学分制。中国台湾早期社会工作课程设置的特点也是隶属于社会学系。美国社会工作课程教育虽然一开始并没有依附在社会学系下，但是由于社会工作专业是从慈善事业发展而来，因此对于课程的设置也经历了一个探索的过程。中国大陆社会工作教育在恢复重建初期，也是依附于社会学系下，这与中国台湾、中国香港以及美国发展初期有相似之处，课程设置在早期都呈现出混乱的情形。

随着社会工作教育的进一步发展，美国社会工作教育协会在20世纪上半叶针对课程设置不规范的特点制定了8门核心课程。经过几十年的发展，美国社会工作教育协会对8门核心课程的硬性规定有所减弱，只是规定所有学校的社会工作课程涵盖在社会服务、人类行为和福利政策与服务三大类别下面即可，给予学校相当大的自主权。而且，美国的社会工作教育课程平均每7~10年就要修改一次，根据社会需要进行调整。香港社会工作教育并没有硬性制定8门或9门核心课程，但在外国专家的指导下，各个学校都自觉或不自觉地设立了类似美国8门核心课程。中国台湾的社会工作教育呈现出毫无反省地移植美国社会工作教育内容与知识体系的情形，台湾当局"教育部"早期也建立了类似美国的8门核心课程，选修课也多参考美国社会工作学院所开设的课程。之后，中国台湾社会工作教育界不再规范各个院校的专业必修课程，而是仿照美国的社会工作教育模式，同样规定在三大类别下自由设置课程。目前，中国大陆社会工作课程设置还处于规范化阶段，是规定8门还是9门核心课程，还是规定在三大类别下可自由设置的原则，抑或其他。到目前为止，中国大陆各院校基本上都是根据自己发展需求来选择社会工作专业教育的发展方向，各院校之间的课程设置缺乏整体性。

八 社会工作教育如何加强实习教育的思考

与美国和中国香港相比，中国台湾在社会工作实践时数并没有多少差异，但在实习质量、理论与实务教学方面存在着明显不足。香港目前虽然实施的是 3 年制学士课程，但却有高达 900 小时的实习，这与台湾 4 年制却只有不到 400 小时的实习有着天壤之别。而且在香港实践教育中，实地的讨论会和实习后的研讨会是限制学生人数的，在这样的小团体中，督导给予不间断的和个别化的教育指导，能够有效地引导学生探索、思考和建构知识。而中国大陆社会工作教育开展得比较晚，一直缺乏有经验的专业督导老师。由于大陆社会工作教育的发展不是或者主要不是以社会工作实务为基础，从事社会工作教育的人士绝大多数又没有接受过社会工作专业训练，实务经验也比较缺乏，社会工作教育在一定程度上变成了以学术为导向的"课堂教育"。中国大陆社会工作教育如何摆脱"课堂教育"的局面，如何加强社会工作实务教育，如何在理论教育与实务教育之间找到平衡，是值得探索的现实问题。而且大陆社会工作实习教育呈现出"非制度化"与"非规范化"的特点，中国大陆社会工作实习教育如何建立规范化的实习大纲，建立让社会工作专业都信服并贯彻的标准也是另一个需要关注的问题。

在中国大陆，大多数学校由于经费缺乏而没有自己的实验室，在去机构实习之前没有经过模拟训练。由于缺乏前期准备，直接进入实习机构的学生在面对具体案主时，往往不能马上投入到工作，甚至会造成无所适从的现象。大陆是否有必要建立模拟实验室，如果没必要，那又通过什么途径加强社会工作实习教学？如果有必要的话，应如何加强实验室建设，推动和加强模拟教学，进而在模拟实习与机构实习之间找到平衡。

作为社会工作教学过程的组织者、指导者、促进者和咨询者，教师的督导角色不容忽视。与中国台湾、中国香港以及美国的社会工作教育相比，中国大陆社会工作实习缺少专业督导，因此，如何提高专业督导素质，如何在现有状况下加强学院督导，这是中国大陆实习教育过程中非常重要的问题。在机构督导上，由于大部分社会福利机构的工作人员没有受过社会工作专业训练，一般只能对学生提供工作安排等帮助，无法在专业上给予支持与有效指导。如何改变机构督导对实习学生的行政功能，如何加强机构督导理论知识修养，这是实践教学另一个重要的因素。目前对于香港、台湾和大陆来说，学生最希望学校督导老师采取个别督导模式。但在大陆，由于学生数量多，督导教师不足，因此实习督导一般采取团体督导的方式。学院督导如何在现实情况下灵活运用个别督导与团体督导模式或者两者结合也是摆在实践教学面前的一个问题。

针对目前大陆社会工作教学督导匮乏的困境，香港设立专门联系实习机构的专任教师和专职督导教师的做法可视为一条有效的解决途径。专职督导教师和课堂上讲授理论的专任教师是同等重要的，这种模式是否值得大陆学习，将理论教学教师与实务督导教师区分开来，并建立对专职实习督导教师的科学评价体系，可以作为克服大陆实习困境的一种有效途径。理论教师本身从事理论研究而非实务工作，而实务教师本身重视实务工作而非理论研究，但两者并没轻重优劣之分，同等重要，互为补充。大陆社会工作教育可以对教师角色进行明确区分，并建立同等重要的绩效评估体制。否则，社会工作教师既要从事教学和科研，还要从事实习督导，造成理论与实务教学之间界限模糊不清，使得社会工作教师既不能静下心来做研究，也不能很好地从事实务教学工作，造成理论研究和专业实习的困境与效率低下。

九 如何正确认识通才教育与专才教育关系的思考

在通才与专才教育方面也会面临两难选择的问题。专才教育可以使学生把握专业性很强的问题,如青年工作、家庭治疗或社区工作等,会对某一方面比较精,比较专,对于某一范畴和领域能够掌握得比较透彻,但是无法适应其他环境。通才教育就是要使社会工作人员成为全才,拥有各种不同社会工作实务的基本价值观、实务知识及实务技巧,当面临不同的实务领域、不同的案主与不同的问题时都可以解决。全才教育虽然在某一方面达不到专才的要求,但是可以在具体实践中继续深入学习达到专才的目的。而且,通才教育不仅要培养学生全方位了解社会工作基本知识、理论和技巧,更重要的是学会在工作中如何转换角色的能力,如何把某一领域的知识和技巧转移到其他领域,注重学生学习能力和转移能力的培养。换句话说,通才教育不仅要让学生掌握多方面的知识,更重要的是培养学生自我学习和自我发展的能力,毕业之后能够根据工作需要在某一领域进行自我学习和自我调整,不再依赖学校的教育培训,自身就能够自由地获取知识和技能,同样可以达到专才教育目的。专才和通才教育的争论在美国以及中国台湾和中国香港已经得到了很好的解决,即基本的社会工作教育要实行专才教育的原则,培养学生基础能力,高层次培训或者硕士教育才进入专才培养模式,未来中国大陆社会工作教育也可以借鉴美国和中国香港、中国台湾的经验来解决这个两难困境。

十 社会工作教育如何应对西方知识强势扩散的思考

(1) 从扩散论视角而言,中国大陆、香港与台湾社会工作教育都体现出扩散特征。如同许多亚、非、拉丁美洲国家一样,中国台湾的社会工作也是舶来品,其社会工作教育是经过"二手扩散"而来，西方社会工作专业教育先传到日本与中国大陆之后，才辗转传入中国台湾。在经历过日本殖民统治后所留下来的社会服务事业，以及引进美国专业化社会工作的中国台湾当局，又随着美国对全球影响力的扩大，美国社会工作通过外交、经济和教育等渠道扩散到台湾，与先前的"二手扩散"结合，建构了中国台湾社会工作发展的历史。

（2）由于政府权力的嵌入，中国大陆社会工作教育未能隔离于权力之外而具备完全的"社会性"，相反，却呈现出"行政性"和"半专业化"特征。而中国香港则呈现了"社会性"特点，由于在英国殖民地"非同化政策"统治下，意识形态对社会工作教育的影响较小，使得香港在一定程度上保留了对行政力量的隔离、依自身逻辑运作的硬核。中国大陆社会工作教育呈现"欧美传统、港台经验"特点，香港则具有"全然覆盖式"或"英式扩散"特点，而中国台湾属于"台美混合式"或"美式扩散"特征。

（3）就扩散的主导力量而言，中国大陆社会工作教育基本上是由本土学者主导的，这些学者通过留学海外或参加国际会议等途径，将西方社会工作教育的理念引进国内。而在香港早期，主导社会工作教育的是港英政府及其邀请的一批外国专家学者。中国台湾虽然被美国社会工作教育思潮所扩散，但外籍专家并没有直接参与进来，主导力量基本上都是本土学者。

十一　社会工作教育在全球化趋势中如何定位的思考

社会工作教育在中国香港发展已经有半个多世纪，专业发展水平可与欧美先进地区媲美，全球化程度也最高。尤其是香港社会工作教育国际化步伐进一步加快，香港各大学都朝着国际化方向迈进，就连香港中文大学目前已增加了英语授课。而且，中国香港已经有了不少外国学生入读，将来还会有大量的外国学生赴港留学，全球化趋势将会进一步加强。与中国香港相比，中国台湾社会工作教育全球化程度相对较低,还难与国际接轨,中国大陆社会工作教育全球化程度就更低了。三地在面对社会工作教育全球扩散相似性表现为在社会工作教育发展初期,基本上都是毫无反省地移植西方社会工作教育内容。

就社会工作教育课程规划而言,虽然全球化对中国台湾社会工作教育产生了一定的影响,但是其社会工作教育全球化程度并不高。在中国大陆,社会工作系所的课程设计也没有完整的课程规划,导致社会工作课程难与国际接轨,这是大陆社会工作教育所必须面临的挑战。中国大陆应根据课程全球化趋势进行相应的调整,并通过适当的步骤加以规划。如果等到新的全球课程议题出现之后再来应对,或者是全球化格局已经形成才开始对课程设置进行调整,可能为时已晚。

就社会工作教育课程规划多元化比较而言,中国香港由于与国际接轨较早,其教育水平已经达到西方先进国家水平,课程内容多元化程度最高。相比较而言,由于中国台湾没有在全球化浪潮中正确定位,课程规划多元化程度赶不上香港,中国大陆就更低了。而且,社会工作教育在受到全球化影响而增设多元课程时,势必会缩减传统课程的开设。因此,在全球化趋势下,有必要在增设多元化课程与传统课程之间找到平衡。而且,全球化使社会工作教育不再仅局限于美国或某一发展中国家的具体情况,它还注重于网络间的互惠合作,从全球网络来增强全球团结,使得社会工作问题不仅仅以地域化方式解决,还需要通过全球的通力合作来共同解决一些全球性问题。因此,全球性社会工作问题也应体现在社会工作教育的课程设置中,这也是中国大陆社会工作教育与国际接轨需要注意的问题。

十二 社会工作教育如何实现本土化的思考

社会工作教育在任何一个国家和地区都是基于自身独特的社

会、文化与经济背景之上，不能片面照搬欧美等西方发达国家模式。以中国香港为例，将西方尊重个人权益和尊严的理念融入社会工作服务过程中，以此来消除社会不平等现象，并将传统的中国慈善事业规范化。由于香港社会工作发展受美、加、英等西方发达国家的影响，专业取向、社会价值观、课程规划、服务组织和系统发展等方面"西化"现象严重，至今仍然如此。虽然在20世纪90年代初，有关香港社会政策、社会工作理论与实务教材和著作的出版已经具有了一定规模。但是香港所用的教科书基本上都是英文，香港所教授的社会工作概念、模式和价值观基本上是来自西方，极少使用本地（中文）教材。香港社会工作教育的教育理念、教学模式和教学内容等都非常接近西方，本土化程度远远赶不上中国台湾。中国台湾早期社会工作教育课程设置及选用的教材不管是理论还是实务教材都是来源于欧美，全盘引进西方社会工作价值观、社会福利理论及工作模式等，很少有本土化教材和研究性著作。台湾本土化教材起步虽然比香港晚，但在20世纪90年代以后，台湾本土化脚步明显比香港快，成绩斐然。

中国大陆社会工作教育长期以来所面临的困境就是缺乏整套的本土化理论和实务知识体系，社会工作教材"西化"倾向也较为严重，尤其缺乏系统的且适合中国大陆实际情况的专业教材。进入21世纪以后，由大陆学者编写的社会工作方面的教材开始陆续出版，但客观地说这些教材仍然以介绍国外社会工作理念、理论、方法和技巧为主要内容，而且规模较小，门类不齐全，质量也是参差不齐，远远不能满足社会工作专业教育实际发展的需要，妨碍了大陆社会工作教学水平的提高。因此，大陆社会工作教育如何加强本土化教材建设，如何整理社会工作实务，编写出有中国特色的本土化教材是值得期待的。

从扩散论角度而言，三地被扩散的时间都比较长，但本土化反思却比较晚。香港受西方社会工作教育思潮的"扩散模型"影响最为深远，被扩散的时间也较长，直到20世纪80年代才出现

第六章
结论与思考

"本土化"反思。香港社会工作教育界虽然也开创出一些适合本地需求的课程,但一直以来,香港所用的教科书全是英文,极少使用本地(中文)教材。就本土化成效而言,台湾在西方"扩散效应"影响下,"本土化"思潮兴起也不过十多年时间,尽管本土化起步比香港晚,但"本土化"成效却比香港要显著得多。香港社会工作教育本土化仍处于初级阶段,这是由于其长期依赖西方理论及实践方法,一直没有积极致力于建设本土社会工作教育理论,这是香港社会工作教育界不得不关注的严重议题。目前,香港社会工作教育一方面呈现"国际化"趋势加快,另一方面"本土化"步伐却逐渐减慢的现象,就连香港中文大学都已经增加了使用英语授课的趋势。值得一提的是,在香港最早谈论社会工作教育"本土化"议题竟是在香港推行社会工作教育的外籍学者。大陆也是最近才出现"本土化"批判性反思,本土性社会工作实务经验总结的成果还比较缺乏。对于三地而言,面临的共同问题是社会工作教育本土化一直都是三地的热门议题,但是一直没有形成具体的解决方案与策略。

就特色化比较而言,中国台湾各学校特色化即本土化,而中国香港由于受英美影响深刻,全球化特征明显,而特色化则相对较弱。就中国大陆而言,社会工作教育发展二十多年,但是无论在课程设置上还是课程的具体内容上基本上是以沿袭西方经验为主,尽管社会工作理论工作者都认识到社会工作必须要本土化,但是有关本土化的研究还是薄弱环节。因此,如何根据自身特点建立特色化课程应成为当务之急,特别是近些年来,中国大陆社会问题日益增多,如下岗问题、贫穷问题、农民工问题和人口老龄化问题等,社会工作服务空间越来越大,越来越有事情可做,社会工作教育本土化也就有了更好的资源和基础。大陆社会工作教育者需要在这些社会问题中确定教育发展的特色化路子。以贫穷问题为例,社会工作者用社会发展的方法协助贫困地区或贫困群体解决贫困问题,同时,社会工作教育界要及时总结这方面的实务经验并形成自己的教学特色。

社会工作职业化过程中所形成的宝贵本土实务经验，为社会工作教育本土化提供了现实素材。如广东一些城市已经在社区中推行了社会工作服务，出现了社会工作岗位购买服务和社会项目购买服务两种类型，本土的社会工作服务已经实实在在地推开了，政府也开始对社会工作服务进行了评估，实务经验与评估资料积累了不少，完全可以在此基础上编写出本土化教材。可惜的是目前从事理论研究的教师缺乏实务经验，难以编写出适合本土社会工作实务的教材，而积极从事社会工作实务的教师又忙于日常事务，没有时间及时进行总结。

十三 全球化与本土化互动过程中社会工作教育如何发展的思考

自20世纪80年代以来，中国大陆社会工作教育一直处于被西方发展出来的社会工作理论、知识、技能和价值观念的全球扩散过程当中。通过全球化与本土化的比较可以初步折射出当前大陆社会工作教育遇到的最大问题并非是"全球化"强势扩散所致，也并非是本土实务经验的不足，而是全球化趋势中地域性反思不足，"全球化"并没有与"地域化"进行真正对话，两者之间产生了严重的不平衡现象，导致社会工作教育主体性的失落。具体表现为，一是大陆社会工作教育使用的教材主要以西方国家教材为蓝本，这种"中西混合式"或"全面覆盖式"并没有经过深刻的反省与转化，有生吞活剥之嫌。大陆学生学习与西方学生相同的教科书，训练应用与西方相同的理论与方法，试图以西方的理论及方法解决自己社会中的问题，往往力不从心，这是模仿学习所导致的非预期结果。二是过分注重对西方理论移植而忽视传统文化及处境对社会工作实务的深刻影响，对本土实务工作方案发展与评估也往往关注不够。一些学者认为，社会工作教育本土化不足

第六章
结论与思考

是由于本土实务经验的缺乏。如果说"本土性社会工作"指的是那些生长于本土的与其经济、政治和社会制度以及文化传统相适应的有效的、制度化的助人模式的话，那么大陆实际上并非没有本土实务工作模式，如社区综合服务中心的助人活动、群众工作、思想工作、民政工作、街居制工作、传统民间互助系统、亲友互济系统、优先次序助人模式、消极助人模式（即"随大流"）等，可是学界和教育界并没有在这些基础上整理出本土化经验和理论，而是全盘讲授从西方扩散过来的个案工作、小组工作与团体工作等方法，这就使得教师在教授时比较吃力，学生在学的时候也觉得无味，可形象称之为"隔靴抓痒"现象。最后，由于片面模仿，大陆并没有形成一套完整的社会工作本土教育体制，导致社会工作教育发展面临许多危机和挑战，如本土化理论和方法缺乏、专业价值观与专业认同感缺乏、培养目标模糊、学校教育与实务脱节、社会工作教育缺乏反省与改革精神、过度依赖国家体制以及就业渠道狭窄等。

由对全球化和本土化的初步研究引发出一些未来高度关注的问题，一是全球化与本土化视角向我们展示了社会工作教育发展的复杂性和多样性。对于第三世界国家来说，既要树立全球化视野，通过政府、民间等多种方式促进社会工作教育理论、实务领域的国际合作与交流，也要立足于本土教学条件，利用本国已有的制度性资源做好助人解困工作，并整理出本土实务教学经验，建立符合地域特点的社会工作教育的"话语体系"。二是西方学者也要学习非发达国家经验，尤其要重视东亚经验，正如米基利所说，西方学者首先要放弃、摆脱"中心主义"或者西方经验的"普适性"习惯思维。三是非西方国家对于重构社会工作教育知识框架也应承担更大的责任。

全球化背景下中国大陆社会工作教育既面临着发展空间扩大、专业化发展速度加快及职业化发展前景广阔的机遇，又面临着体制性约束、运行机制约束、专业价值体系选择的困惑及专业情景性限制的挑战。在这种情况下，推动社会工作职业化与专业化必须对西方社会工作知识体系进行"盘点"和"消化",既要重视国际通则在国内的运用和发展,同时也要在充分了解和吸收西方社会工作的精华,在全面掌握社会工作知识体系的基础上,强调本土经验的积累,加快社会工作理论及方法本土化的进程,探索适合大陆社会工作教育实际的社会工作理论和方法,探索具有中国特色的社会工作教育模式,满足中国社会发展的需要。

我们发现国内社会工作教育面临的根本问题不只是对全球化扩散下"西方典范的模仿"问题,更重要的是对"模仿的西方典范"批判性反思问题。国内社会工作教育发展的最大机遇就是在全球化压力下,下决心进行发展模式转变,即积极回应"全球地域化"趋势,为未来社会工作教育发展奠定新的基础。

十四 社会工作教育中社会政策倡导问题的思考

没有现代意义的社会政策就没有现代意义的社会服务和社会工作,因此,在社会工作教育中需要倡导并重视社会政策教育。台湾社会工作教育就非常注重社会政策,除了在授课中引用相关法规作为论证某一福利领域存在的理由之外,而且在课程名称的设置上也体现出对这一方面的重视,如社区组织与社区发展、社会政策与社会立法等课程。此外,社会工作教育提供的选修课程也多样化,除了传统服务领域之外,还包括安宁疗护社会工作、原住民社会工作、长期照护服务、跨国婚姻家庭服务、家庭暴力与社会工作等。而且,这些课程之间差异性比较明显,重复率较低,反映出台湾面临的社会问题的多元化,社会工作实务领域广泛且贴近本土需求,需要有贴切的社会政策与之相适应。

香港社会工作教育也高度关注社会政策的调整和发展,这方面的教育也影响了学生的社会服务意识和实务技巧。自20世纪60年代后期以来,香港政府根据社会经济发展和市民需要先后发表了《香港社会福利政策与目标》(1965)、《香港福利未来发展计划白皮书》(1973)、《香港社会福利白皮书：进入八十年代的社会福利》(1979)、《跨越九十年代香港社会福利》(1991)等白皮书，明确了不同时期社会福利工作的发展方向和目标，并制定了相应计划。同时，为了适应社会福利和社会服务多元化发展的需要，以及积极推动社会工作专业化发展的需要，香港政府相继发表了《青少年个人辅导社会工作之发展绿皮书》、《老人服务绿皮书》和《群策群力协助弱能人士更生白皮书》，提出了青少年社会工作、老人社会工作和康复社会工作的目标及实施方针，不但推动了各领域社会工作的专业发展，而且也使得社会政策建设取得了丰硕的成果。

  大陆社会工作课程设置主要是一种结构功能取向或者称为模块教学形式，社会政策虽然是专业必修课程之一，但配套的课程并不多。虽然有社区工作、社会政策和社会行政等课程，但多为介绍性内容，既缺乏政策倡导和社区发展，也缺乏对当前制度的批判和反思，更缺乏本土的政策导向对实务内涵和理论总结。社会工作被描述成应对社会问题的解决工具，被描述成社会稳定器和社会安全阀，尤其强调社会工作有助于社会功能的复原。虽然，这种将社会工作宣扬为补救性社会角色容易获得政府政策和资源支持，然而，面对转型期复杂多元的社会问题，仅从微观具体层面来解决是远远不够的，更需要注重从公平正义的保障制度和社会福利政策的建设、民间组织社会管理的完善及社会服务体系的制度建构等方面来解决。社会工作需要通过参与制定影响更为广泛的社会政策，并采取实际行动发展社区组织来保护弱势群体的利益，才能获得更广阔的发展空间和更多的民众的认同。社会工作教育也需要在社会政策方面不断完善，培养学生社会政策分析与思考的能力，提倡在社会工作服务过程中加强对当前社会政策的反思和批判，以促进社会政策的完善并满足弱势群体的需求。

十五 社会工作教育是坚持学术取向还是专业取向的思考

　　社会工作教育到底是坚持专业教育，还是坚持学术教育取向，这是中国大陆社会工作教育发展过程中常常遇到的问题，这个问题在美国以及中国台湾和中国香港等地都曾引发过大讨论。中国大陆社会工作教育首先是从学校开始的，而且是在缺乏职业化土壤上发展起来的，教师大多重视学术教育，实务经验比较缺乏。他们往往认为社会工作应该以学术教育为基础，社会工作专业的学生应具备良好的社会科学基础，并拥有一定的研究水平。因为社会工作是一项创新性较强的职业，缺乏理论与研究能力仅有实务技巧是无法胜任的，因此他们注重学术教育而不太注重实务工作技巧的传授。这些教师虽然为政府提供解决社会问题的建议，但本身却不参与解决社会问题的实践活动中来。

　　美国社会工作教育在20世纪初曾有过两种不同的教育取向，一种认为社会工作教育应坚持学术教育取向，注重分析和研究能力的培养，当时坚持这一取向的学校其课程设置往往注重社会学、政治学、经济学和社会分析等，基本上没有实务课程，因为招不到生，这一取向也就没有成为教育界的主流。另一种取向是坚持实务教育的同时兼顾学术取向，认为社会工作教育应注重专业性和实务性，社会工作教育首先应建立在实务基础上，但实务也不只是简单的工作，也需要理论分析与批判性反思，主张从社会工作实务中发展出实务理论，在实务基础上注重专业课程的设计及专业素质的培养，如价值观、社会工作知识和实务技巧等，坚持这一取向的社会工作教育者获得了成功。美国社会工作教育协会也将这一取向作为评审课程的重点，如有无社会科学基础（社会学与心理学等）、社会工作实务课程、社会环境、社会行政研究及实习课程等。

第六章
结论与思考

  中国大陆未来社会工作教育是坚持学术教育取向还是专业教育取向，需要在教育界达成共识，即专业教育不同于学术教育，它是建立在实务的基础上；但同时也要拥有较强的学术基础，学术基础是服务于专业教育的。因此，社会工作教育不能过分窄化，应拓宽社会科学基础，注重基础知识的培养和训练。香港一些大学并没有单独设立社会工作系，而是在应用社会科学学系下面设社会工作、社会学、心理学和哲学等，而且社会科学的师资由其他系的老师来授课。总之，社会工作教育不能局限于狭窄的社会工作圈子中，社会科学能进一步促进社会工作教育的发展与壮大，两者之间并不矛盾，这是中国社会工作教育特别需要注意的地方。

参考文献

一 中国大陆文献

陈微:《社会工作专业教育的不足及定位》,《中国青年政治学院学报》2002年第2期。

陈和:《人本主义取向的社会工作模式及其本土化过程》,《首都师范大学学报》(社会科学版)2005年第5期。

陈世海、肖德芳:《浅谈西部高校社会工作专业教育的困境》,《社会工作》2006年第11期。

陈世海、肖德芳:《西部高校社会工作专业人才培养模式探索》,《宜宾学院学报》2006年第11期。

陈瑜:《社会工作本土化与大学课程建设》,《临沂师范学院学报》2003年第4期。

常建英、刘贞龙:《美国社会工作教育形成和特点对我国思想政治教育发展的启示》,《江西金融职工大学学报》2008年第21卷。

杜塔:《社会工作者和社会工作教育在促进亚太国家和平与公正中的作用》,《国外社会科学》2004年第3期。

法士祯、酒曙光:《香港社会工作教育课程设置状况及其对内地社会工作教育的启示》,《中国青年政治学院学报》1994年第1期。

范燕宁:《社会工作专业的历史发展与基础价值理念》,《首都师范大学学报》（社会科学版）2004年第1期。

费梅苹：《关于社会工作专业教育中课程设置模式的思考》，《长沙民政职业技术学院学报》2002年第3期。

高万红：《社会工作专业教育与社会服务机构的冲突与调试》，《北京科技大学学报》（社会科学版）2009年第1期。

高崇慧、吕涛、姜敏：《NGO与中国社会工作教育——以云南为例》，《学术探索》2006年第5期。

郭伟和：《迈向社会建构性的专业化方向——关于中国社会工作专业化道路的反思》，《北京科技大学学报》（社会科学版）2005年第2期。

顾江霞、行红芳、刘念：《广州市社会工作职业化过程的政策选择》，《长沙民政职业技术学院学报》2005年第4期。

顾江霞：《具治疗倾向的社会工作专业课程教学——以某校〈社会工作概论〉教学实践为例》，《长沙民政职业技术学院学报》2009年第4期。

顾江霞、罗观翠：《资源整合视角下的社会工作人才培养模式探讨——以中山大学05MSW培养模式为例》，《华东理工大学学报》（社会科学版）2009年第2期。

何雪松、陈蓓丽：《当代西方社会工作的十大发展趋势》，《南京师大学报》2005年第6期。

黄春梅：《职业化背景下的中国高校社会工作专业教育》，《传承》2009年第8期。

贾维周：《舍恩的反思性实践理念与社会工作教育》，《安徽农业大学学报》（社会科学版）2007年第5期。

库少雄：《社会工作评估——单样本设计》，《北京科技大学学报》（社会科学版）2004年第3期。

库少雄：《美国的社会工作教育》，《教育理论与实践》2003年第6期。

刘继同：《"华人社区社会工作教育发展研讨会"在京举行》，

《社会学研究》1994年第5期。

刘梦：《中国社会工作教育者如何应对社会工作职业化的挑战》，《中华女子学院学报》2007年第6期。

刘梦、张叶芳：《中国社会工作本土化过程分析》，《中华女子学院学报》2001年第6期。

刘莹：《社会工作"通才教育"与"专才教育"刍议》，《社会工作》2007年第3期。

刘丽华：《社会工作教育在中国的发展》，《华东理工大学学报》（社会科学版）2006年第1期。

刘华丽：《论价值教育在中国社会工作专业中的重要性》，《华东理工大学学报》（社会科学版）2002年第2期。

刘斌志、沈黎：《社会工作督导反思：学习成为有效的社会工作督导老师》，《社会工作》2006年第9期。

刘斌志：《20年来大陆社会工作教育研究综述——基于CNKI的文献分析》，《社会工作》2009年第1期。

刘斌志：《论5·12震灾对我国社会工作教育的启示》，《重庆师范大学学报》（哲学社会科学版）2009年第2期。

刘群、姜立强、徐言辉：《职业化背景下社会工作实务教学探讨》，《中国成人教育》2009年第19期。

刘扬：《以工科为背景的社会工作专业教育的优势与特色探讨》，《社会工作》2006年第9期。

刘伟能：《对建立有中国特色的社会工作教育的再认识》，《社会工作》1994年第5期。

罗肖泉：《社会工作伦理教育的模式与目标》，《徐州师范大学学报》2006年第5期。

罗竖元、李萍：《推进社会工作者职业化：美国经验及其启示》，《继续教育研究》2010年第3期。

陆素菊：《社会工作者职业化和专业化的现状及对策》，《教育发展研究》2005年第10期。

李迎生、张朝雄、孙平、张瑞凯：《英国社会工作教育发展概况及其启示》，《华东理工大学学报》（社会科学版）2007年第3期。

李迎生：《我国社会工作职业化的推进策略》，《社会科学研究》2008年第5期。

李艳娜：《社会工作专业建设管窥》，《临沂师范学院学报》2003年第4期。

李序科：《社会工作专业人才培养"瓶颈"及其突破——基于重庆市社会工作专业教育的思考》，《重庆工学院学报》（社会科学版）2009年第5期。

李立文、余冲、戴利朝：《社会转型期我国社会工作职业化的现实困境及应对策略》，《社会工作》2007年第12期。

李飞虎：《对社会工作专业实习教育的几点思考》，《社会工作》2009年第2期。

李绍伟：《美国和加拿大社会工作的发展与挑战》，《社会工作》2008年第1期。

李绍伟、于海平：《和谐社会背景下社会工作发展的国际视野——以美国和加拿大社会工作为例》，《中国矿业大学学报》（社会科学版）2008年第1期。

李萍：《和谐社会视阈下专业社会工作人才队伍建设的路径选择》，《继续教育研究》2010年第6期。

李林凤：《回顾与展望：关于国内社会工作专业学生能力培养的思考》，《广西教育学院学报》2005年第5期。

李林凤：《论社区建设与社会工作教育的互动》，《社科纵横》2003年第3期。

李晓凤：《社会工作教育的理论与实践的再反思——以中国高校社会工作专业课程设计为例》，《社会工作》2007年第3期。

李文君：《简论我国社会工作专业教育》，《社会工作》2008年第11期。

娄世桥、芮洋：《试析制约社会工作专业实习的四个因素——兼论较大规模共享型实习基地的建设》，《社会工作》2008年第6期。

柳拯：《我国社会工作发展现状、问题与对策》，《长沙民政职业技术学院学报》2009年第1期。

柳浪：《亚洲四小龙的社会工作专业教育及培训》，《社会福利》2000年第10期。

林雪丽：《我国社会工作价值教育存在的问题》，《烟台师范学院学报》（哲学社会科学版）2004年第3期。

吕涛、尹学军：《略论社会工作法治化》，《云南师范大学学报》（哲学社会科学版）2006年第6期。

鲁芒·C.昆耶塔、范燕宁：《契合文化敏感性方向的社会工作课程》，《首都师范大学学报》（社会科学版），2004年第1期。

马震越、周绍宾：《社会工作专业教育的若干问题研究》，《西南农业大学学报》（社会科学版）2006年第1期。

马亚静：《我国现阶段社会工作专业教育发展的困境及对策》，《社会工作》2007年第3期。

戚欣：《我国社会工作人才的特点及培养》，《社会科学战线》2007年第6期。

钱雪飞：《国内社会工作专业实践教学引入服务学习的思考》，《理论探索》2010年第4期。

钱会娟、袁长蓉：《美国社会工作者的发展现状及其对我国的启示》，《解放军护理杂志》2009年第6期。

孙莹：《中国社会工作专业制度建设的政策考虑》，《华东理工大学学报》（社会科学版）2000年第3期。

孙莹：《理念与策略——社会工作教育中的教学、研究与社会服务》，《中国青年政治学院学报》2005年第4期。

孙立亚：《从香港社会工作教育的发展过程看我国内地社会工作教育目前的任务》，《中国青年政治学院学报》1994年第1期。

孙志丽、张昱：《中国社会工作的发端》，《华东理工大学学报》（社会科学版）2009年第4期。

史柏年：《新世纪：中国社会工作教育面对的选择》，《北京科技大学学报》（社会科学版）2004年第1期。

史柏年、靳利飞：《共谋职业化背景下中国社会工作研究与实务发展的路径——中国社会工作教育协会2008年年会述评》，《理论探索》2009年第2期。

史铁尔：《社会工作教育探索》，《文史博览理论》2007年第8期。

石彤：《社区服务与社会工作实习教育》，《中华女子学院学报》2000年第4期。

石瑛：《比较视野下中美社会工作教育体系探析》，《社会工作》2011年第5期。

邵宁：《论我国社会工作人才队伍的建设——基于国际经验与本土实际》，《福建行政学院学报》2010年第2期。

童敏：《中国本土社会工作专业实践的基本处境及其督导者的基本角色》，《社会》2006年第3期。

童敏：《两种个案社会工作教学模式的比较研究》，《安徽农业大学学报》（社会科学版）2004年第5期。

童小军：《美国的社会工作教育（上）学历教育的形成》，2007年4月23日《中国社会报》。

童小军：《美国的社会工作教育（中）学历教育的形成》，2007年4月30日《中国社会报》。

童小军：《美国的社会工作教育（下）学历教育的形成》，2007年5月14日《中国社会报》。

唐斌尧：《中国亟需建立社会工作注册制度和执业制度》，《社会》2002年第9期。

田玉荣：《社区"日间照料室"空置对社区服务功能与社会工作教育的挑战》，《社会福利》2003年第5期。

王思斌：《中国社会工作的经验与发展》，《中国社会科学》1995 年第 2 期。

王思斌、马凤芝：《保证社会工作教育质量的途径探索》，《社会工作》1994 年第 4 期。

王思斌：《非协调转型背景下中国社会工作教育的发展》，《北京科技大学学报》（社会科学版）2004 年第 1 期。

王婴：《多元理解张力下的中国社会工作发展——关于社会工作群体对中国社会工作理解的个案研究》，《华东理工大学学报》（社会科学版）2007 年第 2 期。

王婴：《回应社会社会需要发展社会工作教育》，《中国社会工作》1997 年第 1 期。

王丹丹、刘斌志：《社会工作实验教学课程建设初探》，《重庆师范大学学报》（社会科学版）2006 年第 12 期。

王宇：《我国青年社会工作者价值观的培养》，《中国青年政治学院学报》1996 年第 4 期。

王鑫、于淼：《立足学科建设　构建和谐社会——对我国社会工作教育的认识和思考》，《辽宁行政学院学报》2006 年第 10 期。

王章华、黄丽群：《中国社会工作本土化教育模式探索》，《社会工作》2008 年第 5 期。

王秋香、王松：《中国大陆社会工作专业教育问题研究》，《社科纵横》2008 年第 3 期。

汪慧：《构建社会主义和谐社会与社会工作职业化》，《山西青年管理干部学院学报》2007 年第 4 期。

吴亦明：《论中国特色社会工作理论框架的构建》，《南京师大学报》（社会科学版）2002 年第 3 期。

夏学銮：《中国的社会变迁和社会工作教育》，《中国社会工作》1996 年第 4 期。

夏学銮：《高校社会工作专业需加大职业化步伐》，2009 年 3

月 19 日《中国教育报》。

夏学銮：《社会工作的三维性质》，《北京大学学报》（哲学社会科学版）2000 年第 1 期。

熊跃根：《转型时期中国社会工作专业教育发展的路径与策略：理论解释与经验反思》，《华东理工大学学报》（社会科学版）2005 年第 1 期。

向德平：《中国社会工作教育的发展取向及其反思》，《社会科学》2008 年第 5 期。

向德平：《社会工作教育的发展取向》，《社会工作》2008 年第 9 期。

许爱花：《社会工作专业实习教学模式研究》，《南京财经大学学报》2008 年第 2 期。

徐道稳：《论社会救助与社会工作的融合》，《华东理工大学学报》（社会科学版）2008 年第 3 期。

肖桂云：《社会工作专业实践教学初探》，《天津农学院学报》2002 年第 3 期。

杨柳：《职业化背景下的社会工作教育的回应》，《中国成人教育》2009 年第 19 期。

姚云云、李精华：《我国社会工作价值教育内容体系的科学构建》，《内蒙古师范大学学报》（教育科学版）2009 年第 9 期。

颜翠芳：《从专业到职业：我国社会工作教育若干问题探讨》，《社会工作》2008 年第 7 期。

杨慧、张兴杰：《论广东地区的社会工作教育实践》，《经济特区》2008 年第 8 期。

张敏杰：《二十世纪中国社会工作的学科发展进程》，《浙江学刊》2001 年第 2 期。

张敏杰：《全球化时代的社会工作与社会工作教育》，《中华女子学院学报》2005 年第 6 期。

张敏杰：《中国专业社会工作面临的三大问题》，《浙江工商大学学报》2006 年第 4 期。

张瑞凯:《英国社会工作教育对我国高职教育的启示》,《福建广播电视大学学报》2008 年第 5 期。

张弘:《西部地区社会工作专业教育面临的问题及对策》,《贵州师范大学学报》(社会科学版) 2006 第 1 期。

张洪英:《社会工作教育及专业社会工作关系的透视》,《中国青年政治学院学报》2007 年第 1 期。

张曙:《论我国社会工作通才教育的理想和现实》,《北京科技大学学报》(社会科学版) 2007 年第 1 期。

周利敏:《全球地域化视阈下社会工作教育发展的新趋势》,《南昌大学学报》(社会科学版) 2010 年第 4 期。

周利敏:《扩散论:大陆社会工作教育分析的新视角》,《广州大学学报》(社会科学版) 2009 年第 11 期。

周利敏:《"全球地域化"视域下中国大陆与西方社会工作教育互动关系的研究》,《内蒙古社会科学》2010 年第 6 期。

周利敏:《从"全球化"、"本土化"到"全球地域化":课程教育研究的范式转型——以社会工作专业教育为例》,《现代大学教育》2010 年第 5 期。

周利敏:《西方与中国大陆社会工作教育单向关系的研究》,《高教发展与评估》2010 年第 6 期。

周沛:《关于社会工作发展中的几个问题》,《江苏社会科学》2003 年第 3 期。

周绍宾、周林波:《从西部地区社会工作职业化谈社会工作教育的境遇》,《社会工作》2006 年第 10 期。

周晓焱:《职业化背景下社会工作课程设计初探》,《石油教育》2009 年第 6 期。

周晓焱、李精华:《关于我国社会工作专业价值观教育困境的思考》,《吉林师范大学学报》(人文社会科学版) 2009 年第 5 期。

周湘斌：《关于英国社会工作资格教育的考察与思考》，《北京科技大学学报》（社会科学版）2003年第1期。

周昌祥：《论社会福利人才培养与社会工作专业教育介入——从城市居民最低生活保障制度看专业低保工作者的培养》，《长沙民政职业技术学院学报》2003年第2期。

周昌祥：《论西部社会发展与社会工作教育的互动》，《渝州大学学报》（社会科学版）2002年第1期。

周丹红：《关于地方高校社会工作专业课程设计本地化的若干思考》，《长沙民政职业技术学院学报》2004年第3期。

张凯：《社会工作教育中的学生学业评价》，《社会工作》2009年第3期。

郑蓉：《改革三十年中国社会工作专业教育发展浅析》，《辽东学院学报》（社会科学版）2010年第2期。

朱静君、阎安、刘勇：《工科大学社会工作专业实习基地建设探索》，《社会工作》2007年第1期。

朱红：《香港社会工作专业理念的培养和规范》，《武汉冶金管理干部学院学报》2007年第1期。

朱东武：《不断完善和发展具有特色的社会工作教育课程体系——对中华女子学院社会工作系社会工作专业课程体系的反思》，《中华女子学院学报》2002年第6期。

左鹏：《基督教伦理与社会工作价值观——从中国社会工作教育的现实困境谈起》，《北京科技大学学报》（社会科学版）2007年第3期。

钟桂男：《儒家社会工作学的教育与实践模式》，《华东理工大学学报》（社会科学版）2006年第1期。

二 港台文献

陈穆仪：《从社会工作员的实务经验思考原住民社会工作教学内涵——花莲卓溪布农族为例》，暨南国际大学社会政策与社会工作研究所硕士论文，2001。

陈圭如：《社会工作学生对实习课程满意度之研究》，东吴大学社会学研究所硕士论文，1988。

关锐：《香港社会工作教育所面对的问题》，《小区发展季刊》1993年第61期。

关锐：《社会工作的发展和专业化过程》，载于周永新主编《社会工作学新论》，香港，商务印书馆，1998。

郭世丰：《社会工作硕士班研究生营销认知与方案规划取向之相关性研究》，东海大学社会工作学系硕士班硕士论文，2006。

高迪理、赵善如：《从期刊文章分析台湾地区社会工作专业发展情形》，《社会工作学刊》（创刊号）1991年第1期。

高迪理、赵善如：《从〈小区发展季刊〉研究报告的分析谈台湾社会工作研究的趋势》，《社会工作学刊》1992年第2期。

黄慧娟：《是"升级"还是"旧瓶新酒"？——从社会工作硕士教育论台湾社会工作专业教育之分阶》，台湾大学社会工作研究所硕士论文，2004。

黄彦宜：《台湾社会工作发展：1683～1988》，《思与言》1991年第3期。

黄彦宜：《台湾社会工作发展之研究：1683～1988》，台湾大学社会学研究所硕士论文，1988。

黄侃如：《精神社会工作专业认同之形塑与挣扎》，东吴大学社会工作学系硕士班硕士论文，2004。

黄癸楠：《台湾省社会工作员制度之研究》，政治大学公共行政研究所硕士论文，1981。

黄碧霞：《台湾省各县市社会工作专业体制与社会工作伦理》，《小区发展季刊》1999年第86期。

何建芬：《嘉义县社会工作制度之回顾与展望》，南华大学非营利事业管理研究所硕士论文，2003。

何彩燕：《社会工作师职涯转换之研究：以县市政府具转任

资格之社会工作师为例》，暨南国际大学社会政策与社会工作研究所硕士论文，2004。

何国良、畲云楚：《香港的文化理论与社会工作》，载于何洁云、阮曾媛琪主编《迈向新世纪——社会工作理论与实践新趋势》，香港，八方文化公司，1999。

何国良：《社会工作的本质：论述分析的启示》，载于何国良、王思斌主编《华人社会社会工作本质的初探》，香港，八方文化公司，2000。

洪文洁：《台湾社会工作教育之倡导取向分析——以社会工作相关科系社会工作概论主要教科书为例》，暨南国际大学社会政策与社会工作学系硕士班硕士论文，1996。

江柏毅：《全球化趋势下台湾社会工作教育之因应》，暨南国际大学社会政策与社会工作学系硕士论文，2007。

简春安：《社会工作历史发展与台湾社会工作本土化之分析》，《台湾社会工作学刊》2004年第1期。

简春安、邹平仪：《社会工作研究法》，台北，巨流图书公司，1998。

林万亿：《台湾社会工作与社会福利教育的发展》，《社会工作学刊》2000年第6期。

林万亿：《台湾社会工作之历史发展》，载于吕宝静主编《社会工作与台湾社会》，台北，巨流图书公司，2002。

林万亿：《当代社会工作：理论与方法》，台北，五南图书出版公司，2002。

林万亿、吕宝静、郑丽珍：《社会工作与社会福利学科规划研究报告》，台湾"行政院"计划成果报告，1999。

林联章：《工厂员工适应问题与服务措施之研究：工业社会工作发展之探讨》，东海大学社会学研究所硕士论文，1981。

林祥堡：《台湾社会工作专业形成因素之探讨》，东吴大学社会工作研究所硕士论文，1991。

罗观翠：《香港的非政府组织：社会角色与未来展望》，载于文化大学社会福利系主编《社会福利策划与管理》，台北，扬智文化公司，2002。

刘可屏、王永慈：《我国社会工作实习课程的规划与实施》，《小区发展季刊》2002 年第 99 期。

廖荣利、蓝采风：《台湾的社会工作教育——教师、学生、教学之社会学分析》，台北，三民书局，1983。

廖荣利、陈毓文：《台湾社会工作教育与证照制度未来发展之探讨——以美国社会工作教育经验为参考架构》，《小区发展季刊》1996 年第 76 期。

李增禄：《我国社会工作教育新趋势》，《小区发展季刊》1993 年第 61 期。

李希旻：《社会工作训练》，《社联季刊》1980 年第 73 期。

李宗派：《探讨美国社会工作之教育政策与立案标准》，《小区发展季刊》2002 年第 99 期。

李宗派：《讨论社会工作师之证照与检定制度》，《小区发展季刊》1996 年第 76 期。

李洁文：《社会工作文化问题初探：从社会科学本土化到社会工作文化反思》，载于何洁云、阮曾媛琪主编《迈向新世纪——社会工作理论与实践新趋势》，香港，八方文化公司，2000。

陆京士：《社会工作课程教材、教法的国情化与国际化》，《小区发展季刊》1982 年第 19 期。

龙炜璇：《台湾社会工作概论课本对社会工作专业形象的描绘》，东吴大学社会工作学系硕士论文，2007。

梁魏懋贤：《廿一世纪中国大陆与香港社会福利与社会工作发展论文集——回归特刊（前言）》，香港社会工作人员协会，1997。

麦萍施：《访麦萍施谈"社会工作专业化"》，《社联季刊》1990 年第 113 期。

麦萍施：《略谈香港社会工作教育的现况与发展》，《小区发展季刊》1993年第62期。

麦海华：《社会工作专业的前景》，《社联季刊》1990年第113期。

阮曾媛琪、麦萍施：《中港社会工作教育交流的回顾与反思》，《社联季刊》1996年第138期。

阮曾媛琪：《香港与中国大陆社会工作教育交流的回顾及前瞻》，载于《廿一世纪中国大陆与香港社会福利与社会工作发展论文集——回归特刊》，香港社会工作人员协会，1997。

阮曾媛琪：《迈向二十一世纪香港社会工作的趋势、挑战与使命》，载于何洁云、阮曾媛琪主编《迈向新世纪——社会工作理论与实践新趋势》，香港，八方文化公司，1999。

阮曾媛琪：《从社会工作的两极化看社会工作的本质》，载于何国良、王思斌主编《华人社会社会工作本质的初探》，香港，八方文化公司，2000。

阮曾媛琪：《香港社会工作专业学院的初步构思》，《社会工作者注册局通讯》2002年第8期。

沙依仁：《社会工作专业教育课程之研究》，《社会工作教育与实务学术研讨会论文集》，台北实践大学，2001。

沙依仁：《社会工作专业教育之现况及发展》，《小区发展季刊》2002年第99期。

沈建亨：《我对社会工作的探索与再认识：与基层社会工作者的串联、集体行动与反思》，阳明大学卫生福利研究所硕士论文，2003。

宋陈宝莲：《从行动研究到社会工作教育理论建立》，《社会工作学刊》2001年第8期。

陶蕃瀛：《社会工作专业发展的分析与展望》，《小区发展季刊》1999年第88期。

陶蕃瀛、简春安：《社会工作专业发展之回顾与展望》，《社会工作学刊》1997年第4期。

陶蕃瀛：《论专业化之条件：兼谈台湾社会工作之专业化》，《当代社会工作》1991年第1期。

王卓圣：《台湾与香港社会工作专业发展的比较分析》，《台大社会工作学刊》2004年第9期。

王卓圣：《香港社会工作专业发展的研究：1950～1997》，中正大学社会福利研究所硕士论文，2003。

吴水丽：《社会工作处境化》，《香港社会工作学报》1989年第23卷。

吴梦珍：《香港社会工作教育的回顾与前瞻》，《香港社会工作学报》1989年第23卷。

翁毓秀：《美国社会工作证照制度》，《小区发展季刊》2002年第99期。

许展耀：《台湾社会工作专业教育发展：以1990～2003年硕博士论文分析为例》，暨南国际大学社会政策与社会工作学系硕士论文，2005。

许贤发：《社会服务界作为功能团体在立法局的贡献》，《社联季刊》1988年第106期。

许贤发：《社会工作者的使命与专业投身》，《香港社会工作学报》1989年第23卷。

许贤发：《起伏如潮的社会工作人力供求问题》，《社联季刊》1993年第125期。

许宗德：《推动社会工作员制度的一段心路历程》，载于蔡汉贤主编《社会福利行政工作》，台湾社会行政学会，1996。

萧信彬：《共识的形成或想象的限缩？——对于社会问题"社会工作化"的专业社会学考察》，"国立清华大学"社会学研究所硕士论文，2006年1月。

杨玫莹：《台湾社会工作专业化之研究：社会工作专业人员制度建立过程与分析》，东吴大学社会工作研究所硕士论文，1998。

杨怀曾：《社会工作训练是否需要本地化》，《社联季刊》1984 第 89 期。

叶启政：《社会学和本土化》，台北，巨流图书公司，2001。

叶锦成：《香港社会工作本土化的审思（一）：本土化的回顾与前瞻》，《香港社会工作学报》2001 年第 35 卷。

周永新：《香港社会福利政策评析》，香港，天地图书公司，1992。

周永新：《香港社会工作教育的发展——回顾与前瞻》，《小区发展季刊》1993 年第 61 期。

周永新：《香港社会工作教育面对的挑战》，《社联季刊》1984 年第 89 期。

周永新：《社会工作的社会意义》，载于《社会工作学新论》，香港，商务印书馆，1998。

周月清：《台湾社会工作专业发展的危机与转机：社会工作教育与实务的省思》，《小区发展季刊》2002 年第 99 期。

周虹君：《社会工作硕士班学生实习安置与学习满意度之研究》，东海大学社会工作学系硕士论文，2002。

周健林、魏雁滨：《新纪元的香港社会福利》，载于刘兆佳编《香港 21 世纪蓝图》，香港，中文大学出版社，2000。

郑怡世：《台湾战后社会工作发展的历史分析——1949～1982》，暨南国际大学社会政策与社会工作学系博士论文，2006。

张瑞芬：《台中市社会工作人员专业承诺、专业继续教育学习形态与参加意向之相关研究》，静宜大学青少年儿童福利学系硕士论文，2002。

张雅玲：《海峡两岸社会工作发展之比较》，东吴大学社会工作研究所硕士论文，1998。

张纫、林万亿、王永慈：《世界各国社会工作专业制度之比较及国内社会工作人力需求、运用、困境因应之调查评估研究》，"内政部"委托研究报告，2003。

张景泰：《我国社会工作师法合法化过程之研究》，政治作战学校政治研究所硕士论文，1998。

曾华源：《学生选择实习机构考虑因素及需求之研究——以东海大学社会工作系学生为例》，《东海学报》1992年第33期。

曾华源：《机构实习教学者之教学需求及对学校教学配合期望之研究》，《东海学报》1993年第34期。

曾华源：《社会工作实习教学原理及实务》，台北，师大书苑，1995。

曾华源：《社会工作学生对实习机构教学内容认知之研究》，《东海学报》1995年第36期。

曾华源：《社会工作专业教育研究》，台北，五南图书出版公司，1993。

曾华源：《美国社会工作专业教育的发展趋势》，《小区发展季刊》1993年第61期。

曾华源：《二十一世纪台湾社会工作学校专业教育课程应有之走向》，《社区发展季刊》2002年第99期。

赵雍生：《台湾社会工作专业教育与人才培养》，《小区发展季刊》1987年第37期。

钟美智：《社会工作系毕业生任职专业工作及离职因素之研究》，东海大学社会工作研究所硕士论文，1995。

朱伟志：《香港社会工作本土化蓝图再检视》，载于何洁云、阮曾媛琪主编《迈向新世纪——社会工作理论与实践新趋势》，香港，八方文化公司，1999。

詹火生：《社会福利发展之研究：从经验到理论建构》、《社会福利发展：经验与理论》，古允文等译，台北，桂冠出版社，1992。

詹火生：《政府在社会政策的角色与功能》，载于郑丽娇主编《中西社会福利政策与制度》，台北"中央"研究院欧美研究所，1995。

郑丽珍：《社会工作专业发展与社会工作师证照的对话》，

《国家精英季刊》2008 年第 4 期。

三　外文文献

Anderson, J. D. , "Generic and Generalist Practice and the BSW Curriculum", *Journal of Social Work Education*, 1982, 18.

Anderson, J. , "BSW Programs and the Continuum in Social Work", *Journal of Social Work Education*, 1985, 21.

Boaz, M. , *Issues in Higher Education and the Professions in the 1980s* . Littleton, Colorado. 1981.

Brooks, V. R. , "Specializations: Current Development and the Myth of Innovation", *Journal of Education for Social Work*, 1982, 18.

Chau, K. L. , "Social Work in Hong Kong: Scaling New Heights in the Future", "Social Work in Hong Kong: Reflections and Challenges" . Hong Kong: Department Of Social Work, Chinese University of Hong Kong. 1997.

Chau, Kim – lam. "Social Work Practice in a Chinese Society: Reflections and Challenges", *Hong Kong Journal of Social Work*, 1995, 29.

Collier, D. , Messick, R. E. "Prerequisites versus Diffusion: Testing Alternative Explanations of Security Adoption", *The American Political Science Review*, 1975, 69.

Cohen, N. E. , "Social Work Education in Hong Kong – A Look A head", *Hong Kong Journal of Social Work*, 1966, 1.

Constable, R. T. , "Social Work Education: Current Issues and Future Promise", *Social Work*, 1984, 29.

Coohey, C. , "Notes on the Origins of Social Work Education", *Social Service Review*, 1999, 73.

Dinerman, M. , "A Study of Baccalaureate and Master's Curricula in Social Work", *Journal of Education for Social Work*, 1982, 18.

DuBois, B. L., Miley, K. K., *Social Work: An Empowering Profession.* Boston: Allyn and Bacon. 1996.

Dunlap, K. M., "A History of Research in Social Work Education:1915 – 1991", *Journal of Social Work Education*, 1993, 29.

Fellin, P., "Revisiting Multiculturalism in Social Work", *Journal of Social Work Education*, 2000, 36.

Finn, J. L. & Jacobson, M., "Just Practice: Steps Toward a New Social Work", *Journal of Social Education*, 2003, 1

Fortune, A. E. & Abramson, J. S., "Predictors of Satisfaction with Field Practicum Among Social Work Students". *The Clinical Supervisor*, 1993, 11.

Frumkin, M., & Lloyd, G. A., "Social Work Education", *Encyclopedia of Social Work* 18 ed., Washington, D. C.: National Association of Social Workers. 1995.

Hartman, A., "Concentrations, Specializations, and Curriculum Design in MSW and BSW Programs", *Journal of Education for Social Work*, 1983, 19.

Healy, L., "Internationalizing Social Work Management Education". In Estes, R. (Ed.), *Internationalizing Social Work Education: A Guide to Resources for a New Century.* Philadelphia, PA: University of Pennsylvania, 1992.

Hodge, P., *Social work education*, in *Community Problems and Social Work in Southeast Asian: The Hong Kong and Singapore Experience,* ed. HongKong: Hong Kong University Press. 1980.

Hoffman, K. S., "Should We Support the Continuum in Social Work Education? Yes", *Journal of Social Work Education*, 1992, 28.

Hollis, E. V., Taylor, A. L., *Social Work Education in the United States.* New York: Columbia University Press. 1952.

Horejsi, C. R., Garthwait, C. L., *The Social Work Practicum:*

A Guide And Workbook For Students. Boston：Allyn and Bacon. 2002.

Hutchings, A., & Taylor, I., "Defining the Profession?Exploring an International Definition of Social Work in the China Context", *International Journal of Social welfare*, 2007, 16.

Hugman, R., "Post–welfare Social Work? Reconsidering Post–Modernism, Post–Fordism and Social Work Education", *Journal of Social Work Education*, 2001, 3.

Johnson, L. C., Yanca, S. J., *Social Work Practice：A Generalist Approach*. Boston：Allyn and Bacon. 2001.

Kendall, K. A., *Council on Social Work Education：Its Antecedents and First Twenty Years*. Alexandria：Council on Social Work Education. 2002.

Khan, P., Dominelli, L., "The Impact of Globalization on Social Work in the UK", *European Journal of Social Work*, 2000, 2.

Kissman K., Van T. T., "Perceived Quality of Field Placement Education Among Graduate Social Work Students", *Journal of Continuing Social Work Education*, 1990, 5.

Kolevzon, M. S., "Conflict and Change along the Continuum in Social Work Education", *Journal of Education for Social Work*, 1984, 20.

Lam, C. W., "Indigenization of Social Work Values in Hong Kong：A Brief Review", *Hong Kong Journal of Social Work*, 1994, 30.

Leighninger, L., *Creating a New Profession：The Beginnings of Social Work Education in the United States*. Alexandria：Council on Social Work Education. 2000.

Leung, J., "Authoritarianism in Chinese Societies：Implications for Social Work". InT, Y. Lee (ed.), *Conference Proceedings on Social Work Education in Chinese Societies：Existing Patterns and Future Developments*. HongKong：Asian and Pacific Association for Social Work Education. 1994.

Leung, J. , "Social Welfare". In Stephen Y. L. Cheung Stephen M. H. Sze (Eds), *The Other Hong Kong Report 1995* . Hong Kong: The Chinese University Press. 1995.

Lloyd, G. A. , "Social Work Education". In A. Minahan et al. (ed.), *Encyclopedia of Social Work.* 18th ed. , Silver Spring, MD: National Association of Social Workers. 1987. 2.

Lowe, G. R. , "The Graduate Only Debate in Social Work Education, 1931–1959, and Its Consequences for the Profession", *Journal of Social Work Education*, 1985, 21.

Longres, J. F. , "Racism: Its Implications for the Education of Minority Social Work Students", *Journal of Multicultural Social Work*, 1994, 3.

Lyons, K. , *Social Work in Higher Education: Demise of Development?* Aldershot: Ashgate. 1999.

MacPherson, S. , *Social Policy in The Third World: the Social Dilemmas of Underdevelopment.* Brighton, Sussex: Wheat sheaf. 1981.

McCaslin, R. , "Substantive Specializations in Master's Level Social Work Curricula", *Journal of Social Work Education*, 1987, 23.

Mclaughlin, E. , *Hong Kong: A Residual Welfare Region*, In *Comparing Welfare States*, Eds. A. Cochrane & Clarke. London: Sage Publications Published Inassociation with The Open University. 1993.

Meyer, J. W. , et al. , "World Expansion of Mass Education, 1870–1980", *Sociology of Education*, 1992, 65.

Midgley, J. , *Professional Imperialism: Social Work in the Third World.* London: Heinemann Press. 1981.

Midgley, J. , "International Social Work: Learning from the Third World", *Social Work*, 1990, 4.

Midgley, J. , "Growth, Redistribution and Welfare: Toward

Social Investment", *Social Service Review*, 1999, 73.

Nimmagadda, J., & Cowger, C., "Cross Cultural Practice: Social Worker Ingenuity in the Indigenization of Practice Knowledge", *International Social Work*, 1999, 3.

Powell, F., M. Geoghegan., "Reclaiming Civil Society: The Future of Global Social Work", *European Journal of Social Work*, 2005, 8.

Raymond, G. T., Atherton, Charles R., "Blue Smoke and Mirrors: the Continuum in Social Work Education", *Journal of Education for Social Work*, 1991, 27.

Raymond, G. T., Teare, R. J., "Is 'Field of Practice' A Relevant Organizing Principle for the MSW Curriculum?" *Journal of Education for Social Work*, 1996, 32.

Robertson, R., *Glocalization*. London: Sage Publications. 1992.

Robertson, R., "Globalization: Time – Space Homogeneity – Heterogeneity". In Featherstone, M., Scott, L. & Robertson, R. (Eds.), *Global Modernities*, London: Sage, 1995.

Ronnau, J. P., "Teaching Cultural Competence: Practice Ideas for Social Work Educators", *Journal of Multicultural Social Work*, 1994, 3.

Seipel, M. O., "Content Analysis of Social Welfare Curriculum", *Journal of Education for Social Work*, 1986, 22.

Sewpaul, V., Jones, D., "Global Standards for The Education and Training of the Social Work Profession", *International Journal of Social Welfare*, 2005, 3.

Sherwood, D. A., "The MSW Curriculum: Advanced Standing or Advanced Work?" *Journal of Education for Social Work*, 1980, 16.

Shoemaker, L. M., "Early Conflicts in Social Work Education", *Social Service Review*, 1998, 72.

She, L. , "The Early Development of Social Work Education in Hong Kong", *Hong Kong Journal of Social Work*, 1981, 15.

Soest, D. V. , "Social Work Education for Multicultural Practice and Social Justice Advocacy: A Field Study of how Students Experience the Learning Process", *Journal of Multicultural Social Work*, 1994, 3.

Spearmon, L. M. , "An Innovative Approach to Teaching About Diversity and Justice in Social Work", *Journal of Social Work Education*, 1999, 35.

Specht, H. , Doris B. , Frost, Charles, "Undergraduate Education and Professional Achievement of MSWs", *Social Work*, 1984, 29.

Walton, R. , Abo EI Nasr, M. , "Indigenization and Authentication in Terms of Social Work in Egypt", *International Social Work*, 1988, 31.

Weiss, I. , "Is There a Global Common Core to Social Work? A Cross-National Comparative Study of BSW Graduate Student", *Social Work*, 2005, 2.

Wilding, P. et al. (Ed.), *Social Policy in Hong Kong*. London: Edward Elgar. 1997.

Wordaski, J. S. , *An Introduction to Social Work Education*. Springfield, IL: Charls C. Thomas. 1986.

Yeung Tsang, W. K. A. , "Social Work Education in China: Constraints, Opportunities and Challenges". In T. W. , Lo And Y. S. J. , Cheng (eds.), *Social Welfare Development in China: Constraints And Challenges*, 1996.

附录一
社会工作专业本科学生实习满意度调查问卷

问卷编号：_____

亲爱的社会工作：

您好！

我们正在开展 G 地区社会工作专业实习生实习满意度的调查研究，作为我们的受访对象，您的回答对我们的研究具有重要的意义和价值。本次调查属于匿名调查，只耽误你几分钟时间，恳请您如实作答，非常感谢您的支持与配合！祝您万事如意！

国家社科基金项目调查组

2008 年 3 月

调查员：WBY

联系地址：GZ 大学公共管理学院社会学系　　邮编：******

联系电话：134********

电子邮箱：

填答提示：1. 请在你所选的答案代码上画圈或打√，或在_____上填写。

2. 非特殊说明，问题均为单选题，即只选一个答案

第一部分　满意度情况

1. 总体上，你对社会工作实习是否满意
　A. 非常满意　　B. 满意　　C. 一般　　D. 不满意
　E. 非常不满意

一 学校督导方面

2. 你对学校督导的督导内容是否满意

A. 非常满意　　B. 满意　　C. 一般　　D. 不满意

E. 非常不满意

3. 学校督导的内容包括（可多选）

A. 与专业社会工作有关的知识　　B. 为人处世的技巧

C. 其他，如_____

4. 你对学校督导的督导方式是否满意

A. 非常满意　　B. 满意　　C. 一般　　D. 不满意

E. 非常不满意

5. 学校督导的督导方式是（可多选）

A. 团体指导　　B. 个别指导　　C. 其他，如_____

6. 你对学校督导的督导频率是否满意

A. 非常满意　　B. 满意　　C. 一般　　D. 不满意

E. 非常不满意

7. 学校指导老师的指导次数是

A. 从不　　B. 1 次　　C. 2~5 次　　D. 6 次及 6 次以上

8. 你对学校督导的专业性是否满意

A. 非常满意　　B. 满意　　C. 一般　　D. 不满意

E. 非常不满意

9. 你对学校督导所发挥的功能是否满意

A. 非常满意　　B. 满意　　C. 一般　　D. 不满意

E. 非常不满意

10. 你与学校督导的关系是

A. 非常融洽　　B. 比较融洽　　C. 一般　　D. 不太融洽

E. 非常不融洽

11. 你对学校督导的作业要求是否满意

A. 非常满意　　B. 满意　　C. 一般　　D. 不满意

E. 非常不满意

12. 学校对实习作业形式的要求是（可多选）

A. 实习报告　B. 实习日记　C. 实习感想　D. 实习周记

E. 其他

二　机构督导方面

13. 你对机构督导的督导方式是否满意

A. 非常满意　B. 满意　C. 一般　D. 不满意

E. 非常不满意

14. 机构督导的督导方式是（可多选）

A. 团体指导　B. 个别指导　C. 其他，如_____

15. 你对机构督导的督导内容是否满意

A. 非常满意　B. 满意　C. 一般　D. 不满意

E. 非常不满意

16. 机构督导的内容包括（可多选）

A. 与专业社会工作有关的知识　B. 为人处世的技巧

C. 其他，如_____

17. 你对机构督导的督导频率是否满意

A. 非常满意　B. 满意　C. 一般　D. 不满意

E. 非常不满意

18. 机构督导对你的指导次数是

A. 从不　B. 1次　C. 2~5次　D. 6次及6次以上

19. 你对机构督导的专业性是否满意

A. 非常满意　B. 满意　C. 一般　D. 不满意

E. 非常不满意

20. 你对机构督导所发挥的功能是否满意

A. 非常满意　B. 满意　C. 一般　D. 不满意

E. 非常不满意

21. 你对机构督导的作业要求是否满意

A. 非常满意　　B. 满意　　C. 一般　　D. 不满意

E. 非常不满意

22. 机构对实习作业形式的要求是（可多选）

A. 实习报告　　B. 实习日记　　C. 实习感想　　D. 实习周记

E. 其他　　　　F. 无作业要求

23. 你与机构督导的关系是

A. 非常融洽　　B. 比较融洽　　C. 一般　　D. 不太融洽

E. 非常不融洽

三　行政工作方面

24. 你对学校在实习安排上的行政工作是否满意

A. 非常满意　　B. 满意　　C. 一般　　D. 不满意

E. 非常不满意

25. 学校实习行政对解决你的问题上是否有帮助

A. 非常有帮助　　B. 比较有帮助　　C. 一般　　D. 没有帮助

E. 完全没有帮助

26. 你对学校与实习机构之间的协调是否满意

A. 非常满意　　B. 满意　　C. 一般　　D. 不满意

E. 非常不满意

四　实习环境方面

请用 1~5 表示满意程度，就以下方面进行意见反馈，并在相应的"□"中打√：

1 = 很不满意中，2 = 不太满意，3 = 可以接受，4 = 满意，5 = 非常满意

27. 你对实习机构的设备环境　　□1　□2　□3　□4　□5
28. 你对实习机构的交通环境　　□1　□2　□3　□4　□5
29. 实习机构的设备利用方便度　□1　□2　□3　□4　□5
30. 你到实习机构的交通方便度　□1　□2　□3　□4　□5

五　实习成果方面

请在您选择的答案所对应的格子内打√。

	评价项目	非常满意	满意	一般	不满意	非常不满意
学习成果	31. 实习对你的专业知识成长方面					
	32. 实习对你的专业技能成长方面					
	33. 你对实习时学习运用的工作方法					
	34. 实习经验将有助于你的未来工作					
	35. 实习对适应社会能力方面					

第二部分　个人信息情况

36. 您的性别：　　A. 男　　B. 女
37. 您就读的学校：A. G 大学　B. G 商学院　C. ZS 大学
　　　　　　　　D. G 工业大学　　E. HN 农业大学
38. 您就读的年级：A. 大学一年级　　B. 大学二年级
　　　　　　　　C. 大学三年级　　D. 大学四年级

附录二
社会工作本科生就业意愿研究调查问卷

问卷编号：_____

亲爱的社会工作专业学生：

您好！我们正在开展从专业认同视角研究社会工作本科生就业意愿的调查研究，您的回答无所谓对错，只要能够真实地反映您的情况和看法，就达到了这次调查的目的，您的回答对我们的研究具有重要的意义和价值。本次调查属于匿名调查，只耽误你几分钟时间，恳请您如实作答，非常感谢您的支持与配合！

国家社科基金项目调查组
2009 年 1 月

调查员：WBY
联系地址：GZ 大学公共管理学院社会学系　邮编：******
联系电话：134 ********
电子邮箱是：

填答提示：1. 请在你所选的答案代码上或空格内打√，或在_____上填写。

2. 非特殊说明，问题均为单选题，即只选一个答案。

一　专业教学认同与就业意愿

1. 你学校社会工作专业采用的教学模式
A. 传统模式　B. 小组教学　C. 个案教学　D. 实践教学
E. 其他（请注明）_____

2. 你觉得社会工作专业教材如何

A. 理论性强　B. 知识面狭窄　C. 实用性强　D. 内容枯燥

E. 其他（请注明）_____

3. 你学校社会工作专业师资队伍的情况

专业教师的数量　　　A. 很满意　　B. 比较满意　　C. 一般

　　　　　　　　　　D. 不太满意　E. 很不满意

专业教师素质　　　　A. 很满意　　B. 比较满意　　C. 一般

　　　　　　　　　　D. 不太满意　E. 很不满意

专业教师授课水平　　A. 很满意　　B. 比较满意　　C. 一般

　　　　　　　　　　D. 不太满意　E. 很不满意

4. 你对以下社会工作专业教学各项内容的满意度情况，请在符合你的观点空格里打√

内　　容	很满意	比较满意	一般	不太满意	很不满意
专业教材的选用					
理论课程的设置					
实践课程的设置					
专业教学模式					
专业课程的目的性					

5. 你觉得所学的专业知识能够运用到专业实践中去吗

A. 完全能够　B. 一般能够　C. 不太能够　D. 不能够

6. 目前社会工作教学中，你认为（可以多选）

欠缺的哪方面的知识：A. 理论知识　　B. 具体实践技巧

　　　　　　　　　　C. 理论与实践结合的技巧

学校需要增加哪方面培养：A. 理论知识　B. 具体实践技巧

　　　　　　　　　　　　C. 理论与实践结合的技巧

7. 根据目前你所学的专业知识技巧，你愿意从事与社会工作相关的工作吗

A. 十分愿意　　B. 比较愿意　　C. 一般　　D. 不太愿意

E. 完全不愿意

二 专业实习满意度与就业意愿

8. 学校为你们提供哪些实习机构

A. 社会工作行政性质的机构（如残联）

B. 院舍照顾机构（如福利院）

C. 社区服务中心（如街道、居委等）

D. 发展性的社会工作服务机构（如青少年活动中心）

E. 医疗等服务机构

F. 其他（请注明）_____

9. 你对目前或曾经的实习单位是否满意呢

A. 很满意　　B. 比较满意　　C. 一般　　D. 不太满意

E. 很不满意

10. 你觉得专业实习的实际情况与你自己的期望是否有差异

A. 差异不大，与期望基本相同　　B. 有差异，但可以接收

C. 差异较大，存在一定心理落差　　D. 与期望完全不同

11. 你在实习单位所从事的工作与专业对口吗

A. 完全对口　　B. 基本对口　　C. 一般　　D. 不太对口

E. 完全不对口

12. 你对实习单位有关的下列方面进行评价：请在符合你的观点的空格打上√

	很满意	比较满意	一般	不太满意	很不满意
提供的实习环境	□	□	□	□	□
提供的资金数额	□	□	□	□	□
督导的方式	□	□	□	□	□
督导的专业性	□	□	□	□	□
督导发挥的功能	□	□	□	□	□

13. 实习成效的情况（请在您选择的答案所对应的格子内打√）

实习成效项目评估	完全同意	比较同意	一般	不大同意	完全不同意
增长了专业技能					
激发对社会工作行业的兴趣					
增强从事社会工作的意愿					
有助于建立正确的价值观					
增加未来就业的竞争力					

三　专业价值认同与就业意愿

14. 你对社会工作相关说法的认同：请在符合你的观点的空格打上√

	很同意	比较同意	一般	不太同意	很不同意
助人自助的理念	□	□	□	□	□
一种服务性的职业	□	□	□	□	□
一种专业性的职业	□	□	□	□	□
一种服务性的职业	□	□	□	□	□
专业价值被社会各界认同	□	□	□	□	□
必须有责任心、同情心、爱心	□	□	□	□	□

15. 以下属于社会工作职业要求的有（这一题的答案还有点问题，是否穷尽，是否将最主要的列出来了）

　　A. 尊重　　B. 接纳　　C. 案主自决　　D. 指责案主
　　E. 保护案主　　F. 个别化　　G. 其他

16. 你的个人职业期望倾向于

　　A. 施展能力和完善人格　　B. 发展自己的兴趣和爱好
　　C. 享受高水平的物质生活　　D. 贡献社会
　　E. 其他（请注明）_____

17. 社会工作职业要求与个人职业期望是否有差异

　　A. 差异不大，与期望基本相同　　B. 有差异，但可以接收

C. 差异较大，存在一定心理落差　　D. 与期望完全不同

18. 你觉得社会工作的社会地位如何

A. 很高　　B. 比较高　　C. 一般　　D. 不太高　　E. 不高

19. 社会对社会工作的认同度会影响到你对本专业的认同吗

A. 影响很大　　B. 影响比较大　　C. 一般　　D. 影响不大

E. 没有影响

20. 单从个人价值观考虑，你是否愿意选择社会工作职业

A. 很愿意　　B. 比较愿意　　C. 一般　　D. 不太愿意

E. 很不愿意

四　专业出路与就业意愿

21. 你认为当前社会工作专业的就业形势如何

A. 很乐观　　B. 比较乐观　　C. 一般　　D. 不太乐观

E. 很不乐观

22. 毕业后，有何打算

A. 求职　　　B. 考研深造　　　C. 自主创业

D. 求职考研两手准备　　　E. 其他

23. 求职时你对以下因素的重视程度如何（每项均答，在栏内打√）

相关因素	非常重视	比较重视	一般	不太重视	不重视
社会对专业的认同					
行业发展空间					
专业对口					
福利待遇					
自我价值的实现					
个人性格、兴趣爱好					

24. 你对社会工作下列情况的看法

　　社会工作发展现状　　A. 很乐观　　B. 比较乐观　　C. 一般

　　　　　　　　　　　　D. 不太乐观　　E. 很不乐观

社会工作发展前景　A. 很乐观　　B. 比较乐观　　C. 一般

　　　　　　　　　D. 不太乐观　E. 很不乐观

25. 根据社会工作专业的发展前景与就业形势，你愿意从事社会工作职业吗

　　A. 很愿意　　B. 比较愿意　　C. 一般　　D. 不太愿意

　　E. 很不愿意

26. 你认为当前社会工作本科生就业中的主要问题（可多选）

　　A. 社会工作专业的社会认同度不高

　　B. 专门人才供大于求，社会工作机构提供的岗位总量少

　　C. 中国社会工作机构少，分布不均

　　D. 社会工作福利待遇过低；社会工作实操技能匮乏

　　E. 用人单位在毕业生聘用上过于挑剔

　　F. 就业信息机制不健全，信息渠道不畅通，信息不充分

　　G. 政府、学校、用人单位及学生之间相互沟通和了解不够

　　H. 其他（请注明）＿＿＿＿＿＿＿＿

五　个人信息

27. 你的性别：　A. 男　　　　B. 女

28. 你的年龄：＿＿＿＿＿＿＿岁

29. 你就读的学校：A. GZ 大学　B. GD 商学院　C. ZS 大学

　　　　　　　　　D. GD 工业大学　　E. HN 大学

30. 你就读的年级：A. 大学一年级　　B. 大学二年级

　　　　　　　　　C. 大学三年级　　D. 大学四年级

31. 你目前生活在哪里：A. 本市市区　B. 本市郊区城镇

　　　　　　　　　　　C. 本市郊区农村　D. 外市市区

　　　　　　　　　　　E. 外市郊区城镇　F. 外市郊区农村

（问卷到此结束，感谢您的回答！如果您对我们的调查有什么建议或意见，请写在下面，谢谢！）

附录三
全球化背景下社会工作教育的回应调查问卷

问卷编号：_____

亲爱的同学：

您好！

我们正在开展 G 地区各高校对于"社会工作教育在全球化背景下的回应状况"的研究调查，您的回答对我们的研究具有重要的意义和价值，希望能够得到您的支持与协助。

本次调查属于匿名调查，只耽误您几分钟时间，您只需要根据自己的实际情况回答就可以了。您所有回答及一切资料只作研究之用，保证严格保密，请您放心回答。

衷心感谢您的支持和协助！

国家社科基金项目调查组
2010 年 1 月

调查员：WBY
联系地址：GZ 大学公共管理学院社会学系　邮编：******
联系电话：134 ********
电子邮箱：

填答提示：　1. 请在您所选的答案代码上画圈或打√，或在____上填写。

　　　　　　2. 如非特殊说明，问题均为单选题。

一　社会工作教育技术的引进与应用情况

1. 老师主要采取何种方式对专业课的讲授

A. 纯理论教学　B. 理论为主，实务为辅　C. 理论与实务并重

D. 实务为主，理论为辅　　　E. 纯实务教学

2. 在教学上，老师开展课堂讨论的情况

A. 经常　　B. 有时　　C. 较少　　D. 很少　　E. 从未

3. 请您针对课程讨论的情况做出判断，并在符合您的看法的相应位置上打√

讨论内容	经常	较多	一般	较少	很少
关于纯理论的讨论					
关于理论与实际问题相结合的讨论					

4. 课程讲授过程中，教师采用启发式教学方法的状况

A. 很多　　B. 较多　　C. 一般　　D. 较少　　E. 没有

5. 专业课程上，老师采用多媒体及其他现代教学设备情况

A. 很多　　B. 较多　　C. 一般　　D. 较少　　E. 没有

6. 你所在院系拥有的教学硬件的情况：

	无	1	1~5	5~10	10以上
院系社会工作服务机构	□	□	□	□	□
与院系联系密切社会团体	□	□	□	□	□

7. 您所在的院系是否拥有社会工作实验室（如果选择"否"，请直接跳到第10题）

A. 有　　　　　　　　B. 没有

8. 在教学中，社会工作实验室的采用情况

A. 很多　　B. 较多　　C. 偶尔　　D. 较少　　E. 从未

9. 你对社会工作实验室的采用情况是否满意

A. 非常满意　　B. 比较满意　　C. 一般　　D. 不太满意

E. 不满意

10. 您所在的院系是否有实习基地

A. 有_____个

B. 无（如果请跳过第11题，直接从第12题回答）

11. 你在实习基地所从事的工作与专业的对口情况

A. 完全对口　　B. 基本对口　　C. 一般　　D. 不太对口

E. 完全不对口

12. 学校提供的实习机构的多寡情况

A. 很多　　B. 较多　　C. 一般　　D. 较少　　E. 没有

二　社会工作教育人才的流动情况

13. 您所在院系的社会工作老师参与国际交流的情况

A. 很多　　B. 较多　　C. 一般　　D. 很少　　E. 没有

14. 您所在院系中，参与国际交流的教师所占的比例

A. 5%以下　B. 5%~10%　C. 10%~20%　D. 20%~50%

E. 50%以上

15. 外国专家或社会工作实务者来你校开展讲座的情况

A. 很多　　B. 较多　　C. 一般　　D. 很少　　E. 有

16. 请您对以下情况做出判断，并在符合您的看法的相应位置上打√

机会次数	很多	较多	一般	较少	很少
教师出国学习深造的机会					
教师与国外机构合作的机会					
教师与国际社会工作交流的机会					

17. 您所在院系拥有的专职外籍教师的人数

A. 没有　B. 1个　C. 2~3个　D. 4~5个　E. 5个以上

18. 您所在院系拥有的兼职外籍教师的人数

A. 没有　B. 1个　C. 1~3个　D. 3~5个　E. 5个以上

19. 您认为影响我国社会工作教师参与国际交流的因素主要是

A. 教师个人的意愿　　B. 经费制约　　C. 学校的政策

D. 其他（请注明）_____

20. 请用 1~5 表示支持度，就以下方面进行意见反馈，并在相应的"□"中打√

1 = 很支持   2 = 比较支持   3 = 一般   4 = 较少支持   5 = 不支持

A. 学校对于教师参与国际交流合作的支持程度
　　□1　　　□2　　　□3　　　□4　　　□5

B. 国外机构对我国学者参与国际交流合作的支持
　　□1　　　□2　　　□3　　　□4　　　□5

C. 国外基金会对我国学者和教师参与国际交流支持
　　□1　　　□2　　　□3　　　□4　　　□5

三　社会工作教育内容的多元化情况

21. 教学课堂上对全球新兴社会问题的探讨情况
A. 很多　　B. 较多　　C. 一般　　D. 较少　　E. 没有

22. 课程内容紧贴社会需要的情况
A. 十分贴切　　B. 比较贴切　　C. 一般　　D. 不太贴切
E. 不贴切

23. 请您对下列情况做出评价，并在相应的□打√
非常充分　　比较充分　　一般　　不太充分　　不充分

A. 教学上讲解国际文化，政治和经济的情况
　　□　　　□　　　□　　　□　　　□

B. 教学内容对最新实务和理论的反映情况
　　□　　　□　　　□　　　□　　　□

C. 课堂上对社会问题的探讨情况
　　□　　　□　　　□　　　□　　　□

D. 课堂上对国外社会工作发展状况的讨论情况
　　□　　　□　　　□　　　□　　　□

E. 学生阅读相关的社会工作外文书的情况
　　□　　　□　　　□　　　□　　　□

24. 在整个课程学时中，实践课程所占的比例：
A. 50%以上　B. 20%~50%　C. 10%~20%　D. 5%~10%
E. 5%以下

25. 用 1~5 表示各类课程在整个课程规划中所占的比例度，就以下方面进行意见反馈，并在相应"□"中打√

1 = 很低，2 = 较低，3 = 适中，4 = 较大，5 = 很大

A. 理论类的课程在整个课程规划中所占的比例
□1　　□2　　□3　　□4　　□5

B. 技能类的课程在整个课程规划中所占的比例
□1　　□2　　□3　　□4　　□5

C. 方法类的课程在整个课程规划中所占的比例
□1　　□2　　□3　　□4　　□5

D. 实践类的课程在整个课程规划中所占的比例
□1　　□2　　□3　　□4　　□5

26. 专业知识和技能在实习中得以应用的情况
A. 很多　　B. 较多　　C. 偶尔　　D. 较少　　E. 没有

27. 以下是社会工作专业教学的各项内容的满意度情况，请在符合您观点的空格里打上"√"

内　容	很满意	比较满意	一般	不大满意	很不满意
专业教材的选用					
理论课程的设置					
实践课程的设置					
专业教学模式					
实习基地的专业性					
学生了解实习基地的情况					
学生选择实习基地的情况					

28. 你参与的实习机构的人员了解社会工作专业吗
A. 十分了解　　B. 了解　　C. 了解一点　　D. 几乎不了解

29. 实习机构的资源充分吗

	非常充分	比较充分	一般	不太充分	不充分
督　导					
服务对象					
资　金					
短期培训					

四　社会工作教育制度的借鉴与应用情况

30. 目前，你所在学校的社会工作专业课程主要采用以下哪几种考核方式（可多选）

　　A. 理论考试　　　B. 实习指导老师和督导的评价

　　C. 小组演示　　　D. 课程论文　　　E. 实务工作汇报

　　F. 平时课堂活动评价　　G. 其他_____（请注明）

31. 你所在的院校对学生的毕业考核方式有哪几种

　　A. 理论考试　　　B. 实习指导老师和督导的评价

　　C. 小组演示　　　D. 毕业论文　　　E. 实务工作汇报

　　F. 平时课堂活动评价　　G. 其他_____（请注明）

32. 你认为目前的考核方式有助于提高你的社会工作的理论和实务水平吗

　　A. 非常有帮助　B. 比较有帮助　C. 一般　D. 帮助很小

　　E. 没有帮助

33. 你所在的院校中，教师职称的提高是否主要在于学术著作的发表

　　A. 是　　　　　B. 否

34. 您认为，当前教师的考核主要侧重于哪个方面？请您做出判断并在相应的空格上打"√"

考核指标	非常重要	比较重要	一般	不太重要	不重要
教师的实务水平					
教师的学术著作					
教师的教学水平					
教师的学历职称					

35. 你了解有社会工作资格考核制吗

　　A. 非常了解　　B. 比较了解　　C. 一般　　D. 不太了解

　　E. 不了解

36. 你对社会工作资格考试的制度的关注情况

A. 非常关注　　B. 比较关注　　C. 一般　　D. 较少关注

E. 从不

37. 你身边的同学对社会工作资格考试制度的关注

A. 非常关注　　B. 比较关注　　C. 一般　　D. 较少关注

E. 从不

38. 你愿意参加社会工作资格考试吗

A. 非常愿意　　B. 比较愿意　　C. 一般　　D. 不太愿意

E. 不愿意

39. 社会工作资格教育制度得以落实的情况

A. 很好　　B. 较好　　C. 一般　　D. 较差　　E. 很差

40. 请您对以下情况做出判断，并在相应的空格内打"√"

　　　　很差　　较差　　一般　　较好　　很好

指导老师在实习中的职能履行情况

　　□　　□　　□　　□　　□

督导在实习中的职能履行情况

　　□　　□　　□　　□　　□

学生在实习中专业知识的运用情况

　　□　　□　　□　　□　　□

五　个人信息情况

41. 您的性别：　□男　　□女

42. 你的年龄是_____岁

43. 您所在的学校：

A. ZS 大学　　B. HN 大学　　C. GZ 商学院　　D. GZ 工业大学

E. GZ 大学

44. 您就读的年级

A. 大一　　B. 大二　　C. 大三　　D. 大四

45. 你的生源地

A. GZ 市区　　B. GZ 市郊县城镇　　C. GZ 市郊县农村

D. 外市市区　　E. 外市郊县城镇　　F. 外市郊县农村

我们的调查到此结束了,再次向您表示感谢!如果您对我们的调查还有什么建议或意见,欢迎写在下面:

附录四
社会工作专业学生对本专业课程设置的调查问卷

问卷编号：_____

亲爱的同学：

　　您好！

　　为了了解社会工作专业学生对本专业课程设置了解的整体情况，探索社会工作人才队伍建设的有效途径，我们在 G 地区 5 所高校开展了这项调查。本调查的内容只作研究之用，并且绝对保密，请同学们回答自己的真实想法，请你在相应的答案上画"√"。感谢你的配合与支持！

国家社科基金项目调查组
2009 年 1 月

调查员：ZHF

联系地址：GZ 大学公共管理学院社会学系　　邮编：******

联系电话：134 ********

电子邮箱：

第一部分　目标选择

一　教学目标选择

1. 教学目标的定位是

A. 中国特色模式　B. 港台模式　C. 欧美模式　D. 混合模式

E. 其他

2. 老师在讲授专业课过程中是否清楚讲明课程教学目标

A. 十分清楚　　B. 比较清楚　　C. 一般　　D. 不太清楚
E. 不清楚

3. 老师在讲授专业课教学方式与教学内容是否符合教学目标

A. 十分符合　　B. 比较符合　　C. 一般　　D. 不太符合
E. 不符合

二　人才培养目标

1.

选　项	十分了解	比较了解	一般	不太了解	不了解
您对学校培养社会工作人才目标是否了解					
您对大学社会工作教育目标是否了解					
您对社会工作职业资格考试是否了解					

2. 培养社会工作人才目标与本土性的关系

选　项	十分符合	比较符合	一般	不太符合	不符合
社会培养社会工作目标是否具有本土色彩					
大学培养社会工作目标是否具有本土色彩					

3. 您是否愿意参加社会工作职业资格考试

A. 十分愿意　　B. 比较愿意　　C. 一般　　D. 不太愿意
E. 不愿意

4. 社会工作职业资格考试能否提升对本专业的学习动力

A. 肯定能　　B. 应该能　　C. 不好说　　D. 不太可能
D. 不能

三　实践目标

1. 学校向实习机构解释社会工作专业及说明实习的目的情形

A. 解释专业并说明实习目的

B. 解释专业，但未说明实习目的

C. 说明实习目的，但没解释专业

D. 没有解释专业及说明实习目的

2. 实习机构是否清楚您的实习目的

A. 十分清楚　　B. 比较清楚　　C. 一般　　D. 不太清楚

E. 不清楚

3. 学校的实习计划是否完善

A. 十分完善　　B. 比较完善　　C. 一般　　D. 不太完善

E. 不完善

4. 您是否希望实习机构为您做以下事情

	非常希望	比较希望	一般	不太希望	不希望
在您未实习前已清楚社会工作专业					
对您的实习进行专业的评估					

第二部分　课程内容组织与选择

四　专业课程

您对社会工作主干课程内容组织与选择的意见

根据您的经验，对您所选学的社会工作专业课程做评价：

评价说明：按 1~5 分打分制，1 = 非常差，2 = 比较差，3 = 一般，4 = 比较好，5 = 很好；产生这种效果的原因一栏是说明你认为造成你学习这门课程效果的原因是什么，a = 自身原因，b = 教师原因，c = 教材原因，d = 专业前景，e = 其他，选择最重要的原因。

附录四

社会工作专业学生对本专业课程设置的调查问卷

课程名称	课程内容贴近本土情况	课程内容模仿国外港台	教材本土案例	教材案例国外港台	学习教材的效果	产生这种效果的原因
个案工作						
小组工作						
社会心理学						
社会学概论						
社会工作导论						
社会保障体系						
社会福利思想						
社会调查和研究方法						

五　选修课程

1. 选修课程开设门数情况

   A. 非常多　　B. 比较多　　C. 一般　　D. 不太多

   E. 没有

2. 选修课开设是否紧贴社会需要

   A. 十分贴切　　B. 比较贴切　　C. 一般　　D. 不太贴切

   E. 不贴切

3. 选修课是否明显体现社会工作特点

   A. 十分明显　　B. 比较明显　　C. 一般　　D. 不太明显

   E. 不明显

4. 选修课开设是否加深某一方面实务技巧的认识

   A. 十分肯定　　B. 比较肯定　　C. 一般　　D. 不太肯定

   E. 不肯定

六　实践课程

1. 您常到哪些机构实习

   A. 社会工作行政性质的机构（如民政部、司法部、妇联、残联等）

   B. 院舍照顾机构（如各类福利院、敬老院、少年劳教所等）

323

C. 社区服务中心（如街道、居委等）

D. 发展性的社会工作服务机构（如青少年活动中心、学校辅导机构等）

E. 医疗等服务机构

F. 其他（请注明）_____

2. 指导老师的指导次数

A. 从不　　　B. 1~3次　　C. 4~6次　　D. 7~9次

E. 9次以上

3. 实践课程学时是否充分

A. 十分充分　　B. 比较充分　　C. 一般　　D. 不太充分

E. 不充分

4. 实习机构的资源是否足够

	十分足够	比较足够	一般足够	不太足够	很不足够
督　　导					
服务对象					
资　　金					

5. 您觉得老师的指导效果是否影响实践效果

A. 非常有影响　　　B. 比较有影响　　　C. 一般

D. 没有多大影响　　E. 没有影响

6. 您觉得您所学的专业知识能否运用到专业实践当中

A. 十分符合　　B. 比较符合　　C. 一般　　D. 不太符合

E. 不符合

7. 实践是否有效提高社会工作技能

A. 非常有效　　B. 比较有效　　C. 不好说　　D. 不太有效

E. 没有效

第三部分　课程实施

七　师资

请你对以下师资方面的情况作评价

十分满意　　比较满意　　一般　　不太满意　　不满意

专业课老师的专业背景
　　□　　　　□　　　　□　　　　□　　　　□

专业课老师的教学技巧
　　□　　　　□　　　　□　　　　□　　　　□

专业课老师的整体教学水平
　　□　　　　□　　　　□　　　　□　　　　□

专业课老师的实务教学水平
　　□　　　　□　　　　□　　　　□　　　　□

专业课老师的理论教学水平
　　□　　　　□　　　　□　　　　□　　　　□

专业课的课堂氛围
　　□　　　　□　　　　□　　　　□　　　　□

八　教学条件

专业课程上，老师采用多媒体及其他现代教学设备情况

A. 经常采用　　B. 有时采用　　C. 偶尔采用　　D. 没有采用

九　教学方法

1. 目前，社会工作课程教学内容以什么为主

A. 基础理论　　B. 实务技巧　　C. 理论和实务相结合　　D. 其他_____（请注明）

2. 所在院系是否成立社会工作非营利组织

A. 有　　　　B. 无（跳到十、添写个人信息）

3. 社会工作非营利组织活动是否有效体现社会工作特点

A. 十分有效　　B. 比较有效　　C. 一般　　D. 不太有效

E. 没有效

十　个人基本信息

1. 你的性别是　　A. 男　　　B. 女
2. 你的年龄是_____岁
3. 你就读的高校是
4. 你所读年级是
5. 你的生源地

A. GZ 市区　　　B. GZ 市郊县城镇　　　C. GZ 市郊县农村

D. 外市市区　　　E. 外市郊县城镇　　　F. 外市郊县农村

调查到此结束，再次向你表示感谢！你有什么建议和要求，欢迎写在后面：

图书在版编目(CIP)数据

趋同与趋异：社会工作专业教育模式比较／周利敏著．
—北京：社会科学文献出版社，2012.7
　ISBN 978 - 7 - 5097 - 3408 - 7

　Ⅰ.①趋…　Ⅱ.①周…　Ⅲ.①社会工作—教育模式—对比研究—中国　Ⅳ.①D632

中国版本图书馆CIP数据核字（2012）第100555号

趋同与趋异：社会工作专业教育模式比较

著　　者／周利敏

出 版 人／谢寿光
出 版 者／社会科学文献出版社
地　　址／北京市西城区北三环中路甲29号院3号楼华龙大厦
邮政编码／100029

责任部门／皮书出版中心（010）59367127　　责任编辑／高　启　任文武
电子信箱／pishubu@ ssap. cn　　　　　　　　责任校对／班建武
项目统筹／邓泳红　　　　　　　　　　　　　责任印制／岳　阳
总 经 销／社会科学文献出版社发行部（010）59367081　59367089
读者服务／读者服务中心（010）59367028

印　　装／北京季蜂印刷有限公司
开　　本／787mm×1092mm　1/20　　　印　　张／17
版　　次／2012年7月第1版　　　　　　字　　数／285千字
印　　次／2012年7月第1次印刷
书　　号／ISBN 978 - 7 - 5097 - 3408 - 7
定　　价／49.00元

本书如有破损、缺页、装订错误，请与本社读者服务中心联系更换
▲ 版权所有　翻印必究